土地登記實務

黃志偉 | 著

作者簡介

黃志偉

壹、學歷
一、國立中興大學法商學院地政學系畢業
二、國立政治大學地政研究所畢業

貳、現職
一、德霖技術學院不動產經營學系副教授
二、國立臺北大學公共事務學院不動產與城鄉環境學系講師
三、國立臺北大學進修學士班不動產與城鄉環境學系講師
四、私立中原大學財經法律學系講師
五、私立中國文化大學講師
六、台灣金融研訓院講師
七、考試院國家考試土地組出題及閱卷委員
八、監察院不動產調查案諮詢委員
九、財政部財稅人員訓練所講師
十、教育部各私立大學購置土地審查委員
十一、台北市政府不動產糾紛調處委員
十二、中華郵政公司不動產投資審議委員會諮詢委員
十三、全國農業金庫公司農地銀行仲介法律諮詢小組成員
十四、中華民國消費者文教基金會房屋委員會委員
十五、中華民國地政士公會全國聯合會榮譽理事長及台北市地政士公會榮譽理
事長
十六、中華民國不動產仲介經紀業營業保證基金管理委員會委員
十七、中華民國不動產代銷經紀商業同業公會全國聯合會營業保證基金管理委
員會委員
十八、台北市中山地政事務所轄區不動產糾紛調處委員會委員
十九、黃志偉地政士事務所所長
二十、社團法人臺北市都市更新學會顧問
二十一、內政部都市更新及爭議處理審議會委員

參、經歷
一、中華民國地政士公會全國聯合會第二屆理事長
二、台北市地政士公會第二屆理事長

三、中華民國地政貢獻獎評選委員
四、行政院經濟建設委員會行政革新小組委員
五、台北市政府都市更新審議委員會委員
六、台北市政府市有財產審議委員會委員
七、台北市九二一賑災災區不動產糾紛調處委員
八、新北市政府不動產糾紛調處委員
九、桃園縣政府地價及標準地價評議委員
十、內政部社會福利工作人員研習中心講師
十一、德明財經科技大學財務金融系講師
十二、臺灣銀行、土地銀行、合作金庫、兆豐銀行、華南銀行等各大金融機構
　　　講師
十三、內政部預售屋定型化契約範本專案小組委員
十四、中華民國建築開發商業同業公會全國聯合會顧問
十五、台北市政府、新北市政府、桃園縣政府、台中縣政府不動產專案講師
十六、經濟部、中華郵政、台灣電力、台灣糖業專業人員訓練中心講師
十七、不動產估價師公會、地政士公會、不動產仲介公會講師
十八、私立中國文化大學不動產估價師學分班講師
十九、私立實踐大學推廣教育部講師
二十、私立華梵大學推廣教育中心講師
二十一、私立長榮大學推廣教育中心講師

肆、著作

一、不動產登記理論與實務上下冊八版一刷/永然
二、土地登記與土地登記實務二版/永然
三、不動產取得時效取得登記實務二版/永然
四、土地登記專業代理人執行業務應用手冊/永然
五、遺產稅與繼承法規表解暨稅賦抵繳與兩岸登記實務/現代地政
六、土地稅法規及實務解析表解二版/金大鼎文化出版社
七、地上權、不動產役權、抵押權之物權法律解析暨登記實務三版/五南
八、土地登記實務三版 /五南
九、不動產登記一手教材五版/永然
十、祭祀公業條例解析與土地清理實務三版 /五南
十一、不動產稅法v.s節稅實務二版/大日出版社

伍、得獎

一、中華民國第一屆地政貢獻獎
二、台北市政府市長獎
三、台北市政府地政處處長獎
四、台北市政府社會局局長獎

三版序

　　民法第758條規定，「不動產物權，依法律行為而取得、設定、喪失及變更者，非經登記，不生效力。前項行為，應以書面為之。」土地法第37條規定，「土地登記，謂土地及建築改良物之所有權與他項權利之登記。土地登記之內容、程序、規費、資料提供、應附文件及異議處理等事項之規則，由中央地政機關定之。」土地法第43條規定，「依本法所為之登記，有絕對效力。」土地登記影響人民權益至深且鉅。為保障當事人交易安全，避免權益遭受損害，土地登記專業書刊之研讀，乃有絕對的必要。惟法令常因時空變遷與時推移，筆者有鑑於此，乃有依據變動後之條文及修正後之法令，將本書予以三版問世的動念，以略盡地政人應有的使命感與責任心。

　　本書「土地登記實務」第三版之問世，除再版業已銷售一空外，乃配合土地登記規則102年8月22日、103年2月27日相繼修正建物所有權第一次登記方式及配合家事事件法、消費者債務清理條例之規定，配套修正相關內容及修正申請提供土地登記資料隱匿部分地址。地籍測量實施規則亦於102年8月28日配合予以修正，以符有效性、價值性、使用性、研讀性。

　　本書三版之問世，提供從事房地產相關業者、地政從業人員、大專院校不動產相關科系學生研究參考使用，亦可供參加國家考試公職人員高考、普考、地方特考三、四、五等及不動產專技人員地政士、不動產經紀人、不動產估價師考試專用書。

　　土地登記法令浩瀚如海、多如牛毛，不但錯綜而且複雜，熟讀本書相信讀者必可發光發熱，產生一定的能量，尚盼專家、學者不吝指教。

黃志偉
103年5月

再版序

　　民國96年3月28日修正公布，民法物權編擔保物權部分，嗣98年1月23日修正公布民法物權編通則及所有權部分，99年2月3日修正公布民法物權編用益物權及占有部分。土地登記與民法修正條文息息相關，內政部為配合民法及信託法等修正而配套將土地登記規則於96年7月31日、98年7月6日、99年6月28日三次修正，又土地法100年6月15日修正及配合地籍清理條例及祭祀公業條例法條之規定，土地登記規則又於民國100年12月12日亦作配合修正。

　　又民國100年12月16日行政院公告「行政執行處」民國101年1月1日起改由「行政執行分署」管轄，土地登記規則亦配套改修。

　　近年來由於土地登記規則五次修正，地籍測量實施規則亦於100年4月15日修正，筆者為配合法令變動以符合土地登記之正確性、有效性、安全性、時效性，特將本書「土地登記實務」予以大量修正再版問世，提供從事房地產相關業者、地政從業人員、大專院校學生研究參引使用，亦可提供地政士、不動產經紀人、估價師、研究所及公職人員高、普、特考考試研讀之用。

　　土地登記錯綜複雜、經緯萬端、個人學識不足，謬誤之處仍恐難免，尚祈專家、學者不吝指正，是所企望。

黃志偉
101年3月

自　序

　　土地登記，土地法第37條第1項及土地登記規則第2條規定，謂土地及建築改良物之所有權與他項權利之登記。民法第758條規定，不動產物權，依法律行為而取得、設定、喪失及變更者，非經登記，不生效力。同法第759條規定，因繼承、強制執行、公用徵收或法院之判決，於登記前已取得不動產物權者，非經登記，不得處分其物權。因此，土地登記對產權之確定性不可言喻，尤其近年來經濟快速成長，土地建物移轉及抵押設定頻繁，其權利變動之法律關係，亦因社會結構變遷而日益複雜，更加顯示土地登記之重要性。

　　筆者任教於台北大學不動產與城鄉環境學系、中原大學財經法律系，從事土地登記教學研究並執業實務性之土地登記工作三十餘載，為將理論與實務結合，學識與經驗傳承，特編著《土地登記實務》一書，提供與各大專院校土地登記專用教材、房地產相關業者、地政從業人員及有志涉獵不動產專業知識者所必備，並為莘莘學子參加地政士、不動產經紀人、不動產估價師、高普考、公務人員升等考試或三、四等特考上榜之最佳考試用書。

　　最後，本書之問世，對土地登記法令之宣導、實務運用之傳承、普及登記專業知識，期望產生特定的功能，是所期盼。

黃志偉

序於台北

2008年3月

目錄 | CONTENTS

第一章 | 總則

第一節　土地登記之意義、目的、原則

一、土地登記之意義

我國土地法第37條第1項及土地登記規則第2條規定：「土地登記，謂土地及建築改良物之所有權與他項權利之登記」。上列係土地登記之法定解釋，也是土地登記意義之簡括說明。故土地登記經整理後應可稱為——登記機關依法程序，將土地及建築改良物之所有權與他項權利之得、喪、變更情形，詳實記載於土地登記簿冊，藉以管理地籍，確定產權之行為，作為課徵土地稅及推行土地政策之依據。前台灣省政府地政處將土地登記之意義淺釋為地政機關按法定程序依權利人之申請或本於職權將土地建物之標示，所有權及他項權利之取得，設定及變更等應登記事項詳載於登記簿，以確定其權利歸屬及權利狀態並公示於第三人之行政行為。

二、土地登記之目的

(一) 地籍整理

土地法第38條第1項規定：「辦理土地登記，應先辦地籍測量」。同法第48條第1款規定：「土地總登記，依下列次序辦理：(1) 調查地籍……」。調查地籍之目的，在於明瞭土地之客觀狀態與權屬關係，以使土地之客觀狀態與登記事實相一致。調查地籍之內容，包括各宗土地之座落、四至、界址、地圖、面積、地價、使用狀況、改良物情形、土地所有權人、使用人、他項權利人之姓名、地址等等，故土地登記時可將地籍整理完整，為土地登記之一大目的。

(二) 確定產權

民法第758條規定:「不動產物權,依法律行為而取得、設定、喪失及變更者,非經登記,不生效力。前項行為,應以書面為之。」。同法第759條:「因繼承、強制執行、徵收、法院之判決或其他非因法律行為,於登記前已取得不動產物權者,應經登記,始得處分其物權」。土地法第43條亦規定:「依本法所為之登記,有絕對效力」。意即土地一經登記,權利即被確定,產權之取得受政府之合法保障,足以對抗第三人。反之,未經登記之土地,人民私相授受、訂立契約,在法律上之保障不足,仍以經登記後產權才有保障。

(三) 賦稅公平

在現代民主社會,政府之功能在為國民提供各種服務。其內容及範圍,隨社會之進步而變化,且人民對其品質的要求有相對提高之趨勢。政府為執行政務及推行一切措施,無不需要各種費用以應支出之需,而支出應由全體國民共同負擔。因此賦稅收入是政府取得財政收入最主要的途徑。但當土地及建物之不動產,尚未辦理登記,則此項稅收之課徵,失卻根據。為求土地賦稅公平起見,理應依據地籍簿冊為之,且地政機關之地籍簿冊具有公信力,所依據課徵之賦稅方屬公平。

(四) 規定地價

我國土地政策之最高原則為平均地權,憲法第142條:「國民經濟應以民生主義為基本原則,實施平均地權,節制資本,以謀國計民生之均足」。平均地權之具體辦法為規定地價、照價徵稅、照價收買、漲價歸公。而照價徵稅、照價收買、漲價歸公等皆應以規定地價為本,而地價永定與否,亦與土地登記之地籍資料是否完整有密切關連。我國土地登記時,責令申請人同時為地價之申報,土地法第148條規定:「土地所有權人依本法所申報之地價,為法定地價」。同法第149條規定:「直轄市或縣(市)地政機關辦理地價申報之程序如下:1.查定標準地價;2.業主申報;3.編造地價冊」。同法第158條規定:「土地所有權人聲請登記而不同時申報地價者,以標準地價為法定地價」。故土地登記辦理時同時辦理規定地價。

(五) 推行土地政策

土地不論公、私所有,既已詳盡登載於特定之土地登記簿上。則地權分配是否合理?土地利用是否充分公享?皆可因土地登記、地籍歸戶冊而詳知其內容。土地政策不僅是解決土地問題的方法和策略,且須付諸實施,以達預期之效果,故土地政策之改革或推行皆應以土地之分配與利用著手,兩者相互為用以達地權平均地利共享之目標。台灣地區實施三七五減租、公地放領、耕者有其田以及平均地權諸政策,能夠順利施行,成效顯著,實以完備之土地登記地籍資料為基礎。今後國土綜合開發計畫及區域計畫、都市計畫之擬訂、六年國建之推行等皆以完備之地籍資料為藍本。否則徒託空言,難有適當措施以達真正之效益。

(六) 方便土地資金化,促進經濟發展

土地登記便利人民產權之移轉及抵押權設定與變更,使土地資本轉為資金融通。政府也可以發行土地債券,對國家資金之融通及經濟之繁榮有所助益。

三、土地登記之原則

布立克德爾氏曾謂一完善之土地登記制度,應具備下列六項條件,實為辦理土地登記不變之原則:

(一) 穩 固

土地登記在於確定產權,係具有絕對效力之登記。為使民眾充分信賴與安全保障,故登記事項必須穩固。

(二) 簡 易

土地權利關係人,多屬一般普遍之大眾,未具知識水準專業素養者等未必熟悉土地登記,為便利人民登記,申請登記手續必須簡易使人人能易懂為原則。

(三) 精 確

土地登記在於確定產權、便利移轉,倘未精確之登記,則土地權利易滋

糾紛爭端，而登記更影響人民財產權益甚大，憲法第15條人民之財產權應予
保障，故精確為土地登記之重要條件。

(四) 省　費

　　土地登記與政治、社會、財政、經濟、行政等關係密切，為國家施政之
基本措施，非僅限於確定產權而已。近代各國對土地登記，多捨棄自由放任
而採強制登記主義。故登記費用必須減至最低限度，以利登記普遍施行。

(五) 迅　速

　　土地法第75條規定：「聲請為土地權利變更登記之文件，經該管直轄
市、縣（市）地政機關審查證明無誤，應即登記於登記總簿，發給土地所有
權狀或土地他項權利證明書，並將原發土地權利書狀註銷，或就該書狀內加
以註明……」。同法第75條之1：「前條之登記尚未完畢前，登記機關接獲
法院查封、假扣押、假處分或破產登記之囑託時，應即改辦查封、假扣押、
假處分或破產登記，並通知登記聲請人」。一般買賣不動產之習慣皆有分期
付款之方式，如買方已付全部總價之多數，當然希望登記案件能迅速辦妥，
以免遭限制登記之處分，而賣方亦希望迅速辦妥登記以便早日取得尾款，
「迅速」乃權利人義務人或地政士之一致期望，故土地登記應以迅速為原
則。

(六) 適　境

　　土地登記必須全國普遍辦理，然一國各地方環境不盡相同，情俗各異，
故優良土地登記制度，必須能適合當地環境，入鄉隨俗，以免理論與實際扞
格難行，因循誤事。

第二節　各國土地登記制度

一、契據（法國制）登記制度

(一) 意　義

　　契據登記制係法國所首創，又稱法國登記制，或登記對抗主義，或登記

公示主義。此制於土地所在地之官署備置公簿，登載土地權利之得喪變更，使有利害關係之第三人，得就該公簿推知土地權利狀態。而土地權利之得喪變更，採意思主義，即認雙方當事人間意思合致，訂立契約，即可發生物權變動之效力，並不以登記為生效要件，登記機關證明契據已經訂立，依照契據所載內容辦理登記，不加以實質審核，並不發生公信力。契據之內容是否真實、有無瑕疵等均不予審核。此制施行於法國、義大利、比利時、西班牙、挪威、日本、丹麥、葡萄牙、巴西等南美若干國家及美國多數之州。

(二) 特　點

1. 形式審查主義

　　登記官署對於登記之申請，採用形式上之審查，如申請登記之手續完備，即依照契據內容，登載於登記簿。至於契據所載權利事項，有無瑕疵，則不予過問作實質之審查。

2. 登記無公信力

　　登記無公信力者，謂已登記之權利事項，公眾不可信賴其有確定之效力也。已登記權利事項，如有第三人出面主張權利，仍應依實體法確定其權利之歸屬，若實體上認為其權利不成立，或有無效或得撤銷之原因時，則得以其不成立或無效而對抗已登記之第三人，此登記制度並無補於權利變動之維護。

3. 登記與否不予強制

　　土地權利登記與否，由當事人決定，法律並無強制之規定。

4. 登記簿之編成，採人的編成主義

　　契據登記制度登記簿編成不以土地為準，而以土地權利人登記次序之先後編成之。登記完畢僅在契約上註記經過，不發權利書狀。

5. 登記以土地權利之動態為主

　　土地權利之現在狀態固為登記，而對土地權利之變動情形尤為偏重，並以徵課為主之登記制度。

6. 土地權利之變動，以登記為對抗第三人之要件

即土地權利之取得或變更，依當事人意思之合致，訂立契約，即已發生法律上之效力，但是向政府機關提出登記公示為對抗第三人之要件，而非因提出登記公示即一定生效，因政府機關不予審查文件之有無瑕疵。

二、權利（德國制）登記制度

(一) 意　義

權利登記制為德國法系之登記制度，又稱德國制或登記要件主義。即關於不動產物權變動之行為，僅有當事人之意思表示及訂立契據尚不生效，必須經實質審查確定，並履行法定登記之形式，始生效力，亦即非經登記不生效力及不能對抗第三人，當事人間在法律上不生物權變動之效力。故登記機關對於權利之取得或變更，須確實審查，經確定後，方予登記。此制首創於德國，採行者有瑞士、荷蘭、捷克、南斯拉夫、奧地利、匈牙利、埃及等國。

(二) 特　點

1. 登記要件主義

不動產物權之取得或變更，以登記為其發生效力之必要條件，如不登記，當事人雖訂有契約，不能對抗第三人，而在法律上亦不發生物權變動之效力，故除當事人間立有合約外，並須以履行登記程序為生效要件。

2. 實質審查主義

登記官署對於公有、私有登記案之申請，有實質之審查權，即不僅審查申請所必具之形式要件，土地權利變動之原因與事實是否相符，繳附文件有無瑕疵，均須詳加審核，證明無誤後方予登記。

3. 登記具有公信力

即公眾可信賴已登記之權利，具有確定之效力。登記簿上所載權利事項，縱在實體上由於登記原因不成立，或有無效或得撤銷之情形，亦不得以其不成立，無效或撤銷、對抗善意第三人。易言之，登記簿所載權利事項，

對於善意第三人，在法律上有絕對效力。

4. 登記採強制主義

不動產物權之取得、設定、變更、喪失，非經登記不生效力。

5. 登記簿之編製，採取物的編成主義

即依土地地段、地號先後之次序編成之。登記完畢，不發權利狀書，僅在契約上加以註記登記之經過而已。

6. 登記以土地權利之靜態為主

登記簿先辦理登記土地權利之現在狀態，再及於土地之變動情形。

三、托崙斯（澳大利亞制）登記制度

(一) 意　義

托崙斯登記制又稱為澳洲登記制，或權狀交付主義。此制為托崙斯爵士於1858年在澳洲首創，托崙斯為海關稅務員，嗣後任南澳洲登記長，因熟悉船舶登記之法律，由船舶登記之觀念類推構想，創立登記制度。托崙斯登記制乃指土地一經登記後，其土地權利具有確定性質，而使移轉便利。其法乃以官署之力作一次土地權利之總清理，以代替私人間之調查徵信追究權源，並以政府交付之權狀，以代替私人間之契約行為。此制之基本精神與權利登記制相同甚多。採行者有愛爾蘭、加拿大、美國伊利諾州、泰國、馬來西亞、南非聯邦、蘇丹等國。

(二) 特　點

1. 登記並非採全面強迫制

即不強制一切土地，必須向政府聲請登記，登記與否，任由當事人自行決定。但土地如一經申請第一次登記後，日後如有土地移轉或變動，非經登記，不生效力。

2. 登記採實質審查主義

登記官署對於登記之申請，有實質審查之權限，登記原因及證明文件詳予審查是否有誤，必須公告者應經公告程序，而後始能確定之登記。

3. 登記具有公信力

土地一經登記，即有不可推翻之效力，此項權利之效力，由國家保證之，且任何人均應信賴其登記。

4. 交付土地權狀，為登記人應享權利之確定憑證

土地為所有權第一次登記時，登記機關依權利狀態製發土地權狀一式二份，一份交給申請人收執，以為確認權利之證明；一份留存登記機關，以備編成登記簿。故登記人執存之土地權狀，實即登記簿之副本，其內容與登記簿完全一致。

5. 地上如有設定權利負擔，應為負擔登記

已登記之土地上如有抵押權設定等他項權利時，應為辦理他項權利等設定登記。

6. 登記官署負因登記錯誤之損害賠償責任

登記之土地權利，既有不可推翻之效力，則登記如有遺漏或錯誤，致真正權利人遭受損害時，登記官署負賠償責任。

第三節　我國土地登記制度

我國歷代雖曾注意土地管理，並無完整登記制度，清末與民初雖有契稅及驗契之制，惟均以財政稅收為目的，而與土地登記整理地籍確定地權之目的不同。我國之有登記法規，確立登記制度，始於不動產登記條例，繼之為民法物權編及土地法第二編之規定。而上列有關土地登記制度係擷取德國權利登記制及澳洲托崙斯登記制之優點，融合而成為一新的土地登記制度，期能達成地籍整理、地權保障、規定地價之目的，以為實施平均地權，促進土地利用，達到地利分享之目標。其特點分述如下。

一、登記生效與宣示登記要件主義

在已依法辦理區域，土地權利之取得、設定、移轉、變更或消滅，皆應依法辦理登記（土地法第38、57、72條）。即凡因法律行為之變動，非經登記，不生效力。前項行為，應以書面為之（民法第758條）。但因繼承、強制執行、徵收、法院之判決或其他非因法律行為，於登記前已取得不動產物權者，應經登記，始得處分其物權（民法第759條）。

二、原則上採強制登記

土地法第38條規定凡已辦理地籍測量之直轄市或縣（市）土地之全部依法辦理土地總登記。土地法第72條規定土地總登記後，土地權利有移轉、分割、合併、設定、增減或消滅時，應為變更登記。但對於建物所有權第一次登記，目前法無規定應採強制登記。

三、登記採實質審查主義

地政機關對於登記之申請案件，如申請人之權利能力、行為能力，法律行為或事實均須以實質之審查認定，附繳文件是否虛偽，如有瑕疵，應即駁回，不予登記（土地法第55、56、75條；土地登記規則第55、56、57條）。

四、登記具有絕對效力

所謂土地登記有絕對效力乃在保護善意之第三人，將登記事項賦予絕對真實之公信力，而不容於登記確定後有所變動，或予以推翻（土地法第43條）。

五、登記簿之編製採物的編成主義

登記簿應接地號或建號順序，採活頁裝訂之，並按登記機關轄區情形按地段登記之（土地登記規則第16、17條）。

六、登記完畢後發給權利書狀

地政機關於辦妥登記後，分別依登記類別發給所有權狀或他項權利證明書，以為權利人應享有之權利憑證（土地法第62、75條；土地登記規則第65

條）。

七、地政機關設置登記儲金，負損害賠償責任

因登記錯誤遺漏或虛偽致受損害者，由該地政機關負損害賠償責任。但該地政機關證明其原因應歸責於受害人時，不在此限。地政機關所收登記費，應提存10%作為登記儲金，專備損害賠償之用（土地法第68條、第70條、第71條）。

八、土地總登記同時完成規定地價程序

土地法第156條規定土地所有權人聲請登記所有權時，應同時申報地價。同法第148條規定土地所有權人依法所申報之地價為法定地價。土地法第159條規定每縣（市）辦理地價申報完竣，應即編造地價冊，故申請登記時規定地價為其法定程序。

九、地籍圖簿之公開發給

地籍資料之公開，係我國土地登記制度之特點，無論任何人皆可申請發給登記簿或節本或地籍圖，惟申請閱覽、抄寫、複印或攝影登記申請書及其附件者，依土地登記規則第24條以原登記案之申請人、代理人、登記名義人、利害關係人為限，申請登記簿謄本等應依土地法第79條之2規定繳納工本費。

第四節　土地登記之種類

一、依土地登記方式區分之類別

(一) 主登記

依土地登記規則第8條規定，指土地權利於登記簿上獨立存在之登記。如移轉登記、抵押權設定登記及塗銷等、建物所有權第一次登記。主登記之次序，應依登記之先後。

(二) 附記登記

依土地登記規則第8條規定，指附屬於主登記之登記，就主登記事項予以一部變更之登記，如住址變更登記，書狀換給登記、姓名更正登記等。附記登記係主登記之延長，非為獨立新順序之登記。附記登記之次序，應依主登記之次序，但附記登記各依其先後。

(三) 註記登記

指在標示部、所有權部或他項權利部其他登記事項欄內註記資料之登記。如將訴訟事實註記於該登記名義人之其他登記事項欄、如註記公告徵收、國宅用地等。

(四) 塗銷註記登記

指刪除註記於標示部、所有權部或他項權利部其他登記事項欄資料所為之登記。如塗銷公告徵收、塗銷國宅用地註記等。

二、依土地登記實務區分之類別

(一) 土地總登記

係指對已依法辦竣地籍測量之地方，於一定期間內就直轄市或縣（市）土地之全部所為之登記。

(二) 土地所有權第一次登記

土地總登記後未登記之土地，因地籍管理必須編號登記時，依照登記程序辦理之登記。如新登記土地之囑託登記。

(三) 建物所有權第一次登記

係指新建或舊有之合法建物所有人第一次向登記機關申辦所有權第一次登記。

(四) 所有權移轉登記

係指土地或建物於地政事務所完成登記後，因法律行為或法律事實，使

所有權發生移轉、權利主體變更，依法向登記機關申辦之變更登記。

(五) 土地權利變更登記

指土地總登記後，因土地權利移轉、分割、合併、設定、增減或消滅所為之登記。如買賣、繼承、共有物分割、他項權利變更登記等。

(六) 標示變更登記

土地總登記後，因地號、面積等標示發生變更，如分割、合併、增減、地目變更及其他標示變更。

(七) 他項權利登記

係指地政事務所已完成登記之土地或建物予以設定有地上權、永佃權、不動產役權、典權、抵押權、耕作權等他項權利或已設定之他項權利有移轉或變更時所申辦之登記。

(八) 限制登記

係指限制登記名義人處分其土地或建物權利所為之登記，包括預告登記、查封、假扣押、假處分或破產登記及其他依法所為禁止處分之登記。

(九) 塗銷登記

係指已登記之土地或建物權利，因法定或約定原因消滅，向登記機關所申請將登記之權利予以塗銷所為之登記。

(十) 消滅登記

土地或建物所有權或他項權利，因標的物之滅失而導致其權利因物之不存在或滅失亦隨同消滅所為之登記。如滅失、部分滅失登記等。

(十一) 更名登記

係指已登記之土地或建物權利，因權利人或管理者之姓名、名稱變更而向登記機關申辦之登記。

(十二) 住址變更登記

係指已登記之土地或建物權利、因權利人或登記名義人之住址於登記簿登記後發生變動而向登記機關申辦之登記。

(十三) 書狀換給或補給登記

係指權利人收執之權利書狀因破損、滅失、逕為分割、逕為變更等原因，由登記名義人向該登記機關申請換給或補給所為之登記。

(十四) 更正登記

土地登記完畢後，登記人員或利害關係人發現登記錯誤或遺漏，向該管登記機關申辦更正所為之登記。

(十五) 時效取得土地權利登記

指占有人依民法第769-772條規定，主張時效完成，向該管登記機關申請時效取得土地權利所為之登記。如時效取得所有權、地上權、不動產役權登記等。

(十六) 土地權利信託登記

指已登記之土地或建物，其土地權利依信託法辦理信託所為之登記。如信託、信託歸屬登記等。

(十七) 債權約定或事實之登記

指依民法物權編所規定之債權約定或事實經登記得對抗第三人之登記。

(十八) 繼承登記

指因繼承事實之發生所為之所有權或他項權利之變更登記。

(十九) 權利變換登記

依都市更新條例規定辦理都市更新權利變換之移轉登記。

(二十) 剩餘財產差額分配登記

　　法定財產關係消滅時，夫或妻現存之婚後財產，扣除婚姻關係存續中所負債務後，如有剩餘，配偶一方依民法第1030條之1規定，行使財產剩餘差額分配請求權而取得不動產權利，向該管登記機關所為之登記。

三、依土地法分類

(一) 土地總登記（土地法第38條）。
(二) 土地權利變更登記（土地法第72條）。
(三) 預告登記（土地法第79條之1）。
(四) 塗銷登記（土地法第79條之1）。
(五) 限制登記（土地法第75條之1）。
(六) 更正登記（土地法第69條）。
(七) 書狀換給或補給登記（土地法第79條）。

四、廣義分類

(一) 登記方式：主登記、附記登記。
(二) 時間順序：總登記、權利變更登記。
(三) 權利種類：所有權、他項權利。
(四) 法律關係：取得、設定、喪失、變更、移轉。
(五) 權利主體：自然人、法人、非法人團體。
(六) 權利客體：土地、建物。
(七) 申請方式：會同申請、單獨申請、逕為登記、囑託登記、代理申請、代位申請、通信申請。
(八) 權屬關係：公有、私有。
(九) 土地性質：農地、林業用地、養殖用地、建築用地、礦業用地、工業用地等。

第五節　土地登記之範圍（對象、要素）及其應登記之事項

一、權利主體

申請土地登記之權利主體，依法應具有權利能力，即民法規定之自然人與法人。

(一) 自然人

1. 完全行為能力人

滿二十歲之成年人及未成年人已結婚者。

2. 限制行為能力人

滿七歲以上未滿二十歲之未成年人，有限制行為能力。限制行為能力人為意思表示或受意思表示，應得法定代理人之允許，但純獲法律上之利益或依其年齡及身分，日常生活所必需者，不在此限。未成年人已結婚者，毋須法定代理人同意。

3. 無行為能力人

未滿七歲之未成年人，為無行為能力人，受監護宣告之人為無行為能力人，由監護人代理受監護宣告之人購置或處分土地權利，應檢附法院許可之證明文件。

4. 本國人

按民法第6條規定：「人之權利能力始於出生，終於死亡」。故凡具有中華民國國籍，均得為登記之權利主體，至於是否具備行為能力則不在所問。

5. 外國人

需依土地法第17-24條有關外國人取得我國不動產權利登記有關之規定辦理。

6. 胎　兒

胎兒尚未出生，在實體法上並不具有權利能力，然於有關其個人利益之保護，例如繼承，視為既已出生。按土地登記規則第121條規定：「胎兒為繼承人時，應由其母以胎兒名義申請登記，俟其出生辦理戶籍登記後，再行辦理更名登記。前項胎兒以將來非死產者為限。如將來為死產者，其經登記之權利，溯及繼承開始時消滅，由其他繼承人共同申請更正登記」。

(二) 法　人

1. 公法人

國家為公法人，得為私法上權利義務之主體。公法人係指國、直轄市、縣（市）、鄉（鎮、市），均以其行政區名稱登記。

2. 私法人

依其組成型態可分為以自然人所組成之社團法人及以捐助財產所組成之財團法人兩種。

又因其成立之法律依據不同，尚有依特別法明定為法人之人民團體，如商業團體法第2條商業團體為法人，故其組成之公會具有法人資格得為登記權利主體，又如工會、漁會、農會、合作社等依特別法規定為法人得為權利主體。故除特別法已明定為法人之人民團體外，非依法經法院登記，不得為權利主體。但於民國71年10月14日前已由主管機關造具簡冊送同級法院備查者，視為已取得法人資格，得為土地登記之權利主體。社團法人可分為營利與公益兩種社團。營利社團係另依特別法規定成立之本國、外國公司等。公益社團申請土地權利登記時，應檢附法院核發之法人登記證。財團法人之成立依民法規定，須得主管機關之許可始得申請登記。登記權利主體時，應檢附法院核發之法人登記證。

(三) 其他依法令規定者

1. 寺　廟

已為寺廟登記之寺廟，依監督寺廟條例規定得為登記權利主體（申請土地登記應附文件法令補充規定第19點）。

2. 祭祀公業

係以祭祀祖先為目的而設立之獨立財產，其已以「祭祀公業」名義登記者，依最高法院民國60年7月9日60台上字第2339號裁判承認其存在。但新取得不動產所有權或他項權利時，除已成立財團法人外，應登記為派下員全體公同共有。祭祀公業條例第21條規定，登記為祭祀公業法人。第59條規定，新設立之祭祀公業應依民法規定成立社團法人或財團法人。

3. 神明會

神明會係宗教團體，由特定多數人所組成，如關帝爺會、福德爺會、媽祖會等是。日據時期係承認其有法人人格，至光復後則未能承認其為法人。惟為配合其已取得之土地登記，仍以神明會名義登記之。故神明會亦屬不准新設立及新取得土地權利主體之一種。

4. 大陸地區人民、團體或其他機構依「大陸地區人民在臺灣地區取得設定或移轉不動產物權許可辦法」取得許可者，得為權利主體。（臺灣地區與大陸地區人民關係條例第69條、大陸地區人民在臺灣地區取得設定或移轉不動產物權許可辦法第4條參照）

在臺灣地區及大陸地區以外之其他地區所設立之公司，該公司有大陸地區人民、法人、團體或其他機構持有股份，經公司法認許之陸資公司依「大陸地區人民在臺灣地區取得設定或移轉不動產物權許可辦法」取得許可者，得為權利主體（臺灣地區與大陸地區人民關係條例第69條、大陸地區人民在臺灣地區取得設定或移轉不動產物權許可辦法第4條參照）。

二、權利客體

指土地權利所依附之標的物包括下述所列：

(一) 土　地

土地法第1條：本法所稱土地，指水陸及天然富源，此乃廣義之土地，但就土地登記規則所稱土地，係指狹義之陸地而言，不包括水及地下之礦。

(二) 建築改良物

依土地法第5條第2項規定附著於土地之建築物或工事，為建築改良物。而建築法第4條規定所謂建築物，為定著於土地上或地面下，具有頂蓋、樑柱或牆壁，供個人或公眾使用之構造物或雜項工作物。

三、應登記之土地權利種類

土地登記規則第4條規定：「下列土地權利之取得、設定、移轉、喪失或變更，應辦理登記：
一、所有權。
二、地上權。
三、民法物權編中華民國九十九年八月三日修正之條文施行前之永佃權。
四、不動產役權。
五、典權。
六、抵押權。
七、耕作權。
八、農育權。
九、依習慣形成之物權。
土地權利名稱與前項第一款至第八款名稱不符，而其性質與其中之一種相同或相類者，經中央地政機關審定為前項第一款至第八款中之某種權利，得以該權利辦理登記，並添註其原有名稱。」茲分述其定義如次：

(一) 所有權

所有人於法令限制範圍內，得自由使用收益處分其所有物，並排除他人之干涉（民法第765條）。

(二) 普通地上權

謂以在他人土地之上下有建築物或其他工作物為目的而使用其土地之權（民法第832條）。

(三) 區分地上權

謂以在他人土地上下之一定空間範圍內設定之地上權（民法第841條之1）。

(四) 中華民國98年8月3日前發生之永佃權

稱永佃權者，謂支付佃租永久在他人土地上為耕作或牧畜之權。

(五) 農育權

謂在他人土地為農作、森林、養殖、畜牧、種植竹木或保育之權。

農育權之期限，不得逾二十年；逾二十年者，縮短為二十年。但以造林、保育為目的或法令另有規定者，不在此限（民法第850-1條）。

(六) 不動產役權

謂以他人不動產供自己不動產通行、汲水、採光、眺望、電信或其他以特定便宜之用為目的之權（民法第851條）。

(七) 典　　權

謂支付典價在他人之不動產為使用、收益，於他人不回贖時，取得該不動產所有權之權（民法第911條）。

(八) 普通抵押權

債權人謂對於債務人或第三人不移轉占有而供其債權擔保之不動產，得就該不動產賣得價金優先受償之權（民法第860條）。

(九) 最高限額抵押權

謂債務人或第三人提供其不動產為擔保，就債權人對債務人一定範圍內之不特定債權在最高限額內設定之抵押權（民法第881條之1第1項）。

(十) 耕作權

謂承墾荒地之承墾人於墾竣日起，無償取得耕作權（土地法第133條）。

(十一) 依習慣形成之物權

習慣，指具備慣行之事實及法的確信，即具有法律上交付力之習慣法：

1. 所謂「取得」，依民法而言，有原始取得與繼受取得二者。所謂指原始取得。例如土地自然增加之取得、時效取得所有權、土地總登記、建物所有權第一次登記、徵收等均屬之。
2. 所謂「設定」，係以所有權或他項權利（地上權、典權、農育權）為標的，所取得之權利。例如地上權之設定係以他人土地所有權為標的而設定取得使用、收益之權利也。
3. 所謂「移轉」，係指權利主體之變更者。例如因買賣所為之所有權移轉。
4. 所謂「變更」，係指已登記事項，不變更其所示法律關係之同一性，而變更內容之一部者，例如變更地上權租金。
5. 所謂「喪失」，係指權利。絕對性之消滅者。例如：存續期間期滿喪失地上權。

四、應登記之法律關係

土地登記謂土地及建築改良物所有權與他項權利之登記，而民法第758條第1項規定不動產物權，依法律行為而取得、設定、喪失及變更者，非經登記，不生效力。前項行為，應以書面為之。土地法第72條規定土地總登記後，土地權利有移轉、分割、合併、設定、增減或消滅時，應為變更登記。土地權利變更之原因，就法律觀點可分為：

(一) 法律行為

以意思表示為要素，因意思表示而發生私法上效果。如不動產物權因發生買賣、贈與、交換、共有物分割、設定……等。法律行為有單方行為、多方行為、有償行為、無償行為等。

(二) 法律事實

法律行為以外具有產生法律效果者，其因繼承，強制執行、徵收、法院之判決或其他非因法律行為等依民法第759條規定，皆於事實發生時即已取得土地權利，但應經登記，始得處分其物權。

第六節　土地登記之機關

一、法令依據

(一) 土地法第3條規定本法除法律另有規定外，由地政機關執行之。

(二) 土地法第39條規定土地登記，由直轄市或縣（市）地政機關辦理之。但各該地政機關得在轄區內分設登記機關，辦理登記及其他有關事項。

(三) 土地登記規則第3條規定土地登記，由土地所在地之直轄市、縣（市）地政機關辦理之。但該直轄市、縣（市）地政機關在轄區內另設或分設登記機關者，由該土地所在地之登記機關辦理之。建物跨越二個以上登記機關轄區者，由該建物門牌所屬之登記機關辦理之。直轄市、縣（市）地政機關已在轄區內另設或分設登記機關、且登記項目已實施跨登記機關者，得由同直轄市、縣（市）內其他登記機關辦理之。

(四) 地籍測量實施規則第2條規定本規則所稱主管機關，中央為內政部；直轄市為直轄市政府地政處；縣（市）為縣（市）政府。

(五) 地籍測量實施規則第205條第1項規定申請複丈由土地所有權人或管理人向土地所在地登記機關為之。

(六) 地籍測量實施規則第261條規定申請建物測量，由建物所有權人或管理人向建物所在地登記機關為之。前項申請，得以書面委託代理人為之。

二、土地登記機關之組織編制及職掌

　　目前各直轄市、縣（市）地政機關，均於轄區內分設地政事務所，專責辦理土地登記，測量等有關地政事務，茲就中央、直轄市、縣（市）及地政事務所等各級主管土地登記之機關分別簡介如下：

(一) 中央為內政部，內設地政司分十三科及一個任務編組（衛星測量中心）另內政部設國土測繪中心

1. 地籍科：主管地籍管理。
2. 地價科：主管土地估價、規定地價有關平均地權業務。
3. 地權科：主管地權、耕地租用、農地政策業務。
4. 地用科：主管土地徵收業務。
5. 測量科：主管土地測量、建物測量業務。

6. 方域科：主管我國疆界及行政區域之規劃、勘測、水陸地圖及標準地名之審議、釐訂。
7. 土地登記科：主管土地登記事項。
8. 不動產交易科：地政士、不動產經紀業之管理。
9. 公地行政科：主管公地行政事項。
10. 土地使用編定管制科：非都市土地管制等一切事宜。
11. 土地重劃科：關於土地重劃有關事項。
12. 區段徵收科：關於區段徵收有關事項。
13. 地政資訊作業系統：關於地政資訊作業事項。

(二) 直轄市政府地政局

台北市政府設地政局五科五室及土地開發總隊，高雄市設地政局六科五室及土地開發處、新北市政府設地政局八科四室。

(三) 縣（市）為縣（市）政府

內設地政處或局分科、室辦事，設三～五科。

(四) 地政事務所

分課辦事、一般分四～五課或股。人事室、會計室分別辦理登記、測量、地價及其他業務。

第七節　土地登記之效力

一、土地登記之效力

(一) 公示力

以登記作為不動產物權變動之表徵，即登記之公示主義，任何人均得向登記機關發給登記簿之謄本或節本或閱覽地籍資料（土地法第78條之2；土地登記規則第24條）。

(二) 推定力

不動產物權經登記者，推定登記權利人適法有此權利（民法第759條之1）。

(三) 公信力

登記具有絕對效力。即善意第三人因信賴登記而取得之權利，具有不可推翻效力（土地法第43條）。

二、土地登記絕對效力土地法及民法規定

(一) 土地法規定

土地法第43條規定：「依本法所為之登記，具有絕對效力」。所謂依法所為之登記，具有絕對效力，係為保護因信賴土地登記，而依法取得土地或建物權利新登記善意之第三人，所賦予絕對真實之公信力。亦即已登記之土地權利，如確有虛偽詐欺之情形其登記原因應屬無效，真正權利人得訴請塗銷該登記，而回復其本人之權利。但該土地權利如已由善意第三人因信賴登記取得，並為新權利登記，則真正之權利人，除得依法請求損害賠償外，不得請求塗銷該登記。但如虛偽詐欺之登記完成後，仍未有善意第三人取得權利之新登記前，則真正權利人仍有塗銷登記之請求權。

(二) 民法規定

1. 民法第758條

不動產物權依法律行為而取得、設定、喪失及變更非經登記不生效力。前項行為，應以書面為之。

2. 民法第759條

因繼承，強制執行、徵收、法院之判決或其他非因法律行為，於登記前已取得不動產物權者，應經登記，始得處分其物權。

3. 民法第759條之1

不動產物權經登記者，推定登記權利人適法有此權利。

因信賴不動產登記之善意第三人，已依法律行為為物權變動之登記者，其變動之效力，不因原登記物權之不實而受影響。

二、登記效力之發生

依最高法院33年上字第5374號判例：「聲請登記而未經該管轄地政機關將應行登記之事項記入登記簿者，即不得謂已依土地法為登記，土地登記所定之效力，即無由發生。」故登記效力之發生應自「登記完畢」時起。所謂「登記完畢」，依土地登記規則第7條規定：「土地權利，經登記機關依本規則登記於登記簿，並校對完竣，加蓋登簿及校對人員名章後，為登記完畢。土地登記以電子處理者，經依系統規範登錄、校對，並異動地籍主檔完竣後，為登記完畢」。

三、司法院解釋

土地法第43條規定：「依本法所為之登記，有絕對效力。」關於登記有絕對效力之真意，司法院有兩次解釋：

(一) 民國28年院字第1919號解釋

所謂登記有絕對效力，係為保護第三人起見，就登記事項賦予絕對真實之公信力。故第三人信賴登記而取得土地權利時，不因登記原因之無效或撤銷而被追奪；惟此項規定，並非於保護交易安全之必要限度以外，剝奪真正之權利，如在第三人信賴登記而取得權利登記之前，真正權利人仍得對於登記名義人主張登記原因之無效或撤銷，提起塗銷登記之訴。

(二) 民國29年院字第1956號解釋

所謂登記有絕對效力，係為保護第三人起見，將登記事項賦予絕對真實之公信力，真正權利人在已有第三人取得權利之新登記後，雖得依法請求損害賠償，不得為塗銷登記之請求，而在未有第三人取得權利之新登記前，對於登記名義人仍有塗銷登記請求權。土地登記規則第8條規定：「依本規則登記之土地權利，除本規則另有規定外，非經法院判決確定者登記機關不得為塗銷登記。」此係在維護土地登記之效力，限制行政機關除非有土地登記規則第三章第六節塗銷登記（第131-135條）所規定情形外，非有法院之判

決，不得任意塗銷之。另外，依土地登記規則不應登記，純屬登記機關之疏失而錯誤登記之土地權利，於第三人取得該土地權利之新登記前，登記機關得於報經直轄市或縣（市）地政機關查明核准後塗銷之（土地登記規則第144條）。

四、有關土地法第43條「登記有絕對效力」最高法院判決要旨

(一) 依土地法所為之登記有絕對效力，固為同法第43條所明定，惟參照司法院院字第1919號釋，在第三者信賴登記而取得土地權利之前，真正權利人既仍得對登記名義人主張登記原因之無效或撤銷，提起塗銷登記之訴，自不能據以除斥真正之權利（39台上字第1109號判例）。

(二) 土地法第43條所謂登記有絕對效力，係為保護因信賴登記取得土地權利之第三人而設，故登記原因無效或得撤銷時，在第三人未取得土地權利前，真正權利人對於登記名義人自仍得主張之（40台上字第1892號）。

(三) 土地法第43條所謂登記有絕對效力，係為保護第三人起見，將登記事項賦予絕對真實之公信力，故真正權利人只許在未有第三人取得權利前，以登記原因無效或得撤銷為塗銷登記之請求，若至已有第三人本於現存之登記而為取得權利之新登記以後，則除得依土地法第68條規定請求損害賠償外，不得更為塗銷登記之請求，因之真正權利人對於第三人依此取得之不動產，訴請返還，自無法律上之根據（41台上字第323號）。

(四) 上訴人如明知訟爭房屋已被查封竟予買受，顯有惡意，其所為登記自難認為信賴登記而為新登記，應不受土地法第43條之保護（40台上字第828號）。

(五) 依土地法所為之登記有絕對真實之公信力，縱使債務人之處分有無效之原因，在債權人未提起塗銷登記之訴，並得有勝訴之確定判決以前，其登記仍不失其效力。債權人殊難以該不動產之登記在實施查封以後為無效，認定第三人尚未取得所有權，並無足以排除強制執行之權利，而主張第三人執行異議之訴為無理由（50台上字第96號）。

(六) 土地法第43條所謂依本法所為之登記有絕對效力，係為保護第三人起見，將登記事項賦予絕對真實之公信力，故第三人信賴登記而聲請所有權移轉登記，縱令嗣經法院查封而對於查封後始辦妥移轉登記，執行債權人亦不得對之主張債務人無權處分，而認第三人尚未取得所有權，固

為本院所持之見解，惟此係指所有權移轉登記情形而言，不包括所有人之保存登記在內。蓋保存登記並非具有創設效力，須經地政機關為登記之公告，在公告期內無人提起異議者，始得視為確定，倘在公告期內已經法院查封，即失其效力（50台上字第929號）。

第八節　維護土地登記效力之救濟措施

為維護土地登記具有絕對效力，我國土地法對土地登記因錯誤、遺漏或虛偽，特別定有救濟措施，其一為更正登記，其二為請求損害賠償，其三為塗銷登記。

一、更正登記

(一) 更正登記之意義

更正登記係指已登記之土地權利，因登記有錯誤或遺漏，致與真正權利人不符，由利害關係人或登記人員向地政機關申辦更正所為之登記。

(二) 更正登記之要件

1. 登記完畢後書面申請

土地法第69條規定：「登記人員或利害關係人，於登記完畢後，發現登記錯誤或遺漏時，非以書面聲請該管上級機關查明核准後，不得更正，但登記錯誤或遺漏，純屬登記人員記載時之疏忽，並有原始登記原因證明文件可稽者，由登記機關逕行更正之」。

2. 由利害關係人，或登記人員申請

如係土地標示部及所有權部錯誤或遺漏，由所有權人提出申請更正。如係他項權利錯誤或遺漏，由他項權利人提出申請更正。如該項之錯誤或遺漏，涉及原設定人之權利義務時，應由他項權利人會同原設定人申請更正登記。

3. 須因登記錯誤或遺漏

土地法第68條第1項及第69條所稱登記錯誤或遺漏，係指登記之事項與登記原因證明文件所載之內容不符而言，為土地登記規則第13條所明定，簡言之，登記錯誤係指登記簿所記載之內容與真正權利不符，而遺漏係指應登載之事項漏未登載。

4. 須經有利害關係之第三人之同意

更正登記常涉及當事人或第三人之權益，若登記名義人自行申請更正，未影響他人權益則免經他人同意（行政院56.10.4台 (56) 訴7767號令參照）。

5. 須不妨害原登記之同一性

所謂不妨害原登記之同一性，係指更正後仍為原登記之同一權利，並不得變更原登記所示之法律關係（行政法院48年判字第72號及49年判字第20號判例參照）。

6. 須經上級機關核准

登記之更正，須報經上級機關核准，為土地法第69條之規定，如此不僅手續迂緩，徒增人民不便，為求迅捷便於作業起見，如純屬登記人員記載時之疏忽，並有原始登記原因證明文件可稽者，由登記機關逕行更正之。

由上述可知，土地法第43、68、69、71條對於土地登記之效力與更正登記之程序，頗為嚴密周詳。行政法院48年判字第72號判例謂土地登記完畢後，利害關係人發現登記錯誤時，固得依土地法第69條之規定，以書面聲請該管上級機關，查明核准更正。但此種登記錯誤之更正，應以不妨害原登記之同一性者為限。若登記人以外之人，對登記所示之法律關係有所爭執，則應訴由司法機關審判，以資解決，殊非可依上述規定聲請更正登記，以變更原登記所示之法律關係。所謂不妨害原登記之同一性亦即更正後與原登記者是否同一土地或建物、同一權利種類及同一登記權利人。例如應登記為甲誤登記為乙，不得為更正登記，係權利主體之變更；應登記為地上權，誤為永佃權登記，不得為更正登記；登記權利人應為李四，而誤登記為老五，亦不得為更正登記。如因地目、面積、地號等標示之漏誤，而證明其屬同一土

地，或姓名、住址、身分證統一編號、出生年月日、地租、存續期間之漏誤、權利持分漏誤等而有原始證明文件足以證明其真實情形，或登記權利人之漏誤而能證明其確係為同一人時，應准予更正登記。

二、請求損害賠償

　　土地法第68條規定因登記錯誤遺漏或虛偽致受損害者，由該地政機關負損害賠償責任。但該地政機關證明其原因應歸責於受害人時不在此限。前項損害賠償，不得超過受損害時之價值。

(一) 登記損害賠償之要件（事）

1. 須登記有錯誤、遺漏或虛偽

　　土地登記規則第14條規定，土地法第68條第1項及第69條所稱登記錯誤或遺漏，係指登記之事項與登記原因證明文件所載之內容不符而言。如地政事務所未將重測前已登記之抵押權轉載於重測後新設之土地登記簿，自屬登記有遺漏，未轉載抵押權導致債權未獲清償，國家應賠償之。所謂登記虛偽，係指基於虛偽之登記原因所為之登記，虛偽與否其認定權乃司法機關之職權。

2. 須實際上受有損害

　　損害賠償責任之負擔，一般須以故意或過失不法侵害他人之權利，並以實際上受有損害為前提，土地登記之損害賠償亦同。

3. 須不可歸責於受害人

　　登記損害之發生，如係可歸責於受害人本身之故意或過失者，不得請求損害賠償。

4. 須有重大過失

　　地政機關因登記錯誤遺漏或虛偽而負損害賠償時，對於有重大過失之登記人員有求償權。因此土地法第70條第2項規定，地政機關所負之損害賠償，如因登記人員之重大過失所致者，由該人員償還，撥歸登記儲金。惟何謂重大過失，依最高法院42年台上字第865號民事判例：「民法上所謂過失

以其所欠缺注意之程度為標準，可分為抽象的過失、具體的過失及重大過失三種。應善盡善良管理人之注意而欠缺者，為抽象的過失；應與處理自己事務為同一注意而欠缺者，為具體的過失；顯然欠缺普通人之注意者，為重大過失。」因此地政人員審查登記文件時，如依其專業知識已盡善良管理人之注意，猶不能發現其瑕疵時，即難認其有何故意或過失。

5. 需損害之發生與登記錯誤遺漏或虛偽之事實有相當因果關係

損害賠償之債，以有損害之發生及有責任原因之事實，並二者之間有相當因果關係為成立要件。故原告所主張損害賠償之債，如不合於此項成立要件者，即難謂有損害賠償請求權存在，最高法院48年度台上字第481號著有判例。因此縱認土地法第68條係採無過失責任主義，亦須有損害之發生及錯誤遺漏或虛偽之登記，二者有相當因果關係。而所謂相當因果關係，就其實際情形而言，指損害之發生與錯誤遺漏或虛偽登記間須有直接性，若損害之發生，係受害人本身有歸責之事由，則地政機關不負賠償責任。

(二) 時效（時）

1. 自請求權人知有受損害起二年內行使。
2. （不知受損害時）自損害發生起，不逾五年內行使（國家賠償法第8條）。

(三) 救濟（地）

1. 以書面並檢附證明文件為之。
2. 應向該管地政機關為之。
3. 受拒絕時申請人得向司法機關起訴（土地法第71條）。

(四) 責任（人）

1. 由地政機關負損害賠償之責（土地法第68條）。
2. 但因登記人員重大過失者，由該登記人員償還（土地法第70條）。

(五) 基　金

1. 地政機關所收登記費應提出10%。

2.為登記儲金（土地法第70條）。

3.專作登記損害賠償之用。

(六) 標　準

1.不能回復原狀時，請求損害賠償。

2.為維護登記之效力。

3.採金錢賠償主義。

4.但賠償價值不得逾受損害時之價值（土地法第68條）。

三、塗銷登記

依土地登記規則登記之土地權利，有下列情形之一者，於第三人取得該土地權利之新登記前，登記機關得於報經直轄市或縣（市）地政機關查明核准後塗銷之：

(一) 登記證明文件經該主管機關認定係屬偽造。

(二) 純屬登記機關之疏失而錯誤之登記。

前項事實於塗銷登記前，應於土地登記簿其他登記事項欄註記（土地登記規則第144條）。

第二章 | 土地登記書表簿冊圖狀

第一節　登記機關應備置之書表簿冊圖狀

　　登記機關辦理土地登記，應備置各種書表簿冊圖狀，便於地籍管理以收事權統一達成土地登記之目的。故土地法施行第17條規定：「土地登記書表簿冊格式及尺幅，由中央地政機關定之」。土地登記規則第14條規定：「登記機關應備下列登記書表簿冊圖狀：(一) 登記申請書；(二) 登記清冊；(三) 契約書；(四) 收件簿；(五) 土地登記簿及建物登記簿；(六) 土地所有權狀及建物所有權狀；(七) 他項權利證明書；(八) 地籍圖；(九) 地籍總歸戶冊（卡）；(十) 其他必要之書表簿冊。」所謂書係指登記申請書，所謂表指繼承系統表，所謂簿指土地登記簿，所謂冊指登記清冊，所謂圖指地籍圖，所謂狀指所有權狀。上列書表簿冊圖狀之項目，係配合目前登記機關實務上作業情形及需要予以訂定，並使登記人員、地政士及人民申請登記時有所遵循。

一、登記申請書

　　乃登記申請人因土地或建物權利得、喪、變更時，向登記機關申請登記之用紙（內政部86.11.18台內字第8689449號函修訂）。

二、契約書

　　不動產物權之移轉或設定，依民法第758條之規定，應以書面為之。故土地或建物之移轉或設定負擔於權利人及義務人雙方意思表示一致時，應共同訂定契約書。現行公定契約書格式計十六種，如下：
　　(一) 土地建築改良物買賣所有權移轉契約書。
　　(二) 土地買賣所有權移轉契約書。
　　(三) 建築改良物買賣所有權移轉契約書。

(四) 土地建築改良物贈與所有權移轉契約書。

(五) 土地贈與所有權移轉契約書。

(六) 建築改良物贈與所有權移轉契約書。

(七) 土地建築改良物交換所有權移轉契約書。

(八) 共有土地建築改良物所有權分割契約書。

(九) 土地建築改良物抵押權設定契約書。

(十) 地上權設定契約書。

(十一) 土地建築改良物典權設定契約書。

(十二) 不動產役權（永佃權、耕作權）設定契約書。

(十三) 土地建築改良物他項權利移轉變更契約書。

(十四) 土地建築改良物信託（內容變更）契約書。

(十五) 土地建築改良物他項權利（金融資產信託、不動產資產信託）移轉契約書。

(十六) 土地建築改良物抵押權移轉變更契約書。

三、登記清冊

為各類申請之不動產標示欄不敷填寫或無法填寫時，以登記清冊填寫，附於申請書或契約書後。或單獨申請免檢附契約書，以登記清冊代之。

四、收件簿

(一) 收件簿之編成方式

收件簿按登記機關、鄉（鎮、市、區）地段或案件性質設置，依收件之先後次序編號記載之。其封面記明該簿總頁數及起用年月，鈐蓋登記機關印，每頁依次編號，裝訂成冊（土地登記規則第15條）。另為執行土地法第37條之1規定，以電腦管制人民申請案件，實施「代理申請案件管理系統」由電腦列印收件簿。

(二) 收件簿之保存年限

1.收件簿、登記申請書及其附件，除土地所有權第一次登記案件應永久保存外，應自登記完畢之日起保存十五年。

2.前項文件之保存及銷毀，由登記機關依檔案法相關規定辦理（土地登

記規則第19條）。

五、登記簿

(一) 意　義

　　登記簿，土地登記之專簿，係土地登記公示之簿冊，包括標示部、所有權部與他項權利部，屬土地登記最重要之簿冊，為登記機關永久保存之簿冊。

(二) 登記簿之編成方式

1. 登記簿用紙除第81條第2項規定（區分建物共同使用部分附表）外，應分為標示部、所有權部及他項權利部。
2. 依次「排列」，分別註明「頁次」。
3. 並於標示部「用紙」（下方）記明各部用紙之頁數（土地登記規則第16條）。
4. 登記簿就登記機關轄區情形，按鄉（鎮、市、區）或地段登記之（土地「地段」編成，建物按地段之「建號」編成）。
5. 並應於「簿面」標明某鄉（鎮、市、區）某地段土地或建物登記簿冊次及起止地號或建號，裏面各頁蓋土地登記之章。
6. 同一地段經分編二冊以上登記簿時，其記載方式與前項同（土地登記規則第17條）。
7. 登記簿應按地號或建號順序，採用活頁裝訂之，並於頁首附索引表（土地登記規則第18條）。
8. 登記簿及地籍圖由登記機關永久保存之。除法律或中央地政機關另有規定或為避免遭受損害外，不得攜出登記機關（土地登記規則第20條）。

(三) 信託專簿

　　登記機關應就土地權利信託契約或信託遺囑複印裝訂成信託專簿，以供公開閱覽或申請複印，其提供資料內容及申請人資格、閱覽費或複印工本費之收取，準用第24條之1及土地法第79條之2規定。前項專簿之內容，視為已依信託法第4條規定為信託登記，得對抗第三人。第1項信託契約或信託遺

囑，應自塗銷信託登記或信託歸屬登記之日起保存十五年。（參照土地登記規則第132條，103/2/27公布修正，103/9/15施行）

1. 信託專簿之意義

登記機關依照信託法第4條規定，將土地權利信託契約或信託遺囑複印後，彙整裝訂成信託專簿，旨在供不特定人隨時公開閱覽與申請複印，達成公示對抗第三人之目的。

2. 信託專簿之異動

信託內容有變更，而不涉及土地權利變更登記者，委託人應會同受託人檢附變更後之信託內容變更文件，以登記申請書向登記機關提出申請。登記機關於受理前項申請後，應依信託內容變更文件，將收件號、異動內容及異動年月日於土地登記簿其他登記事項欄註明，並將申請書件複印一併裝入信託專簿（土地登記規則第133條）。

(四) 共有物使用管理專簿

1. 共有物使用管理專簿登記

共有人依民法第826條之1第1項規定申請登記者，登記機關應於登記簿標示部其他登記事項欄記明收件年月日字號及共有物使用、管理、分割內容詳共有物使用管理專簿。

共有人依民法第820條第1項規定所為管理之決定或法院之裁定，申請前項登記時，應於登記申請書適當欄記明確已通知他共有人並簽名；於登記後，決定或裁定之內容有變更，申請登記時，亦同（土地登記規則第155條之1）。

2. 共有物使用管理專簿之意義

登記機關依前二條規定辦理登記後，應就其約定、決定或法院裁定之文件複印裝訂成共有物使用管理專簿或土使用收益限制約定專簿，提供閱覽或申請複印，其提供資料內容及申請人資格、閱覽費或複印工本費之收取，準用第24條之1及土地法第79條之2規定。（土地登記規則第155-3條，103/2/27公布修正，103/9/15施行）

3. 共有物使用管理專簿之異動

依第155條之1或第155條之2規定登記之內容，於登記後有變更或塗銷者，申請人應檢附登記申請書、變更或同意塗銷之文件向登記機關提出申請。

前項申請為變更登記者，登記機關應將收件年月日字號、變更事項及變更年月日，於登記簿標示部或該區分地上權及與其有限制使用收益之物權所有權部或他項權利部其他登記事項欄註明；申請為塗銷登記者，應將原登記之註記塗銷。

前項登記完畢後，登記機關應將登記申請書件複印併入共有物使用管理專簿或土地使用收益限制約定專簿（土地登記規則第155條之4）。

(五) 土地使用收益限制約定專簿

區分地上權人與設定之土地上下有使用、收益權利之人，就相互間使用收益限制之約定事項申請登記時，登記機關應於該區分地上權及與其有使用收益限制之物權其他登記事項欄記明收件年月日字號及使用收益限制內容詳土地使用收益限制約定專簿。

前項約定經土地所有權人同意者，登記機關並應於土地所有權部其他登記事項欄辦理登記；其登記方式準用前項規定（土地登記規則第155條之2）。

六、權利書狀

權利書狀為土地登記完畢後，登記機關發給權利人之土地權利憑證，現行權利書狀分為土地所有權狀、建物所有權狀、他項權利證明書三種。以電腦處理之權狀，按每一登記案件為單元，在該案件異動作業完成後，須即時依案件之需要，列印權狀或他項權利證明書，除以權利人為列印對象外，如義務人有殘餘持分時，亦應列印。另土地建物所有權狀採每筆每一權利人分頁列印，他項權利證明書如一頁不敷使用時，續下頁列印，並在各頁右下角編列頁次，除末頁外，應註明「接下頁」字樣。權利書狀用紙超過一頁時，應在兩頁之間加蓋騎縫章。

七、地籍圖

地籍圖為表示宗地位置、坵形、面積及使用情形之地圖。土地法第38條及第50條規定辦理土地登記前應先行辦理地籍測量，繪製地籍圖。台灣地區之地籍圖，係於日據時期即民國前12年，由臨時台灣土地調查局開始測繪，於民國前8年辦理完成。台灣原有地籍圖分為：地籍原圖、地籍正圖、地籍副圖等三種。

八、地籍總歸戶冊（卡）

地籍總歸戶，乃將同一所有權人在施行平均地權區域內之全部土地予以歸戶。詳言之，凡同一所有人所有分布於各地之土地均歸入其戶內編列冊（卡）經常管理。依據冊（卡）內記載資料如地目、等則、面積、地價、權利人使用情形，予以分類統計，用以瞭解土地分配情形，作為核課土地稅及制定土地政策之依據。

九、其他必要之書表簿冊

登記機關辦理登記業務，應備之書表簿冊圖狀，除上述外，尚有實際需要又有其必要之書表如土地登記規則第54條之收件收據。同規則第57條駁回登記申請之駁回理由書及同規則第45條之地政規費收據等。前項登記書表簿冊圖狀之填載須知，由中央地政機關定之。

第二節　登記簿之補造、重造及防止偽造

一、登記簿之補造、重造及防止偽造

(一) 登記簿補造

1.登記簿滅失時，登記機關應即依土地法施行法第17條之1規定辦理（土地登記規則第21條）。

2.登記總簿滅失時，登記機關應依有關資料補造之，並應保持原有之次序。

3.補造登記總簿時，應公告、公開提供閱覽三十日，並通知登記名義

人，及將補造情形層報中央地政機關備查（土地施行法第17條之1）。

(二) 登記簿重造

1. 一宗土地之登記簿用紙部分損壞時。
2. 登記機關應依原有記載全部予以重造。
3. 登記簿用紙全部損壞、滅失或其樣式變更時。
4. 登記機關應依原有記載有效部分予以重造（土地登記規則第22條）。

(三) 防範偽造土地登記證明文件之方法

內政部為加強防範偽造變造土地登記簿、權利書狀、身分證明、印鑑證明及其他有關文件不法申請登記，確保土地登記之安全，於90.8.16以台內地字第9077316號令訂定加強防範偽造土地登記證明文件注意事項，其要點如下：

1. 地政事務所印製權利書狀時，應附暗記，並委託中央印製廠以凹版印製，並宣導民眾換發新權狀。
2. 地政機關接收登記案件時，應確實核對所附權利書狀、印鑑證明或身分證明等有關文件。發現上述文件有疑義時，應調閱原案比對或與原核發機關聯繫查證。發現有偽造變造情事，應迅即密報治安單位偵辦。
3. 住址變更登記案件，如有必要應向戶政事務所查證。
4. 未能繳附原權利書狀之申請案件，登記機關辦理公告時應同時通知登記名義人。
5. 登記機關應加強保管空白書狀用紙，對其領用及存量，須按月清點並記錄。
6. 地政事務所應依直轄市、縣（市）地政機關訂頒之地籍資料庫管理要點加強管理，以防範土地登記簿遺失或被偽造變造，直轄市、縣（市）地政機關並應加強督導。
7. 各地政事務所人員因適時查覺偽造變造情事，而有效防止不法申請登記案件者，直轄市、縣（市）地政機關應優予獎勵。

第三節　書表簿冊之保存、抄錄及謄本公開發給

一、登記書表簿冊之保存

(一) 永久保存

土地登記規則第20條規定：「登記簿及地籍圖由登記機關永久保存之。除法律或中央地政機關另有規定或為避免遭受損害外，不得攜出登記機關」。因登記簿為記載土地或建物權利內容之最重要簿冊：為確保人民權益不得掉以輕心，應予妥善保存。地籍圖則為表示宗地位置、形狀、面積及使用情形最重要之地籍圖冊，永久保存不得銷毀。同時為防止流弊，地籍圖簿非依法律規定原因或天災地變因素得攜出外，其餘原因皆不得攜出登記機關，以確保該項圖籍資料之安全。

(二) 定期保存

土地登記規則第19條規定：「收件簿、登記申請書及其附件，除土地所有權第一次登記案件應永久保存外，應自登記完畢之日起保存十五年。前項文件之保存及銷毀，由登記機關依檔案法相關規定辦理」。申請書及其附件如契約書、印鑑證明、戶籍資料等地政機關辦妥登記完畢後，自應妥善保存以備萬一當事人發生糾紛時得以調閱查證之用。但收件簿、登記申請書及其附件亦不宜永久保存；否則各地政事務所之倉庫無法容納，且亦已超過侵權損害賠償時效請求權年限之規定。

(三) 信託專簿之保存與銷毀

土地登記規則第132條規定：「土地權利經登記機關辦理信託登記後，應就其信託契約或遺囑複印裝訂成信託專簿，提供閱覽或申請複印，其提供資料內容及申請人資格、閱覽費或複印工本費之收取，準用第二十四條之一及土地法第七十九條之二規定。

信託專簿，應自塗銷信託登記或信託歸屬登記之日起保存十五年。」
（土地登記規則第132條，103/2/27公布修正，103/9/15施行）

二、申請書及其附件之影印

(一) 土地登記規則第24條規定

　　申請閱覽、抄寫、複印或攝影登記登記申請書及其附件者，以下列之一者為限：1. 原申請案之申請人、代理人；2. 登記名義人；3. 與原申請案有利害關係之人，並提出證明文件者。

(二) 公開方式

　　1.土地登記採公示主義。
　　2.任何人得申領登記簿、地籍圖、閱覽地籍藍曬圖。
　　3.原登記申請人或其繼承人得申請閱覽、抄寫、複印或攝影登記申請書及其附件。

(三) 土地登記資料分類

　　申請提供土地登記及地價資料，其資料分類及內容如下：
　　1.第一類：顯示登記名義人全部登記資料。
　　2.第二類：隱匿登記名義人之出生日期、部分統一編號、部分住址及其他依法令規定需隱匿之資料。但經登記名義人同意揭示完整住址資料者，不在此限。
　　登記名義人或其他依法令得申請者，得申請前項第1款資料；任何人得申請前項第2款資料。
　　登記名義人、具有法律上通知義務或權利義務得喪變更關係之利害關係人得申請第1項第2款資料並附完整住址。
　　土地登記及地價資料之申請提供，委託代理人為之者，準用第37條第1項規定。
　　（土地登記規則第24條之1，103年2月27日修正公布，103年09月15日施行）

三、地籍圖簿謄本之公開發給

　　地籍資料之公開，係我國土地登記制度之特點，無論任何人皆得申請而發給登記簿全部謄本或節本或地籍圖，亦得申請閱覽地籍藍曬圖或複製圖，或閱覽電子處理地區謄本。

第三章 ｜ 土地登記之程序

第一節　土地登記程序

　　土地登記應登記事項包括三部分：一、應登記之人及物；二、應登記之權利；三、應登記之法律關係。上列登記事項，不管基於當事人之法律行為或非基於當事人之法律行為，屬應登記事項，登記機關收件後，自應依土地登記規則第53條所定之程序辦理，並應由審查人員依土地法第75條及上開規則第55條規定，經審查證明無誤後，始准登記。

　　土地登記須依一定之程序，此項程序對申請人而言，乃享受權利履行義務之手續，對登記機關而言，則為辦理土地登記作業之必要手續過程以達土地登記之效果。

一、一般登記程序（即土地權利變更登記程序）

　　土地法對於土地權利變更登記之程序未為明定，但內政部依據土地法第37條立法授權中央地政機關訂定土地登記規則共157條予以規範，其中第53條規定：「辦理土地登記程序如下：(一) 收件；(二) 計收規費；(三) 審查；(四) 公告；(五) 登簿；(六) 繕發書狀；(七) 異動整理；(八) 歸檔。前項第4款公告，僅於土地總登記、土地所有權第一次登記、建物所有權第一次登記、時效取得登記、書狀補給登記，及其他法令規定者適用之。第7款異動整理，包括統計及異動通知。」茲簡述如下：

(一) 收　件

　　所謂收件乃指申請人提出申請登記文件，向登記機關申請登記，登記機關應即接受申請，依規定予以接收文件。

(二) 計收規費

依申請案類分別計算其應納行政規費數額並繳納之,而所謂規費,乃政府因某特定人之請求而執行職務,對於該特定人計收之費用,依財政收支劃分法第24條、第25條規定應有法律依據或民意機關決議始得徵收。

(三) 審　查

審視檢查申請案內容及應附證件符合規定者准予登記或公告,不符合者予以補正或駁回。

(四) 公　告

公告乃以公示方法,將已審查通過土地登記案件揭示於眾,使利害關係人於限期內,依法得予提出異議以發生法律上效果。公告目的係以徵求不特定之利害關係人異議,以補審查之不足,穩固土地登記之公信力。

(五) 登　簿

將審查結果證明無誤之登記申請事項記載於登記機關之法定簿冊謂之登簿。

(六) 繕發書狀

土地權利登記後,由登記機關繕寫書狀並發給權利人收執。

(七) 異動整理

將申請登記案件,依其類別統計並通知有關機關釐正地籍資料。

(八) 歸　檔

將申請登記案件依其收件順序,存檔備查。

二、土地總登記程序

土地總登記程序,依土地法第48條規定為:

(一) 調查地籍

調查每宗土地座落、界址、面積、使用狀況及權利關係等基本資料。

(二) 公布登記區及登記期限

公布辦理土地總登記之區域範圍及受理申請登記之期限。

（註：土地法第49條規定，受理聲請之期限不得少於二個月。）

(三) 接收文件

由直轄市、縣（市）登記機關派員接收聲請文件。

(四) 審查並公告

即由直轄市、縣（市）登記機關接收聲請或囑託登記之案件後，予以審查證明無誤後，應即公告。但審查結果，認為有合於補正或駁回要件者，應予補正或駁回。

(五) 登記發狀及造冊

對於審查無訛並公告期滿無人異議之聲請案，應予登記並繕發權利書狀給權利人。同時依據登記資料繕造地價冊、地籍總歸戶冊等資料。

三、建物所有權第一次登記程序

建物所有權第一次登記，須於基地已完成土地總登記後，始得為之，依土地登記規則第84條規定建物所有權第一次登記，除本規則規定外準用土地總登記程序，其程序如下：

(一) 申請建物第一次測量。

(二) 收件。

(三) 計收規費

(四) 審查。

(五) 公告。

(六) 登簿。

(七) 繕發書狀。

(八) 異動整理。

(九) 歸檔。

第二節　土地登記申請之方式（方法）

一、會同申請（雙方申請）

土地登記規則第26條規定：「土地登記，除本規則另有規定外，應由權利人及義務人會同申請之」。如買賣所有權移轉登記，贈與所有權移轉登記，抵押權設定登記，交換所有權移轉登記、信託登記、共有物分割登記等。

二、單獨申請（單方申請）

土地登記之申請因無義務人或雖有義務人而無須義務人會同得由權利人或登記名義人單獨申請之登記。其適用場合依土地登記規則第27條規定如下：

(一) 土地總登記。

(二) 建物所有權第一次登記。

(三) 因繼承取得土地權利之登記。

(四) 因法院、行政執行分署或公正第三人拍定、法院判決確定之登記。

(五) 標示變更登記。

(六) 更名或住址變更登記。

(七) 消滅登記。

(八) 預告登記或塗銷登記。

(九) 法定地上權登記。

(十) 依土地法第12條第2項規定回復所有權之登記。

(十一) 依土地法第17條第2項、第3項、第20條第3項、第73條之1、地籍清理條例第11條、第37條或祭祀公業條例第51條規定標售或讓售取得土地之登記。

(十二) 依土地法第69條規定更正之登記。

(十三) 依土地法第133條規定取得耕作權或所有權之登記。

(十四) 依民法第513條第3項規定抵押權之登記。

(十五) 依民法第769條、第770條或第772條規定因時效完成之登記。

(十六) 依民法第824條之1第4項規定抵押權之登記。

(十七) 依民法第859條之4規定就自己不動產設定不動產役權之登記。

(十八) 依民法第870條之1規定抵押權人拋棄其抵押權次序之登記。

(十九) 依民法第906條之1第2項規定抵押權之登記。

(二十) 依民法第913條第2項、第923條第2項或第924條但書規定典權人取得典物所有權之登記。

(二十一) 依民法第1185條規定應屬國庫之登記。

(二十二) 依直轄市縣（市）不動產糾紛調處委員會設置及調處辦法作成調處結果之登記。

(二十三) 法人合併之登記。

(二十四) 其他依法律得單獨申請登記者。

三、代位申請

土地登記權利人怠於行使其申辦登記之權利，而由具有代位資格之利害關係人，得以自己名義而代為向登記機關申辦登記者。其適用場合依有關規定列舉如下：

(一) 法院核准債權人之代位

經法院核准債權人代債務人申辦繼承登記（未繼承登記不動產辦理強制執行聯繫辦法）。

(二) 義務人拒不申請權利人之代位

登記原因證明文件為法院確定判決書，其主文載明，應由義務人先行辦理登記，而怠於辦理者，得由權利人代位申請之（土地登記規則第30條第1項）。

(三) 建物滅失之代位

建物滅失時，該建物所有權人未於規定期限內申請消滅登記者，得由土地所有權人或其他權利人得代位申請之（土地登記規則第31條第1項）。

(四) 質權人之代位

質權人依民法第906條之1第1項規定，辦理土地權利設定或移轉登記於出質人者（土地登記規則第30條第2項）。

(五) 典權人依民法第921條或第922條之1規定重建典物而代位申請建物所有權第一次登記者（土地登記規則第30條第3款）

(六) 其他依法律得由權利人代位申請登記者

四、代為申請

指權利人有數人時，依法得由部分權利人代全體權利人申請登記者。

(一) 共有土地處分變更之代為：共有人依照土地法第34條之1第1項規定為處分變更或設定負擔，其因而取得不動產物權者，應代他共有人申請登記（土地法第34條之1第3項後段）。

(二) 公同共有人之代為：公同共有之土地，公同共有人中之一人或數人，為全體公同共有人之利益，得就公同共有土地之全部，申請為公同共有之登記（土地登記規則第32條）。

(三) 部分繼承人之代為：繼承人為二人以上，部分繼承人因故不能會同其他繼承人共同申請繼承登記時，得由其中一人或數人為全體繼承人之利益，就被繼承人之土地，申請為公同共有之登記。其經繼承人全體同意者，得申請為分別共有之登記。登記機關於登記完畢後，應將登記結果通知他繼承人（土地登記規則第120條）。

(四) 建物基地所有權人之代為：申請建物基地分割或合併登記，涉及基地號變更者，應同時申請基地號變更登記。如建物與基地所有權人不同時，得由基地所有權人代為申請或由登記機關查明後逕為辦理變更登記。

前項登記，除建物所有權人申請登記者外，登記機關於登記完畢後，應通知建物所有權人換發或加註建物所有權狀（土地登記規則第89條）。

(五) 共有建物所有權人之代為：共有建物所有人申辦建物所有權第一次登記，如他共有人經通知而不會同申請者，得代為申請（建物所有

權第一次登記法令補充規定第2點）。

(六) 其他依法令得代為申請者。

五、逕為登記

所謂逕為登記，即土地登記案件不須當事人申請而由登記機關基於職權直接予以登記。依土地登記規則第28條規定，由登記機關逕為登記之適用範圍如下：

一、建物因行政區域調整、門牌整編或基地號因重測、重劃或依法逕為分割或合併所為之標示變更登記。

二、依第143條第3項規定之國有登記。

三、依第144條規定之塗銷登記。

四、依第153條規定之住址變更登記。

五、其他依法律得逕為登記者。

登記機關逕為登記完畢後，應將登記結果通知登記名義人。但登記機關依登記名義人之申請登記資料而逕為併案辦理，及因政府機關辦理行政區域調整、門牌整編而逕為辦理之住址變更或建物標示變更登記，不在此限。

六、囑託登記

指土地登記由登記機關以外之其他政府機關或法院依法律規定將土地權利變更事項囑託該管登記機關所為之登記。依土地登記規則第29條規定，政府機關遇有下列各款情形之一時，得囑託登記機關登記之場合如下：

(一) 因土地徵收或撥用之登記。

(二) 照價收買土地之登記。

(三) 因土地重測或重劃確定之登記。

(四) 因地目等則調整之登記。

(五) 依土地法第52條規定公有土地之登記。

(六) 依土地法第57條、第63條第2項、第73條之1第5項或地籍清理條例第18條第2項規定國有土地之登記。

(七) 依強制執行法第11條或行政執行法第26條準用強制執行法第11條規定之登記。

(八) 依破產法第66條規定之登記。

(九) 依稅捐稽徵法第24條第1項規定之登記。

(十) 依國民住宅條例施行細則第23條第3項規定法定抵押權之設定及塗銷登記。

(十一) 依第147條但書規定之塗銷登記。

(十二) 依第151條規定之公有土地管理機關變更登記。

(十三) 其他依法規得囑託登記機關登記者。

七、代理申請

登記申請人因故未能親自申請登記而委託代理人代理申請登記者。

土地登記之申請,委託代理人為之者,應附具委託書(土地登記規則第37條)。代理人除法律另有規定外,並應親自到場,登記機關核對其身分(土地登記規則第37條)。由代理人申請者,代理人並應在申請書或委託書內簽名或蓋章(土地登記規則第36條第2項)。由代理人申請之土地登記案件,如其委託書具備特別授權之要件者,委託人得免於申請書內簽名或蓋章(土地登記規則第38條)。土地登記之聲請,得出具委託書,委託代理人為之。非土地登記專業代理人(即地政士法所稱地政士)擅自以代理聲請土地登記為業者,其代理聲請土地登記之件,登記機關應不予受理(土地法第37條之1)。

八、通信申請

申請人未親自到場而以書函敘明申請登記種類及事由連同應附有關文件以郵寄方式向登記機關申請登記者。

台北市政府地政處82.8.18北市地一字第26844號函修正台北市各地政事務所通信申請土地登記實施要點。

為便利土地、建物權利人申辦簡易登記案件、簡化手續、加強為民服務,下列登記種類可以通信方式提出申請:

(一) 住址變更登記。

(二) 抵押權全部塗銷登記。

(三) 預告登記。

(四) 預告登記之塗銷登記。

(五) 權利書狀換發(限於因重測、重劃及逕為分割之權狀換發)。

(六) 加註書狀。

(七) 門牌變更登記（限於門牌整編者）。

(八) 更正登記（限於姓名、出生年月日、身分證統一號碼、住址及門牌
　　等錯誤，經戶政機關更正有案者）。

第三節　申請土地登記所需文件

申請登記應提出之基本文件

(一) 土地登記規則第34條規定，申請登記除土地登記規則另有規定外，應提出下列文件

1. 登記申請書。

2. 登記原因證明文件。

3. 已登記者，其所有權狀或他項權利證明書。

4. 申請人身分證明。

5. 其他由中央地政機關規定應提出之證明收件。

前項第4款之文件，能以電腦處理達成查詢者得免提出。

(二) 申請書

　　申請登記，必須提出申請書並由申請人簽名或蓋章。其應記載事項可分為一般記載事項與特殊記載事項兩種。

1. 一般記載事項

(1) 受理機關，資料管理機關。

(2) 原因發生日期。

(3) 申請登記事由。

(4) 登記原因。

(5) 標示及申請權利內容。

(6) 附繳證件。

(7) 委任關係。

(8) 聯絡方式。

(9) 備註。
(10) 申請人。
(11) 權利人或義務人。
(12) 姓名或名稱。
(13) 出生年月日。
(14) 統一編號。
(15) 住所。
(16) 簽章。

2. 特殊記載事項

(1) 土地登記規則第36條規定，登記申請書應由申請人簽名或蓋章。由代理人申請者，代理人並應在登記申請書或委託書內簽名或蓋章。有複代理人者，亦同。

(2) 土地登記規則第37條規定，土地登記之申請，委託代理人為之者，應附具委託書，代理人申請登記時，除法律另有規定外，並應親自到場，登記機關應核對其身分。代理人委託複代理人者，應由代理人出具委託複代理人之委託書。
登記申請書已載明委任關係者，得免附具委託書。

(3) 土地登記規則第38條規定，代理申請登記檢附之委託書具備特別授權之要件者，委託人得免於登記申請書內簽名或蓋章。
前項委託書應載明委託事項及委託辦理登記之土地或建物權利之座落、地號或建號與權利範圍。

(4) 土地登記規則第44條規定申請登記須第三人同意者，應檢附第三人同意書或由第三人在登記申請書內註明同意之事由。
前項第三人除符合第41條第2款、第5-8款及第10款規定之情形者外，應親自到場，並依第40條規定程序辦理。

(三) 登記原因證明文件

證明登記事項原因之法律行為或法律事實之成立或發生之契約書或相關文件，茲將土地登記常見之原因證明文件，列舉如下：

1. 依法律行為成立訂有契約者

(1) 所有權移轉契約書

買賣移轉契約書、交換移轉契約書、贈與移轉契約書，共有物分割契約書。

(2) 他項權利之相關契約書

① 他項權利設定契約書，如地上權設定契約書、不動產役權設定契約書，抵押權設定契約書、典權設定契約書、農育權設定契約書。

② 他項權利移轉、變更契約書。

2. 基於法律事實成立或其他無訂定契約書者

(1) 清償證明書、拋棄書。

(2) 法院判決書及判決確定證明。

(3) 和解筆錄、調解筆錄、商務仲裁之判斷書。

(4) 法院拍賣或領買、標購公有財產之權利移轉證明書。

(5) 預告登記之登記名義人同意書。

(6) 合併協議書、遺產分割協議書。

(四) 權利書狀

1. 權利書狀包括土地所有權狀、建物所有權狀及他項權利證明書。
   權利書狀提出可得知登記申請人是否即為登記簿上之登記名義人。除有土地登記規則第35條及第145條規定情形可免提出外，皆應提出。

2. 已登記者，有下列情形之一，得免提出其所有權狀或他項權利證明書（土地登記規則第35條）。

(1) 因徵收、區段徵收、撥用或照價收買土地之登記。

(2) 因土地重劃或重測確定之登記。

(3) 登記原因證明文件為法院權利移轉證書或確定判決之登記。

(4) 法院囑託辦理他項權利塗銷登記。

(5) 依法代位申請登記者。

(6) 遺產管理人或遺產清理人之登記。

(7) 法定地上權之登記。

  (8) 依國民住宅條例規定法定抵押權之設定及塗銷登記。

  (9) 依土地法第34條之1第1-3項規定辦理之登記，他共有人之土地所有權狀未能提出者。

  (10) 依民法第513條第3項規定之抵押權登記。

  (11) 依本規則規定未發給所有權狀或他項權利證明書者。

  (12) 其他依法律免予提出者。

(五) 申請人身分證明

  身分證明係為證明登記申請人之確實身分，如身分證影本、戶口名簿影本、戶籍謄本、外國人之外僑居留證或護照影本、華僑身分證明書、法人登記證明文件、法人代表人之資格證明等皆屬之。

(六) 其他由中央地政機關規定應提出之證明文件

1. 委託書

  土地登記之申請依照土地法第37條之1、土地登記規則第37條之規定，得由代理人為之，但應附具委託書，惟如登記申請書已載明委任關係者，得免檢附。

2. 授權書

  旅居海外國人授權他人代為處分所有國內之不動產，如未檢附國內核發之印鑑證明或其授權書，應檢附我駐外單位驗發之統一格式授權書。

3. 放棄或拋棄權利之證明文件

  放棄或拋棄應享有權利之文件，如繼承權人拋棄繼承權之法院核准備查證明文件或優先購買權人放棄優先購買權之文件屬之。

4. 繳（免）稅費證明文件

  土地或建物移轉時依法應完納應繳之稅費款，因此辦理土地移轉登記時應檢附繳（免）稅費證明文件。

5. 其　他

(1) 配合政策之執行，依照法令應附之文件如主管機關核准或同意證明文件。

(2) 申請土地權利書狀補給時申請人應檢附證明文件或提出切結書。

6. 應同意、承諾或簽註之事項

　　申請登記須得第三人之同意、承諾者，係指登記原因應得第三人之同意、承諾同意或許可而言，第三人之承諾為登記原因法律行為之有效要件，如受監護宣告之人購置或處分土地權利，應經法院許可及土地登記規則第111條規定抵押人非債務人應經債務人簽名或蓋章等屬之。為簡化土地登記申請應附文件，若干事項規定由申請人自行簽註並負法律責任。如土地登記規則第39條、第42條規定。

第四節　土地登記義務人親自到場、免親自到場及簽註規定

一、申請登記義務人親自到場

　　依土地登記規則第40條規定，登記義務人應親自到場，提出國民身分證正本，當場於申請書或登記原因證明文件內簽名，並由登記機關指定人員核符後同時簽證。

　　前項登記義務人未領有國民身分證者，應提出下列身分證明文件：

(一) 外國人應提出護照或中華民國居留證。

(二) 旅外僑民應提出經僑務委員會核發之華僑身分證明書或中央地政主管機關規定應提出之文件，及其他附具照片之身分證明文件。

(三) 大陸地區人民應提出經行政院設立或指定之機構或委託之民間團體驗證之身分證明文件或臺灣地區長期居留證。

(四) 香港、澳門居民應提出護照或香港、澳門永久居留資格證明文件。

(五) 歸化或回復中華民國國籍者，應提出主管機關核發之歸化或回復國籍許可證明文件。

二、土地登記規則第41條規定當事人得免親自到場

申請登記時，有下列情形之一者，當事人得免親自到場：

(一) 依第27條第4款規定，得由權利人單獨申請登記。

(二) 登記原因證明文件及同意書經依法公證、認證。

(三) 與有前款情形之案件同時連件申請辦理，而登記義務人同一，且其所蓋之印章相同。

(四) 登記原因證明文件經依法由地政士簽證。

(五) 登記義務人為無行為能力人或限制行為能力人，其法定代理人已依第39條規定辦理並親自到場。

(六) 登記義務人依土地登記印鑑設置及使用作業要點於土地所在地之登記機關設置土地登記印鑑。

(七) 外國人或旅外僑民授權第三人辦理土地登記，該授權書經我駐外館處驗證。

(八) 大陸地區人民或香港、澳門居民授權第三人辦理土地登記，該授權書經行政院設立或指定之機構或委託之民間團體驗證。

(九) 祭祀公業土地授權管理人處分，該契約書依法經公證或認證。

(十) 檢附登記原因發生日期前一年以後核發之當事人印鑑證明。

(十一) 土地合併時，各所有權人合併前後應有部分之價值差額在一平方公尺公告土地現值以下。

(十二) 建物所有權第一次登記協議書與申請書權利人所蓋印章相符。

(十三) 依第43條第3項規定辦理更正登記所提出之協議書，各共有人更正前後應有部分之價值差額在一平方公尺公告土地現值以下。

(十四) 依第104條規定以籌備人公推之代表人名義申請登記提出協議書。

(十五) 其他由中央地政機關規定得免由當事人親自到場。

三、土地登記應提出協議書之場合

(一) 共有土地權利應有部分更正協議書（土地登記規則第43條）。

(二) 法人或寺廟未完成法人登記前以籌備人公推代表人名義申請登記協議書（土地登記規則第104條）。

(三) 土地合併協議書（土地登記規則第88條）。

(四) 起造人分配協議書（土地登記規則第79條第1項第2款）。

(五) 遺產分割協議書（土地登記規則第119條第1項第6款）。

四、申請登記應予簽註規定及特殊文件

(一) 未成年人財產之處分

土地登記規則第39條規定：「父母處分未成年子女所有之土地權利，申請登記時，應於登記申請書適當欄記明確為其利益處分並簽名。

未成年人或受監護宣告之人，其監護人代理受監護人或受監護宣告之人購置或處分土地權利，應檢附法院許可之證明文件。繼承權之拋棄經法院准予備查者，免依前二項規定辦理。」

(二) 法人為義務人應檢附文件及簽註

土地登記規則第42條第1項規定：「申請人為法人者，應提出法人登記證明文件及其代表人之資格證明。其為義務人時，應另提出法人登記機關核發之法人及代表人印鑑證明或其他足資證明之文件，及於登記申請書適當欄記明確依有關法令規定完成處分程序，並蓋章」。

前項應提出之文件，於申請人為公司法人者，為法人登記機關核發之設立、變更登記表或其抄錄本、影本。

義務人為財團法人或祭祀公業法人者，應提出其主管機關核准或同意備查之證明文件。」

(三) 共有持分關係

土地登記規則第43條規定：「申請登記，權利人為二人以上時，應於登記申請書件內記明應有部分或相互之權利關係。

前項應有部分，應以分數表示之，其分子分母不得為小數。分母以整十、整百、整千、整萬表示為原則，並不得超過六位數。

已登記之共有土地權利，其應有部分之表示與前項規定不符者，得由登記機關通知土地所有權人於三十日內自行協議後準用更正登記辦理，如經通知後逾期未能協議者，由登記機關報請上級機關核准後更正之。」

(四) 繼承登記應檢附之特定證明文件與簽註

　　土地登記規則第119條規定，申請繼承登記，除提出第34條第1項第1款及第3款之文件外，並應提出下列文件：

　　1. 載有被繼承人死亡記事之戶籍謄本。

　　2. 繼承人現在之戶籍謄本。

　　3. 繼承系統表。

　　4. 遺產稅繳（免）納證明書或其他有關證明文件。

　　5. 繼承人如有拋棄繼承者，應依下列規定辦理：

　　　　(1) 繼承開始時在中華民國74年6月4日以前者，應檢附拋棄繼承有關文件：其向其他繼承人表示拋棄者，拋棄人應親自到場在拋棄書內簽章。

　　　　(2) 繼承開始時在中華民國74年6月5日以後者，應檢附法院准予備查之證明文件。

　　6. 其他依法律或中央地政機關規定應提出之文件。

　　前項第2款之繼承人現在戶籍謄本，於部分繼承人申請登記為全體繼承人公同共有時，未能會同之繼承人得以曾設籍於國內之戶籍謄本及敘明未能檢附之理由書代之。

　　第1款、第2款之戶籍謄本能以電腦處理達成查詢者，得免提出。

　　第1項第3款之繼承系統表，由申請人依民法有關規定自行訂定，註明「如有遺漏或錯誤致他人受損害，申請人願負法律責任」，並簽名或蓋章。因法院確定判決申請繼承登記者，得不提出第1項第1款、第3款及第5款之文件。即被繼承人死亡時戶籍謄本、繼承系統表、繼承人拋棄證明文件。

(五) 遺產管理人應檢附之文件

　　土地登記規則第122條規定：「遺產管理人就其所管理之土地申請遺產管理人登記時，除法律另有規定外，應提出親屬會議選定或經法院選任之證明文件」。

第五節　土地登記程序收件有關內容說明

收　件

依照土地登記規則第54條規定：「登記機關接收登記申請書時，應即收件，並記載收件有關事項於收件簿與登記申請書。前項收件，應按接收申請之先後編列收件號數，登記機關並應給與申請人收據。」登記機關應設置收件簿，於登記申請案件經核計規費、繳納規費、銷號、核對申請人或代理人身分證明後即行收件，按收件之先後予以編號，記載有關事項於收件簿及申請書上。申請人對於申請登記案件進度情形可查閱收件簿是否登記完畢，或補正通知，或駁回登記，如登記完畢申請人出示收件收據及收件簿上蓋章同時審視取回文件是否完備，及案件有否登記錯誤。已駁回或撤回之登記案件，重新申請登記時，應另行辦理收件（土地登記規則第60條）。

第六節　規費之種類、核算標準、罰鍰及退還

一、計收規費

土地登記規則第47條規定：「登記規費應於申請登記收件後繳納之。」登記規費依土地登記規則第45條規定係指土地法所規定之登記費、書狀費、工本費及閱覽費。茲將有關登記費之計徵費率及罰鍰簡述之：

(一) 千分之二者計收者

1. 土地法第65條規定，土地總登記，應由權利人按申報地價或土地他項權利價值，繳納登記費千分之二。
2. 土地法第66條規定，無主土地在公告期限內提出異議，聲請土地登記者，應加繳登記費之二分之一。
3. 土地登記規則第77條規定建物所有權第一次登記之登記費，比照土地法第65條之規定，即計收千分之二。

(二) 千分之一者計收者

土地法第76條規定，聲請為土地權利變更登記應由權利人按申報地價或

權利價值千分之一繳納登記費。聲請他項權利內容變更登記,除權利價值增加部分,依前項繳納登記費外,免納登記費。

(三) 一般免費者

土地法第78條規定,下列登記,免納登記費:1. 因土地重劃之變更登記;2. 更正登記;3. 消滅登記;4. 塗銷登記;5. 更名登記;6. 住址變更登記;7. 標示變更登記;8. 限制登記。

(四) 特殊免納登記費者

土地登記規則第46條規定,有下列免納規定:
1. 登記費未滿新台幣一元者,不予計收。
2. 抵押權設定登記後,另增加一宗或數宗土地權利為共同擔保時,就增加部分辦理設定登記者。
3. 申請抵押權次序讓與、拋棄或變更登記。
4. 權利書狀補(換)給登記、拋棄或變更登記。
5. 管理人登記及其變更登記。
6. 其他法律規定免納者。
以郵電申請發給登記簿或地籍圖謄本或節本者,應另繳納郵電費。登記規費之收支應依預算程序辦理。

二、登記費核算權利價值標準

(一) 建物所有權第一次登記登記費計收方法

土地登記規則第48條規定,申請建物所有權第一次登記,於計收登記規費時,其權利價值,依下列規定認定之:
1. 建物在依法實施建築管理地區者,應以使用執照所列工程造價為準。
2. 建物在未實施建築管理地區者,應以當地稅捐稽徵機關所核定之房屋現值為準。

(二) 土地權利變更登記登記費計收方法

依內政部訂頒之土地登記規費及其罰鍰計徵補充規定第五點規定如下:
1. 所有權移轉登記,以申報地價、稅捐機關核定繳(免)納契稅之價值

為準。

2. 典權設定登記，以權利價值、稅捐機關核定之繳（免）納契稅之價值為準。

3. 繼承登記，土地以申報地價；建物以稅捐機關核定繳（免）納遺產稅之價值為準，無核定價值者，依房屋稅核課價值為準。

4. 無核定價值或免申報者，以土地權利變更之日當期申報地價或房屋現值為準；無當期申報地價者，以土地權利變更之日最近一期之申報地價為準。

5. 共有物分割登記，以分割後各自取得部分之申報地價、稅捐機關核定之繳（免）納契稅之價值計收。

6. 經法院拍賣之土地，以權利移轉證明書上之日期當期申報地價為準。但經當事人舉證拍定日非權利移轉證明書上之日期者，以拍定日當期申報地價為準。其拍定價額低於申報地價者，以拍定價額為準。至於法院拍賣之建物，依其向稅捐單位申報之契稅價計收登記費。

7. 信託移轉登記，以當事人自行於申請書填寫之信託契約或信託遺囑權利價值為準。

(三) 他項權利登記登記費計收方法

申請他項權利登記，其權利價值為契約書上所載之他項權利金額為核課登記費之標準。而土地登記規則第49條規定：「申請他項權利登記，其權利價值為實物或非現行通用貨幣者，應由申請人按照申請時之價值折算為新台幣，填入申請書適當欄內，再依法計收登記費。申請地上權、永佃權、不動產役權、耕作權或農育權之設定或移轉登記，其權利價值不明者，應由申請人於申請書適當欄內自行加註，再依法計收登記費。前二項權利價值低於各該權利標的物之土地申報地價或當地稅捐稽徵機關核定之房屋現值4%時，以各該權利標的物之土地申報地價或當地稅捐稽徵機關核定之房屋現值4%為其一年之權利價值，按存續之年期計算；未定期限者，以七年計算之價值標準計收登記費。」

三、逾期申請之罰鍰

(一) 土地登記規則第50條規定，逾期申請登記之罰鍰，應依土地法之規

定計收。

(二) 土地法第73條規定，土地權利變更登記之聲請，應於土地權利變更後一個月為之，因繼承而移轉，期限為六個月。如聲請逾期，每逾一個月，得處應納登記費一倍之罰鍰，最高不得超過二十倍。因可歸責於權利人或義務人之事由致未如期申請者，其罰鍰應由有責任之一方繳納。

(三) 土地登記規則第50條第2項規定，土地權利變更登記逾期申請，於計算登記費罰鍰時，對於不能歸責於申請人之期間，應予扣除。

(四) 逾期申請土地權利變更登記者，其罰鍰計算方式如下：

　　1. 法定登記期限之計算：土地權利變更登記之申請登記期限，自登記原因發生之次日起算，並依行政程序法第48條規定計算其終止日。

　　2. 可扣除期間之計算：申請人自向稅捐稽徵機關申報應繳稅款之當日起算，至限繳日期止及查欠稅費期間，及行政爭訟期間得視為不可歸責於申請人之期間，予以全數扣除；其他情事除得依有關機關核發文件之收件及發件日期核計外，應由申請人提出具體證明，方予扣除。但如為一般公文書及遺產、贈與稅繳（免）納證明等項文件，申請人未能舉證郵戳日期時，得依其申請，准予扣除郵遞時間四天。

　　3. 罰鍰之起算：逾越法定登記期限未超過一個月者，雖屬逾期範圍，仍免予罰鍰，超過一個月者，始計收登記費罰鍰。

　　4. 駁回案件重新申請登記其罰鍰之計算：應依前三款規定重新核算，如前次申請已核計罰鍰之款項者應予扣除，且前後數次罰鍰合計不得超過二十倍（土地登記規費及其罰鍰計徵補充規定第8點）。

(五) 經駁回之案件重新申請登記，其罰鍰應重新核算，如前次申請已核計罰鍰之款項者應予扣除，且前後數次罰鍰合計不得超過應納登記費之二十倍（土地登記規則第52條第2項）。

(六) 因逾期繳納與土地登記有關之稅費，其處滯納金罰鍰之期間，非不能歸責於申請人，計收登記費罰鍰時不能扣除（土地登記規費及其罰鍰計徵補充規定第9點）。

(七) 申辦繼承登記案件如有大陸地區繼承人，則在台繼承人於繼承開始

起三年期間內，因等待大陸地區繼承人為繼承與否表示之期間，得視為不可歸責於申請人之期間，於計算登記費罰鍰時，予以扣除（內政部84.12.27台內地字第8416558號函）。

(八) 信託登記、建物所有權第一次登記免予罰鍰。

四、登記規費之退還

登記規費乃係登記機關為特定人為土地或建物、或他項權利之登記等，向其收取之費用，但如登記案件無法登記，是以已繳之規費，得由申請人於五年內請求退還，若未於五年內申請退還，則地政機關依行政程序法第131條第1項規定公法上之請求權，因五年間不行使而消滅。故土地登記規則第51條規定：「已繳之登記費及書狀費，有下列情形之一者，得由申請人於五年內請求退還之：(一) 登記申請撤回者；(二) 登記依法駁回者；(三) 其他依法令應予退還者。申請人於五年內重新申請登記者，得予援用未申請退還之登記費及書狀費。」申請退還登記規費之手續：(一) 填寫申請書；(二) 駁回理由書或其他證明文件；(三) 規費收據正本；(四) 原土地登記收件之申請書。

五、書狀費、收費標準

土地法第67條規定：「土地所有權狀及他項權利證明書，應繳納書狀費，其費額由中央地政機關定之」。書狀費每張新台幣80元整。

因土地權利變更登記所發給之土地權利書狀，每張應繳費額，依第67條之規定（土地法第77條）。應收書狀費之登記有：(一) 所有權或他項權利移轉登記之新權利人；(二) 他項權利設定時之他項權利人；(三) 標示變更登記時之土地或建物之所有權人；(四) 書狀補換給時之權利人。

六、工本費

(一) 工本費種類及應納費額

1.書狀工本費（土地所有權狀及他項權利證明書之工本費）每張為80元。

2.登記簿謄本或節本工本費，人工列印者，每張5元。電腦列印者，每

張20元。

3. 地籍圖謄本工本費，人工影印者，每張15元。人工描繪者，每筆40元。電腦列印每張20元。

登記申請書及其附件抄錄或影印工本費，每張10元。

4. 各項查詢畫面列印工本費，每張20元。

(二) 工本費應納情形（場合）

1. 聲請換發或補發權利書狀者。
2. 聲請發給登記簿或地籍圖謄本或節本者。
3. 聲請閱覽地籍圖之藍曬圖或複製圖者。
4. 聲請閱覽電子處理之地籍資料者。

(三) 聲請分割登記，就新編地號另發權利書狀者（土地法第79條之2）

七、閱覽費

(一) 閱覽費種類及應納費額

1. 地籍圖之藍曬圖或複製圖閱覽費，每幅10元，限時20分鐘。
2. 電子處理之地籍資料（含土地資料及地籍圖）到所查詢閱覽費，每筆（棟）20元，限時5分鐘。
3. 登記申（聲）請書及其附件閱覽、抄錄或攝影閱覽費，每案75元，限時20分鐘。
4. 各類登記專簿閱覽、抄錄或攝影閱覽費每案75元，限時20分鐘。

(二) 閱覽費應納情形（場合）

1. 聲請閱覽地籍圖之藍曬圖或複製圖者。
2. 聲請閱覽電子處理之地籍資料者（土地法第79條之2）。
3. 聲請閱覽登記申（聲）請書及其附件者。
4. 聲請閱覽各類登記專簿者。

(三) 電子處理之地籍資料電傳資訊閱覽費

每人每筆（棟）10元。

(四) 歸戶查詢閱覽費

每次45元，限時10分鐘。

(五) 地籍異動索引查詢閱覽費

每筆（棟）10元，限時3分鐘。

(六) 信託專簿閱覽費

每案75元，限時20分鐘。

八、影印費

(一) 信託專簿影印，每張10元。
(二) 登記申（聲）請書及其附件影印工本費，每張10元。
(三) 各類登記專簿影印工本費，每張10元。
(四) 土地建物異動清冊影印工本費，每張5元。

第七節　審查要項、結果處理、補正駁回要件

一、審　查

　　登記機關接收申請登記案件後，應即依土地法第55、57、58、75條、土地法施行法第15條、土地登記規則第55、72條規定依法審查，審查人員審查之登記案件經審查證明無誤，應即公告，免公告者應即登載於登記簿，但依法停止登記者不在此限。依據上列法條文義可知審查方式，乃採托崙斯登記制度之精神，就登記案件予以實質審查，負責審查之人員，應於申請書內簽註審查意見及日期，並簽名或蓋章。茲將審查要項分述如下：

　　1. 請求登記事項與登記標的物是否屬登記機關管轄。
　　2. 登記申請書表是否符合程式，填寫是否完整。
　　3. 申請登記應繳納之規費計算是否正確。

4. 申請登記案件檢附之繳（免）納稅費證明文件是否齊全，其申請登記土地之標示與繳稅之土地標示是否相符，並注意查欠稅之情形及當期稅費開徵之日期。

5. 應檢附之權利書狀是否提出。

6. 登記申請書表所填不動產標示及權利事項、範圍是否與登記簿記載一致。

7. 申請登記義務人對申請登記之標的有無處分權及處分權之行使是否符合規定。

8. 登記申請人有無行為能力。

9. 登記權利人有無權利能力。

10. 登記義務人之真意證明文件是否符合。

11. 依法令規定須第三人承諾之事項或由申請人自行簽註之事項，其承諾或簽註之文件是否完備。

12. 其他有關特別法令所規定土地登記應附之證明文件是否檢附齊全，如使用執照、優先購買權放棄優先購買之文件等。

二、審查結果之處理

(一) 審查無誤之案件：申請登記案件，經審查證明無誤者應即登載於登記簿，但依法應予公告或停止登記者不在此限（土地登記規則第55條）。

(二) 審查發現應提出之文件欠缺或有不符之案件應通知補正（土地登記規則第56條）。

(三) 審查結果有土地登記規則第57條之情事者，應以書面敘明理由及法令依據駁回登記之申請（土地登記規則第57條）。

(四) 審查發生法令疑義之案件：申請登記案件經審查後涉及法令執行疑義時，得報請上級地政機關。如依「台北市政府地政處簡化各地政事務所請示案件處理要點」規定，提報研討會研議，惟於案件請示中發生土地法第75條之1之情事時，仍應改辦查封登記，並將原登記申請案件予以駁回。

三、審查結果應予補正之情形

所謂補正，係指登記申請案，經登記機關審查結果，認為不完備，應退

回申請人補辦改正。依土地登記規則第56條規定，登記案件經審查結果，有下列各款情形之一者，登記機關應以書面敘明理由或法令依據，通知申請人於接到通知書之日起十五日內補正。茲分述之：

(一) 申請人之資格不符或其代理人之代理權有欠缺者

所謂申請人之資格不符，係指登記申請人未具有行為能力，亦未由法定代理人代為申請者；或申請人為法人或非法人團體，而其代表人之資格欠缺者。所謂代理人之代理權有欠缺者，如未檢附委託書無代理權，或雖有代理權仍有欠缺者，應退回補正。

(二) 登記申請書不合程式，或應提出之文件不符或欠缺者

申請書之程式，應符合內政部規定之格式，不得用十行紙自行隨意書寫，如不合程序應予退回補正。又應提出之文件應視登記案件之種類性質分別提出有關證明文件，如有欠缺，自應通知補正。

(三) 登記申請書記載事項，或關於登記原因之事項，與登記簿或其證明文件不符，而未能證明其不符之原因者

申請書所記載之土地、建物標示與登記簿不符或申請書之姓名、身分證統一編號、出生年月日與所附戶籍資料不符，應予退回補正，但能證明不符原因者不在此限。

(四) 未依規定繳納登記規費者

申請土地及建物登記應依土地法及土地登記規則等之規定繳納登記規費。審查人員審查時如發現未繳登記費或繳納不足，應退回補正後，再受理登記。

四、審查結果應予駁回之情形

所謂駁回，係指登記申請案，經登記機關審查結果，認為不合法定程序或要件，以書面敘明理由予以駁斥退回，不准予受理登記之謂。依土地登記規則第57條規定，登記案件經審查結果，有下列各款情形之一者，登記機關應以書面敘明理由及法令依據，駁回登記之申請。茲分析之：

(一) 不屬受理登記機關管轄者

　　土地登記,應向該土地或建物門牌所屬之登記機關申請,土地法第39條:「土地登記,由直轄市或縣(市)地政機關辦理之」。土地登記規則第3條:「土地登記,由土地所在地之直轄市、縣(市)地政機關辦理之。但該直轄市、縣(市)地政機關在轄區內另設或分設登記機關者,由該土地所在地之登記機關辦理之。建物跨越兩個以上登記機關轄區者,由該建物門牌所屬之登記機關辦理之。直轄市、縣(市)地政機關已在轄區內另設或分設登記機關,且登記項目已實施跨登記機關登記者,得由同直轄市、縣(市)內其他登記機關辦理之。」若申請人申請土地登記依土地法及土地登記規則規定屬甲縣(市)管轄者送至乙縣(市)登記機關,自無從受理,應予駁回。申請人改向管轄權之登記機關申請。

(二) 依法不應登記者

　　係指申請登記事項違背法律強制或禁止之規定,即依法不應登記。如經法院限制登記,依土地法第75條之1不准登記,應予駁回登記之申請。

(三) 登記之權利人、義務人或其與申請登記之法律關係有關之權利關係人間有爭執者

　　登記申請案件如已涉及爭執,因非登記機關之職掌所能解決處理,自無從由登記機關予以受理登記。應由申請人訴請司法機關裁判確定後,始得辦理,故涉及權利關係人間有爭執者,應依規定予以駁回。

(四) 逾期未補正或未照補正事項完全補正者

　　登記申請案件,經登記機關退回補正後,如申請人於接到補正通知書十五日內仍未補正,或雖補正而不完全,即予駁回。但案件雖駁回,駁回原因如消滅時,仍可再度申請重新收件辦理登記,可免依訴願法規定提起訴願。

　　申請人不服前項之駁回者,得依訴願法規定提起訴願。依第1項第3款駁回者,申請人並得訴請司法機關裁判。

五、駁回案之處理方式

駁回係消極之行政處分行為，足以發生法律上之效果，駁回後原案即告結案，原編收件號數應予註銷。依土地登記規則第60條規定：「已駁回或撤回登記案件，重新申請登記時，應另行辦理收件。」同規則第58條規定：「駁回登記之申請時，應將登記申請書件全部發還，並得將駁回理由有關文件複印存參」。

第八節　公告之意義、期間、地方、內容、異議、調處程序

一、公告之意義

公告乃以公示方法，將已審查通過土地登記案件揭示於眾，使利害關係人於限期內依法得以提出異議以發生法律上之效果。

二、地政事務所辦理登記案件，依法令規定應予公告之登記類別及公告期間

(一) 申請土地總登記案件，經審查證明無誤，應即公告，公告期間為十五日（土地法第55、58條；土地登記規則第72條）。

(二) 無主土地之公告，公告期間不得少於三十日（土地法第57、58條）。

(三) 建物所有權第一次登記案件，經審查證明無誤，應即公告，公告期間為十五日（土地法第55、58條；土地登記規則第72條）。

(四) 合法占有時效取得地上權等他項權利，經審查證明無誤，公告三十日（土地法第54、60、59條；土地登記規則第118條；民法第769-772條）。

(五) 申請所有權狀補給之公告，公告期間為三十日（土地登記規則第155條）。

(六) 無保管或使用機關之公有土地，公告十五日（土地法第53、55、58條）。

(七) 時效取得土地所有權、建物所有權，公告十五日（土地法第55、58條）。

(八) 其他依法律規定應予公告者。

三、權利書狀公告註銷者如下列情形免受公告期間限制（土地登記規則第67條）

(一) 申辦繼承登記，經申請之繼承人檢附切結書者。

(二) 申請他項權利塗銷登記，經檢附他項權利人切結書者，或他項權利人出具已交付權利書狀之證明文件，並經申請人檢附未能提出之切結書者。

(三) 申請建物滅失登記，經申請人檢附切結書者。

(四) 申請塗銷信託、信託歸屬或受託人變更登記，經權利人檢附切結書者。

(五) 申請都市更新權利變換登記，未受分配或不願參與分配者；或經登記機關於登記完畢後通知換領土地及建築物權利書狀，未於規定期限內提出者。

(六) 合於第35條第1-5款、第9款及第12款情形之一者。
　　第35條第1-5款、第9款及第12款：
　　第1款：因徵收、區段徵收、撥用或照價收買土地之登記。
　　第2款：因土地重劃或重測確定之登記。
　　第3款：登記原因證明文件為法院權利移轉證書或確定判決之登記。
　　第4款：法院囑託辦理他項權利塗銷登記。
　　第5款：依法代位申請登記者。
　　第9款：依土地法第34條之1第1-3項規定辦理之登記，他共有人之土地所有權狀未能提出者。
　　第12款：其他依法律免予提出者。

(七) 他項權利塗銷登記除權利終止外，得由他項權利人、原設定人或其他利害關係人提出第34條第1項所列文件，單獨申請之。
　　前項單獨申請登記有下列情形之一者，免附第34條第1項第2款、第3款
之文件：
　　1. 永佃權或不動產役權因存續期間屆滿申請塗銷登記。
　　2. 以建物以外之其他工作物為目的之地上權，因存續期間屆滿申請塗銷登記。
　　3. 農育權因存續期間屆滿六個月後申請塗銷登記。
　　4. 因需役不動產滅失或原使用需役不動產之物權消滅，申請其不動產役

權塗銷登記（土地登記規則第145條）。

四、公告地方（土地登記規則第73條第1項）

主管登記機關之公告處所。

五、公告內容（土地登記規則第73條第2項）公告應載明下列事項

(一) 申請登記為所有權人或他項權利人之姓名、住址。
(二) 土地標示及權利範圍。
(三) 公告起訖日期。
(四) 土地權利關係人得提出異議之期限、方式及受理機關。

六、異議處理

異議乃指對於已公告登記事項，如土地標示、土地權利或內容等認為有錯誤、遺漏或虛偽詐欺，而提出改正或反對登記之請求。茲分述之：

(一) 土地權利人在公告期間內，如有異議，得附具證明文件，以書面向登記機關提出，因異議而生土地權利爭執事件，登記機關應於公告期滿後予以調處（土地法第59條、土地登記規則第75條）。

(二) 調處之程序（依直轄市、縣（市）不動產糾紛調處委員會設置辦法規定）：調處乃協調處理之謂，係地政機關對於權利關係人就申請登記之權利有爭執時之處理方法，若債務糾紛不得調處。茲將其程序分述如下：

1. 不動產糾紛案件由登記機關主動移送調處或由當事人申請調處者，主管機關訂期以書面通知當事人舉行調處。

2. 調處時，應向當事人說明審查結果及准予公告之法令依據，並協調當事人試行協議。

3. 協議成立者，以其協議為調處結果，並作成書面紀錄，經當場朗讀後，由當事人及調處人員簽名或蓋章，登記機關應即依調處結果辦理，並通知當事人。

4. 未達成協議或當事人任何一造經二次通知不到場者，調處委員會應就有關資料及當事人陳述意見予以裁處，作成調處結果。申請調處之案件已向登記機關申請登記者，並應依調處結果，就申請登記案件為准

駁之處分。

5. 依前款規定所為之裁處，應作成調處結果通知書通知當事人，當事人不服調處結果，應於接到通知書後十五日內，以相對人為被告，訴請司法機關裁判，並於起訴之日起三日內將司法機關收文證明及訴狀繕本送登記機關，逾期不起訴者，依調處結果辦理之。

6. 當事人於十五日內規定期間內起訴者，登記機關應將登記申請案駁回並通知異議人。

前項調處紀錄及調處結果通知書之格式，由中央地政機關定之。

第九節　登簿意義、次序、登記事項、登記完畢

一、登簿之意義

係指將審查結果證明無誤之登記申請事項記載於登記機關之法定簿冊之意。

二、登簿次序

登記，應依各類案件分別訂定處理期限，並依收件號數之次序或處理期限為之。其為分組辦理者亦同。除法令另有規定外，同一宗土地之權利登記，其收件號數在後之土地，不得提前登記。

登記程序開始後，除法律或本規則另有規定外，不得停止登記之進行（土地登記規則第61條）。

三、登記事項

(一) 土地登記簿記載事項須視其內容及性質分別記載於登記簿中之標示部、所有權部、他項權利部。但登記原因證明文件所載之特約，其屬應登記以外之事項、登記機關應不予審查登記（土地登記規則第63條）。

(二) 權利人為二人以上時，應將全部權利人分別予以登載，義務人為二人以上時，亦同（土地登記規則第64條）。

四、登簿（校對人員蓋章及登記完畢）

應登記之事項記載於登記簿後，應由登簿及校對人員分別辦理並加蓋其名章（土地登記規則第6條）。而登記完畢依土地登記規則第6條規定，係指土地權利經登記機關依本規則登記於登記簿，並校對完竣，加蓋登簿及校對人員名章後，為登記完畢。土地登記以電腦處理者，經依系統規範登錄、校對並異動地籍主檔完竣後，為登記完畢。土地所有權登記，應自登記完畢日發生效力，登記完畢之日係指登記簿完竣之日，其日期並於登記簿「登記年、月、日」欄內載明，與書狀之繕寫鈐印發給或領取無關，故僅審查公告而未經登記人員應行登記之事項登記入簿者不得謂已依法登記（行政院46.11.18台 (46) 內字第2699號令）。

第十節　繕發書狀有關規定

一、繕發加註權利書狀

(一) 土地權利於登記完畢後，除本規則或其他法規另有規定外，登記機關應即發給申請人權利書狀。但得就原書狀加註者，於加註後發還之。

　　有下列情形之一，經申請人於申請書記明免繕發權利書狀者，得免發給之，登記機關並應於登記簿其他登記事項欄內記明之：

　　1. 建物所有權第一次登記。

　　2. 共有物分割登記，於標示變更登記完畢者。

　　3. 公有土地權利登記。

　　登記機關逕為辦理土地分割登記後，應通知土地所有權人換領土地所有權狀：換領前得免繕造（土地登記規則第65條）。

(二) 土地權利如係共有者，應按各共有人分別發給權利書狀，並於書狀內記明其權利範圍。

　　共有人取得他共有人之應有部分者，於申請登記時，應檢附原權利書狀，登記機關應就其權利應有部分之總額，發給權利書狀。

　　同一所有權人於同一區分所有建物有數專有部分時，其應分擔之基地權利應有部分，得依申請人之申請分別發給權利書狀（土地登記規則第66條）。

二、校對權利書狀

繕狀完畢後，應由校對人員校對之，並於權狀適當處所加蓋登簿及校對人員名章（土地登記規則第6條參照）。

三、權狀用印

土地或建物所有權狀及他項權利證明書，應蓋登記機關印信及其首長職銜簽字章，發給權利人（土地登記規則第25條）。內政部函頒為加強防範偽造土地登記證明文件注意事項第二點規定，地政事務所印製權利書狀時，應附暗記，並委託中央印製廠以凹版印製，以防止權狀被偽造使用。

四、通　知

由權利人單獨申請登記者，登記機關於登記完畢後，應即以書面通知登記義務人。但有下列情形之一者，不在此限：一、無義務人者。二、法院、行政執行分署或公正第三人拍定之登記。三、抵押權人為金融機構，辦理抵押權塗銷登記，已提出同意塗銷證明文件者。前項義務人為二人以上時，應分別通知之（土地登記規則第69條）。

五、領狀及發還證件

登記完畢之登記申請書件，除登記申請書、登記原因證明文件或其副本、影本及應予註銷之原權利書狀外，其餘文件應加蓋登記完畢之章，發還申請人（土地登記規則第68條）。

第十一節　異動整理、通知對象、統計、歸檔

一、異動整理

無須發還申請人之申請書件，應即辦理異動整理。所謂異動整理，依照土地登記規則第53條第2項規定，包括統計及異動通知。地政機關於登記完畢後應即辦理地籍統計，整理歸戶卡，使地籍資料完整正確，並依據平均地權條例施行細則第26條規定更正地價冊，並於十日內通知稅捐稽徵機關更正稅冊，釐整有關資料，以維持稅籍之完整。

二、通　知

(一) 一般情形

1. 權利人單獨申請登記者：登記機關於登記完畢後，應即以書面通知登記義務人。但有下列情形之一者，不在此限：一、無義務人者；二、法院、行政執行分署或公正第三人拍定之登記；三、抵押權人為金融機構，辦理抵押權塗銷登記，已提出同意塗銷證明文件者。前項義務人為二人以上時，應分別通知之（土地登記規則第69條）。
2. 政府機關囑託登記者：登記機關於登記完畢後，應即以書面通知囑託機關。如查封登記後通知該囑託查封登記之執行法院。
3. 其他：異動成果有需陳報上級地政機關或有關機關（如稅捐稽徵機關）依規定釐整資料者，應通知該等機關知照。
4. 現行土地登記規則有關登記機關於登記完畢應予通知之規定。

(二) 應通知義務人者

申請登記有義務人，而由權利人單獨申請登記者，登記機關於登記完畢後，應即以書面通知登記義務人（土地登記規則第69條）。

(三) 應通知權利人或利害關係人者

1. 登記機關依法逕為登記時，登記機關於逕為登記完畢後，應將登記結果通知登記名義人。但登記機關依登記名義人之申請登記資料而逕為併案辦理及因政府機關辦理行政區域調整、門牌整編而逕為辦理之住址變更或建物標示變更登記者，不在此限（土地登記規則第28條）。
2. 部分繼承人為全體繼承人利益申請登記時，登記機關於登記完畢後，應將登記結果通知他繼承人（土地登記規則第120條）。
3. 部分公同共有人為全體公同共有人利益申請登記時，登記機關於登記完畢後，應將登記結果通知他共有人（土地登記規則第32條）。
4. 建物滅失時，該建物所有權人未於規定期限內申請消滅登記者，得由土地所有權人或其他權利人代位申請；亦得由登記機關查明後逕為辦理消滅登記。
   前項建物基地有法定地上權登記者，應同時辦理該地上權塗銷登

記；建物為需役不動產者，應同時辦理其供役不動產上之不動產役權塗銷登記。

登記機關於登記完畢後，應將登記結果通知該建物所有權人及他項權利人。建物已辦理限制登記者，並應通知囑託機關或預告登記請求權人（土地登記規則第31條）。

5. 部分共有人依據法院確定判決，單獨為全體共有人申請登記時，登記機關於登記完畢後，應將登記結果通知他共有人（土地登記規則第100條）。

6. 建物與基地所有權人不同時，得由基地所有權人代為申請或由登記機關查明後逕為辦理變更登記。

前項登記，除建物所有權人申請登記者外，登記機關於登記完畢後，應通知建物所有權人換發或加註建物所有權狀（土地登記規則第89條）。

7. 設定有他項權利之土地申請分割或合併登記，登記機關應於登記完畢後，通知他項權利人換發或加註他項權利證明書（土地登記規則第90條）。

8. 設定有他項權利或限制登記者之土地因滅失而為消滅登記時，登記機關應於登記完畢後，通知他項權利人、囑託機關或預告登記請求權人。（土地登記規則第148條）。

9. 土地重劃前已設定他項權利，於重劃後繼續存在者，應按原登記先後及登記事項轉載登記於土地所有權人重劃後分配土地之他項權利部後，登記機關應通知他項權利人（土地登記規則第91條）。

10. 地籍圖重測前已設定他項權利者，登記機關應於登記完畢後通知他項權利人（土地登記規則第92條）。

11. 依民法第824條第3項規定申請共有物分割登記時，共有人中有應受金錢補償者，申請人應就其補償金額，對於補償義務人所分得之土地，同時為應受補償之共有人申請抵押權登記。但申請人提出應受補償之共有人已受領或為其提存之證明文件者，不在此限。

前項抵押權次序優先於第107條第1項但書之抵押權；登記機關於登記完畢後，應將登記結果通知各次序抵押權人及補償義務人（土地登記規則第100條之1）。

(四) 應通知他機關者

1. 不動產役權設定登記時，應於供役不動產登記簿之他項權利部辦理登記，並於其他登記事項欄記明需役不動產之地、建號及使用需役不動產之權利關係；同時於需役不動產登記簿之標示部其他登記事項欄記明供役不動產之地、建號。

   前項登記，需役不動產屬於他登記機關管轄者，供役不動產所在地之登記機關應於登記完畢後，通知他登記機關辦理登記（土地登記規則第109條）。

2. 建物辦竣限制登記後滅失，經由土地所有權人或其他權利人代位建物所有權人申請消滅登記者，前項建物基地有法定地上權登記者，應同時辦理該地上權塗銷登記；建物為需役不動產者，應同時辦理其供役不動產上之不動產役權塗銷登記。

   登記機關於登記完畢後，應將登記結果通知該建物所有權人及他項權利人。建物已辦理限制登記者，並應通知囑託機關或預告登記請求權人（土地登記規則第31條）。

3. 法院或行政執行分署因債權人實行抵押權拍賣抵押物，囑託辦理查封登記，該查封標的物已由登記名義人移轉登記於第三人者，登記機關仍應辦理查封登記，並通知該第三人及將移轉登記之事實函復法院或行政執行分署（土地登記規則第138條第3項後段參照）。

   前項之規定，於其他機關依法律規定囑託登記機關為禁止處分之登記，或管理人持法院裁定申請為清算之登記時，準用之。

   （土地登記規則第138條第4項參照）。

4. 法院或行政執行分署囑託登記機關，就已登記土地上之未登記建物辦理查封、假扣押、假處分、暫時處分、破產登記或因法院裁定而為清算登記時，經登記機關依法勘測並辦理登記後，將該建物登記簿與平面圖及位置圖之影本函送法院或行政執行分署（土地登記規則第139條參照）。

5. 土地經法院或行政執行分署囑託查封、假扣押、假處分、暫時處分、破產登記或因法院裁定而為清算登記後，其他機關再依法律囑託禁止處分登記者，登記機關應於登記後，通知原囑託限制登記之法院或行政執行分署（土地登記規則第142條第1項第1款參照）。

6.土地經其他機關依法律囑託禁止處分登記後，法院或行政執行分署再囑託查封、假扣押、假處分、暫時處分、破產登記或因法院裁定而為清算登記者。登記機關應於登記後，通知該囑託禁止處分登記之機關（土地登記規則第142條第1項第2款參照）。

(五) 應通知預告登記請求權人者

　　建物辦竣預告登記後滅失，由土地所有權人或其他權利人代位建物所有權人申請消滅登記者，前項建物基地有法定地上權登記者，應同時辦理該地上權塗銷登記；建物為需役不動產者，應同時辦理其供役不動產上之不動產役權塗銷登記。登記機關於登記完畢後，應將登記結果通知預告登記請求權人（土地登記規則第31條參照）。

三、統　計

　　土地登記完畢後，應即辦理地籍統計彙報之。

四、歸　檔

　　土地登記案件登記完畢後，原應發還申請人有關文件外，應將留存之申請書、登記原因證明文件或其副本、複印本及應註銷之原權利書狀等按行政區、地段、收件日期、收件字號依土地登記規則第53條第1項第8款予以整理歸檔，妥善保存十五年，以備日後如發生爭議糾紛涉訟時，作為證據證明。

第四章 │ 總登記

第一節　土地總登記之意義、性質、程序

一、土地總登記之意義及性質

土地總登記為土地權利之第一次登記，普通登記，土地法第38條規定：「辦理土地登記前，應先辦地籍測量，其已依法辦理地籍測量之地方，應即依本法規定辦理土地總登記。前項土地總登記，謂於一定期間內直轄市或縣（市）土地之全部為土地登記。」土地法施行法第11條規定：「土地法施行前業經辦竣土地登記之地區，在土地法施行後於期限內換發土地權利書狀，並編造土地登記總簿者，視為已依土地法辦理土地總登記。」其性質如下：

(一) 地籍測量完竣後之第一次登記（土地法第38條）。

(二) 強制登記（土地法第38、57條）。

(三) 須於一定期間為之（土地法第49、57、58條）。

(四) 須就直轄市、縣（市）土地全部為之，但交通水利用地、其他土地如沙漠、雪山應免予編號登記（土地法第39、41條）。

(五) 屬靜態登記與移轉等變更登記有別（土地法第38、72條）。

二、土地總登記程序

土地法第48條土地總登記，依下列程序辦理：

(一) 調查地籍

地籍調查之內容包括所有權人，他項權利人、使用人姓名、住址、土地座落、四至、地目、面積等有關資料。

(二) 公布登記區及登記期限

土地總登記得分若干區辦理。登記區在直轄市不得小於區，在縣（市）

不得小於鄉（鎮、市、區），每一登記區接受登記聲請之期限不得少於二個月。土地總登記辦理前應將登記區地籍圖公布之（土地法第42、49、50條）。

(三) 接收文件

　　土地總登記所有權人不論公有、私有均應申請登記，所有權人應於登記申請期限內提出申請書，檢附有關文件向登記機關申請之，登記機關接收登記申請書時，應即收件並記載收件有關事項於收件簿與登記申請書（土地登記規則第54、71條；土地法第52條）。

(四) 審查並公告

　　登記機關，接收文件後應即依法審查，土地登記採實質審查，不僅審查提出書件是否齊全，以及各欄填寫是否符合規定，亦應審查其權利來源是否合法及所附文件是否真實，經審查如證件不足，應限期補正再行審查，如合於駁回要件者，則予駁回，如經審查無誤後即於公告不得少於十五天或三十天，公告期間內，如有異議，得向該管地政機關以書面提出，並應附證明文件，由地政機關予以調處，不服調處者，應於接到調處十五日內向司法機關起訴，逾期依調處結果辦理之（土地登記規則第55條；土地法第59條）。

(五) 登記發給書狀並造冊

　　申請登記之土地權利公告期滿無異議，或經調處成立或裁判確定者，應即為確定登記，發給權利人以土地所有權狀或他項權利證明書。土地所有權狀並附地段圖（土地法第62條）。發給書狀後應即造冊並辦理規定地價。

三、土地總登記之登記方式

(一) 聲請登記（之聲請人）

1. 土地法第51條規定

　　土地總登記，由土地所有權人於登記期限內檢同證明文件聲請之。如係土地他項權利之登記，應由權利人及義務人共同聲請。

2. 土地登記規則第71條規定

土地總登記，所有權人應於登記申請期限內提出登記申請書，檢附有關文件向登記機關申請之。土地總登記前，已取得他項權利之人，得於前項登記申請期限內，會同所有權人申請之。

3. 土地法第54條規定

「和平繼續占有之土地，依民法第769條或第770條之規定，得請求登記為所有人者，應於登記期限內，經土地四鄰證明，聲請為土地所有權之登記。」同法第60條規定：「合法占有土地人，未於登記期限內聲請登記，亦未於公告期間內提出異議者，喪失其占有之權利」。

(二) 囑託登記

土地法第52條規定：「公有土地之登記，由原保管機關或使用機關囑託該管直轄市或縣（市）地政機關為之，其所有權人欄註明為國有、直轄市有、縣（市）有或鄉鎮（市）有」。

(三) 逕為登記

土地法第53條規定：「無保管或使用機關之公有土地，及因地籍整理而發現之公有土地，由該管直轄市或縣（市）地政機關逕為登記，其所有權人欄註明為國有」。

四、無主土地之處理方式

(一) 逾登記期限無人聲請登記之土地，或經聲請而逾期未補繳證明文件者，其土地視為無主土地，由該管直轄市或縣（市）地政機關公告之，公告期滿無人提出異議，即為國有土地之登記，公告期間不得少於三十日（土地法第57、58條），以上即為土地總登記之除斥。

(二) 逾總登記期限無人申請登記土地處理原則（行政院62.3.4台內字第2860號函）：

  1.已完成無主土地公告及代管程序，並已登記為國有之土地，應不再受理主張權利與補辦登記。

  2.已完成無主土地公告及代管程序而尚未完成國有登記之土地，應由縣

（市）政府查明於三個月內完成國有登記。

3. 未完成無主土地公告代管程序而已登記為國有之土地，應查明事實擬具具體處理意見專案報請中央核定。

4. 未完成無主土地公告代管程序，亦未完成所有權登記之土地，應分別依照下列規定處理：

(1) 日據時期土地台帳及不動產登記簿記載國、省、縣、市鄉鎮（含州廳街庄）有土地，該管縣（市）政府應會同該權屬機關確實調查，並依土地權利清理辦法及土地囑託登記提要規定為公有之囑託登記。

(2) 日據時期土地台帳及不動產登記簿記載日人私有或「會社地」、「組合地」，顯非一般人民漏未申報之土地，應由該管縣（市）政府會同國有財產局確實調查，依台灣省土地權利清理辦法及公有土地囑託登記提要等有關規定辦理。

(3) 日據時期土地台帳及不動產登記簿記載日人與國人共有之土地，應由該管縣（市）政府會同國有財產局確實調查單獨列冊，補辦無主土地公告，並由國有財產局就日人私有部分聯繫國人所有部分申辦登記。

(4) 日據時期土地台帳及不動產登記簿記載為國人私有者，亦應依法補辦無主土地公告，並於公告開始三個月後依法執行代管，代管期間無人申請，期滿即為國有登記，縣（市）政府執行代管情形應每半年報省府備查。

5. 為加速無主土地之清理，並兼顧人民合法權益，無主土地公告及代管期間改為一年。

6. 代管期間人民申請登記時，經審查無誤者，應隨即依土地法第55條規定處理。

7. 無主土地補辦登記後其在補辦登記以前之賦稅，由於情況不同，應由省市主管稅務機關根據實際使用情形分別核定徵免。

8. 原已申請尚待結案之案件一律依照上開原則處理。

(三) 公有土地之登記，由原保管或使用機關囑託該管直轄市或縣（市）地政機關為之，其所有權人欄註明為國有、直轄市有、縣（市）有或鄉（鎮、市）有（土地法第52條）。

第二節　建物所有權第一次登記意義、要件、程序、文件

一、建物所有權第一次登記之意義

　　凡新建或舊有之合法建物，為確保其權屬，申請人第一次向建物所在地之登記機關申辦建物登記者，謂之建物所有權第一次登記，一般人俗稱為保存登記。因建築物不似土地之固定，隨時有新建物完成，也隨時有舊建物拆除，故其性質雖與土地總登記相似，但並不能就一定區域內之建物全部為登記，故不稱總登記。而係由所有權人第一次向登記機關申請之登記，故稱建物所有權第一次登記。

二、建物所有權第一次登記之性質

(一) 登記之任意性

　　建物登記並不強制而與托崙斯登記制之精神類似，係由申請人提出申請經登記機關審查公告無異議後，始予以登記，如不提出申請政府並無強制登記之規定，但一經登記，爾後建物權利有變更則非經登記不生效力。如經登記發給權狀賦予建物所有權之證明，否則登記機關並未有登記產權之歸屬。

(二) 產權之確定性

　　建物所有權第一次登記乃在確定該建物之產權，使具有法律上之公信力，未登記之建物，其權屬依法應由其所有人自行舉證，但經登記則有法律上之公信力。

(三) 登記合法建築物

　　建物登記係屬政府機關之行政行為，對不合法之建物自應不予登記以配合建築管理。辦理建物所有權第一次登記以合法建物為必要條件。

(四) 登記之獨立性

　　建物與土地為各別獨立之權利客體，為近代一物一權主義之趨勢，建物只要具有合法基地使用權，得為獨立之權利客體，是以土地登記謂「土地及

建物之所有權與他項權利之登記」而非「土地及其建物之所有權與他項權利之登記」。

三、建物所有權第一次登記之要件

(一) 建物須為合法

1. 於實施建築管理後且在民國57年6月5日以前建築之建物憑建造執照。
2. 民國57年6月6日後建築者應提出使用執照或依法得免發使用執照之證件。
3. 實施建築管理前建築之建物，無使用執照者，應提出主管建築機關或鄉（鎮、市、區）公所之證明文件或下列文件之一（土地登記規則第79條第1、2項）：

「申請建物所有權第一次登記，應提出使用執照或依法得免發使用執照之證件及建物測量成果圖或建物標示圖。有下列情形者，並應附其他相關文件：

一、區分所有建物申請登記時，應檢具全體起造人就專有部分所屬各共有部分及基地權利應有部分之分配文件。

二、區分所有建物之專有部分，依使用執照無法認定申請人之權利範圍及位置者，應檢具全體起造人之分配文件。

三、區分所有建物之地下層或屋頂突出物，依主管建築機關備查之圖說標示為專有部分且未編釘門牌者，申請登記時，應檢具戶政機關核發之所在地址證明。

四、申請人非起造人時，應檢具移轉契約書或其他證明文件。

前項第三款之圖說未標示專有部分者，應另檢附區分所有權人依法約定為專有部分之文件。」

(二) 取得基地使用權

建物與基地非屬同一人所有者檢附之（土地登記規則第79條第3、4、5項）：

「實施建築管理前建造之建物，無使用執照者，應提出主管建築機關或鄉（鎮、市、區）公所之證明文件或實施建築管理前有關該建物之下列文件之一：

一、曾於該建物設籍之戶籍證明文件。

二、門牌編釘證明。

三、繳納房屋稅憑證或稅籍證明。

四、繳納水費憑證。

五、繳納電費憑證。

六、未實施建築管理地區建物完工證明書。

七、地形圖、都市計畫現況圖、都市計畫禁建圖、航照圖或政府機關測繪地圖。

八、其他足資證明之文件。

前項文件內已記載面積者，依其所載認定。未記載面積者，由登記機關會同直轄市、縣（市）政府主管建築、農業、稅務及鄉（鎮、市、區）公所等單位，組成專案小組並參考航照圖等有關資料實地會勘作成紀錄以為合法建物面積之認定證明。

第三項之建物與基地非屬同一人所有者，並另附使用基地之證明文件。」

(三) 基地已完成土地總登記（土地登記規則第10條）

(四) 須先行申請建物第一次測量（土地登記規則第78條）

(五) 構造上須具獨立性（民法第799條第2項）

各該部分須有明顯之界線，例如：牆壁、地板等，以示其範圍。

(六) 使用上須具獨立性（民法第799條第2項）

各該部分須能獨立作適當之用途，例如：作住宅、店鋪或倉庫等用途。

(七) 編列門牌或所在地址證明（內政部76.11.7內地字第545441號函，土地登記規則第79條第1項）

區分建物非經戶政機關分別編列門牌或核發其所在地址證明者，不得單獨辦理建物所有權第一次登記。

四、建物所有權第一次登記之實施程序（依土地登記規則第84條規定準用土地總登記程序）

(一) 申請建物第一次測量

凡新建或舊有合法建物，申辦建物所有權第一次登記時，應先向轄區地政事務所，申請建物位置圖及平面圖之測繪，以確定建物之座落，構造式樣、位置、種類、形狀、面積、門牌、用途等，俾取得建物勘測成果表，作為登記之依據，公有建物由管理機關申請，私有建物由建物所有權人申請，提出勘測申請書，並依規定繳納勘測規費，核發測量成果圖。

(二) 收　件

申請人應繕具土地登記申請書，備齊附繳證件欄所記載之證件，如使用執照影本、測量成果圖、身分證明等向地政機關申請為建物所有權第一次登記，由地政機關依規定收件。

(三) 計收規費

按權利價值千分之二繳納登記費及書狀費新台幣80元整。

(四) 審　查

地政事務所依規定收件後，應即予以實質審查，如須補正並能即時補正者，應即通知申請人到地政事務所補正，如不能補正，應依規定予以駁回。

(五) 公　告

經審查無誤之案件，地政事務所應即公告於地政事務所公告處所，公告期間不得少於十五日。

(六) 登簿繕發書狀

經公告期滿，無人異議，或有異議，經調處成立或經裁判確定者，地政事務所應即登記於建築改良物登記簿，繕發所有權狀與權利人執管。

(七) 整理歸檔

應發還之文件，如使用執照正本等，應連同所有權狀發還，其他申請文件應即整理歸檔。

五、建物所有權第一次登記應備文件

(一) 土地登記申請書

(二) 登記原因證明文件

建物使用執照或建築執照或有關證明文件。

1. 實施建築管理前建照之建物無使用執照者，如建物與基地同屬一人所有者，應提出建築管理機關或區公所之證明文件或實施建築管理前土地登記規則第79條第2項共八款等文件之一。
2. 於實施建築管理後且在民國57年6月5日以前建物應附建築執照或提出建築主管機關或鄉（鎮、市、區）公所之證明文件。
3. 民國57年6月6日以後建築之建物應附使用執照。

(三) 申請人身分證明

1. 戶籍謄本或身分證影本或戶口名簿影本

2. 法人登記證明文件及其代表人資格證明

3. 華僑身分證明書

(1) 一為自然人時檢附；二為法人時檢附；三為華僑時檢附之文件。
(2) 申請人為受監護宣告之人或輔助宣告之人亦為無行為能力人，由監護人代理受監護宣告之人購置或處分土地權利，應檢附法院許可之證明文件。
(3) 上列影本請簽註「本影本與正本相符，如有不實，願負法律責任」字樣並蓋章。

4. 建物測量成果圖

申辦建物所有權第一次登記前，先申請建物第一次測量，基地上如有舊

建物，應先辦理建物滅失登記。

5. 使用基地之證明文件

(1) 基地與建物同為一人所有或建物有使用執照者免附。

(2) 實施建築管理前之建物與該建物所占之基地非屬同一人所有且未設定地上權或典權者，應附基地租賃契約書或基地所有權人同意書及其印鑑證明、身分證明文件。

6. 權利證明文件（歷次移轉證明）

(1) 申請人非起造人或最初納稅義務人者檢附。

(2) 申辦所有權第一次登記之建物如係因買賣、贈與、繼承或法院判決、拍賣等而取得者，應分別加附買賣或贈與契約書、繼承有關文件、法院判決書、權利轉移證明書等。

7. 全體起造人協議書

(1) 區分所有之建物依使用執照無法認定申請人之權利範圍及位置者應附全體起造人分配協議書。

(2) 共同使用部分協議產權，應填列各區分所有建物分擔共同使用部分之持分。

(3) 協議書須親自到場，如協議書內各起造人所蓋印章與申請書權利人所蓋印章相符者，得免親自到場。

8. 委託書

(1) 委託他人代理者檢附之。

(2) 申請書有委任關係欄經填註者免附。

9. 地政規費收據

按權利價值繳納千分之二登記費。

六、區分所有建物登記

(一) 意　義

所謂區分所有，係指數人區分一建築物而各有其專有部分，並就其共用部分按其應有部分有所有權，建物依區分所有所為之登記，謂之區分所有建物登記（公寓大廈管理條例第3條第2款）。

1. 專有部分

指公寓大廈之全部或一部分，具有使用上之獨立性，且為區分所有之標的者（公寓大廈管理條例第3條第3款）。

2. 共用部分

指公寓大廈專有部分以外之其他部分及不屬專有之附屬建築物，而供共同使用者（公寓大廈管理條例第3條第4款）。

(二) 區分所有建物登記之相關規定

土地登記規則對於「區分所有建物」之登記有下列規定：

1. 區分所有部分之登記

區分所有建物，區分所有權人得就其專有部分及所屬共有部分之權利，單獨申請建物所有權第一次登記（土地登記規則第80條）。

2. 共有部分之登記

區分所有建物之共有部分，應另編建號，單獨登記，並依下列規定辦理：

(1) 區分所有建物所屬共有部分，除法規另有規定外，依區分所有權人按其設置目的及使用性質之約定情形，分別合併，另編建號，單獨登記為各相關區分所有權人共有（土地登記規則第81條第1項）。

(2) 區分所有建物共有部分之登記僅建立標示部及加附區分所有建物共有部分附表，其建號、總面積及權利範圍，應於各專有部分之建物所有權狀中記明之，不另發給所有權狀（土地登記規則第81條第2項）。

(3) 基地權利種類及範圍之說明：區分所有權人申請建物所有權第一次登記時，除依第79條規定，提出相關文件外，並應於申請書適當欄記明基地權利種類及範圍。

　　登記機關受理前項登記時，應於建物登記簿標示部適當欄記明基地權利種類及範圍（土地登記規則第83條）。

(4) 區分所有建物共有部分：區分所有建物之共有部分，除法令另有規定外，應隨同各相關專有部分及其基地權利為移轉、設定或限制登記（土地登記規則第94條）。

(5) 共有人優先購買權之例外：土地法第34條之1第4項規定，於區分所有建物之專有部分連同其基地應有部分之所有權一併移轉與同一人所有之情形，不適用之（土地登記規則第98條）。

(6) 區分所有權人除法律另有限制外，對其專有部分，得自由使用、收益、處分，並排除他人干涉（民法第765條參照，公寓大廈管理條例第4條第1項）。

(7) 專有部分不得與其所屬建築物共有部分之應有部分及其基地所有權或地上權之應有部分分離而為移轉或設定負擔（民法第799條第5項參照）。

七、簽證之建物標示圖辦理登記者：

(一) 申請建物所有權第一次登記前，應先向登記機關申請建物第一次測量。但在中華民國102年10月1日以後領有使用執照之建物，檢附依使用執照竣工平面圖繪製及簽證之建物標示圖辦理登記者，不在此限。（土地登記規則第78條）

(二) 建物標示圖，應由開業之建築師、測量技師或其他依法規得為測量相關簽證之專門職業及技術人員辦理繪製及簽證。

　　前項建物標示圖，應記明本建物平面圖、位置圖及建物面積確依使用執照竣工平面圖繪製，如有遺漏或錯誤致他人受損害者，建物起造人及繪製人願負法律責任等字樣及開業證照字號，並簽名或蓋章。

　　依建物標示圖申請建物所有權第一次登記，申請人與委託繪製人不同時，應於登記申請書適當欄記明同意依該圖繪製成果辦理登記，並簽名或蓋章。（土地登記規則第78-1條）

第五章 | 所有權變更登記

第一節　土地權利變更登記、所有權變更登記、所有權移轉登記之意義、原因

一、土地權利變更登記之意義

　　「土地總登記後，土地權利有移轉、分割、合併、設定、增減或消滅時，應為變更登記。」為土地法第72條所明定。此所謂土地權利，包含土地與建物之所有權與他項權利在內。是以土地法所謂「變更登記」，係指土地總登記及建物第一次登記後，其已登記之土地權利，因權利主體，權利客體或權利內容之變動，於變更後所為之更新登記，其變動之原因有移轉、分割、合併、設定、增減或消滅等。此種登記在修正或補充因土地總登記或建物第一次登記所為靜態登記之內容，以維地籍之正確；因其以土地權利之變動為主要，故又稱為「動態登記」。

　　土地權利變更登記，依其性質應包括下列之登記：
　　(一) 所有權移轉登記。
　　(二) 標示變更登記（包括分割、合併及增減）。
　　(三) 他項權利設定、移轉及變更登記。
　　(四) 塗銷登記與消滅登記。
　　(五) 其他變更登記。

二、所有權變更登記

　　所有權變更登記，係指土地建物完成總登記以後的土地或建物之所有權因發生移轉或標示發生分割、合併、增減、消滅等情形時，由申請人（權利人或義務人）在法定期限（權利變更之日起一個月或繼承原因發生日起六個月）內，依法定程序向登記機關所為之變更所有權之登記（土地登記規則第93條參照）。

依「土地登記規則」規定，所有權變更登記之範圍包括：

(一) 標示變更（分割、合併、增減、消滅）登記（應先經複丈並取得複丈成果圖）。

(二) 所有權（買賣、贈與、交換、共有物分割、判決、強制執行、徵收、繼承等）移轉登記（應先經申報土地增值稅、契稅或遺產稅、贈與稅並完稅及查欠地價稅、房屋稅）。

三、所有權移轉登記

(一) 意　義

所有權移轉登記係指土地或建物於辦竣所有權總登記後，因法律行為或法律行為以外之事實，使所有權發生移轉，權利主體變更，依法向登記機關申辦之變更登記，上述所稱法律行為如買賣、贈與、交換、共有物分割等；法律行為以外之事實如繼承、強制執行、公用徵收、法院之判決等屬動態登記。

(二) 所有權移轉登記原因（種類、範圍）

1.買賣所有權移轉登記。

2.贈與所有權移轉登記。

3.交換所有權移轉登記。

4.分割所有權移轉登記。

5.土地徵收所有權移轉登記。

6.照價收買所有權移轉登記。

7.拍賣所有權移轉登記。

8.判決所有權移轉登記。

9.和解、調解所有權移轉登記。

10. 放領、耕作權登記。

11. 取得典物所有權移轉登記。

12. 繼承所有權移轉登記。

13. 時效取得所有權登記。

14. 公地有償撥用登記。

15. 信託登記。

16. 信託歸屬登記。
17. 信託取得登記。
18. 抵繳稅款登記。
19. 遺贈登記。
20. 剩餘財產差額分配登記。
21. 法人合併、分割登記。
22. 其他。

第二節　各種不同移轉登記之意義

一、買賣所有權移轉登記

(一) 買賣之意義

　　依民法第345條第1項所謂買賣「當事人約定一方移轉財產權於他方，他方支付價金之契約」，契約是當事人以發生私法關係之行為，而契約書係權利人與義務人雙方意思表示合致之書面憑據，買賣為契約行為，雙方當事人對於財產權（建物或基地之所有權）之移轉和價金的支付意思表示一致時契約即行成立。

(二) 買賣所有權移轉登記意義

　　指當事人約定一方移轉土地或建物所有權於他方，他方支付價金之契約，當事人檢附買賣契約書及有關文件向該管登記機關申辦之登記。

二、贈與所有權移轉登記

(一) 贈與之意義

　　凡已登記之土地或建物所有權人，將土地或建物所有權無償贈與他方，經他方允受而生效力之行為。民法第406條規定稱「贈與者，因當事人約定，一方以自己之財產無償給與他方，經他方允受之契約」。

(二) 贈與所有權移轉登記

　　係指當事人約定一方以土地或建物所有權無償給與他方，經他方允受之契約，即為土地、建築改變物贈與契約，當事人檢附契約有關書表向該管登記機關辦理贈與所有權移轉登記。

三、交換所有權移轉登記之意義

　　雙方當事人約定互相移轉土地或建物之所有權，經訂立書面契約後向該管登記機關申辦所有權移轉之登記。民法債編第二節「互易」第398條「當事人雙方約定互相移轉金錢以外之財產權者，準用關於買賣之規定」，即指交換也。互易為雙務有償之契約與買賣同其性質，僅當事人間不移轉金錢所有權，而僅移轉金錢以外之財產權，故雙方當事人均應與買賣契約之出賣人負擔同樣之義務，故應準用買賣之規定，即當事人應互負移轉財產權之義務、互負瑕疵擔保義務、互負標的物受領義務，而利益承受及危險負擔亦準用買賣之規定。

四、共有物所有權分割移轉登記之意義

(一) 意　義

　　共有物分割登記，係指土地或建物經全體共有人訂立土地或建物分割移轉契約書，或經法院判決分割確定或訴訟上和解調解成立，或依土地法第34條之2經由直轄市或縣（市）不動產糾紛調處委員會調處成立，而向該管登記機關申辦所有權分割移轉登記。民法第823條各共有人得隨時請求分割共有物俾消滅共有關係取得單獨所有權，而我國民法規定共有物分割採移轉登記主義。

(二) 辦理方法

1. 由共有人全體將土地或建物分割為數宗（棟），先申請土地複丈或建物測量，並辦理土地（建物）標示變更登記，由一筆變為多筆（棟）土地或建物：但各宗（棟）仍維持原來之共有形態。
2. 由全體共有人依分割後之標示，簽立共有物所有權分割移轉契約書，依法申報土地增值稅或契稅，並於完稅後再申請辦理所有權分割移轉

登記，使各共有人各自取得一宗（棟）或數宗（棟）之土地或建物之
單獨所有權，以消滅原來之共有形態，申請共有物分割登記，不以一
宗（棟）之共有土地或建物為限，數宗（棟）共有人相同之土地或建
物亦可一併申請。

五、徵收所有權移轉登記之意義

依據土地法第208、209條及土地徵收條例第3條規定，國家因公共事業
之需要，或政府機關因實施國家經濟政策，依法徵收私有土地，於完成徵收
補償手續後，囑託該管登記機關辦理所有權移轉所為之登記。徵收是所有權
人不同意之下，由國家之公權力強制取得而依法支付補償費。徵收是取得土
地的一種手段，係原始取得之一種，其性質與買賣有別，被徵收者之權利非
直接移轉於徵收者，而係徵收者依法律之力以取得新權利，同時被徵收者之
權利無形歸於消滅。

六、照價收買所有權移轉登記之意義

依平均地權條例第28條規定，辦理照價收買之土地，經完成照價收買程
序後，囑託該管登記機關辦理所有權移轉所為之登記。照價收買，其目的係
政府為實施土地政策達到平均地權之理想，使用公權力強制收買土地。憲法
第143條規定，私有土地應照價納稅，政府並得照價收買，照價收買無需所
有人同意，與一般買賣有別，但照價收買應以法律有明文規定為限，避免浮
濫。

七、拍賣所有權移轉登記之意義

拍賣為買賣之一種，乃法院、行政執行分署或公正第三人以公開競標之
方式將標的物出賣與出價最高之人，易言之，法院之拍賣，係基於國家公權
力，強制將債務人財產予以出售，以所得價金清還債務之強制執行程序，依
強制執行法第98條規定，不動產強制執行，於完成拍賣後拍定人繳清價款領
得執行處核發之權利移轉證書時，已取得該拍定物之所有權，但依民法第
759條應向登記機關辦理登記始得處分其物權，而拍賣所有權移轉登記，乃
指得標人檢具申請書、權利移轉證書等有關文件，向該管登記機關申辦所有
權移轉之登記。

八、判決所有權移轉登記之意義

指依據法院確定判決等文件，向登記機關申辦土地或建物所有權移轉登記，判決係法院確定當事人間私權之存否及其範圍之意思表示，法院判決移轉登記係屬給付判決，如經確定判決領取判決確定證明書，可依土地登記規則第27條第4款單獨申請登記。免附土地所有權人之同意文件。如法院判決主文，無判命移轉登記之記載，則應向民事法庭另行起訴，俟取得確定給付判決，再向該管登記機關申請移轉登記。若僅確認所有權之誰屬而未判決應為移轉登記者，無從辦理移轉登記。

九、訴訟上和解所有權移轉登記之意義

依據法院和解筆錄等文件，向登記機關申辦之土地或建物所有權移轉登記，和解為當事人間約定互相妥協以終止爭議。訴訟上和解成立與確定判決有同一效力。土地或建物移轉訴訟上和解，得由權利人憑和解筆錄，單獨向該管登記機關申辦移轉登記。

十、調解所有權移轉登記之意義

依據法院調解筆錄等文件向該管登記機關申辦之土地或建物所有權移轉登記。所謂調解，係法院對於兩造當事人法律有爭議時，在未起訴前，依當事人之聲請，從中調和排解以避免訴訟，法院調解經當事人同意而成立，如調解成立與訴訟上和解有同一效力，故權利人得單獨憑調解筆錄申辦登記。又當事人因移轉案件發生爭議，得申請鄉鎮調解委員會調解成立，應予移轉，其調解書送法院核定，申請人就該事件不得再行起訴，該民事調解書具有執行名義之效力，可單獨向該管登記機關申辦移轉登記。

十一、放領登記

(一) 意　義

因政府實施耕者有其田政策，而依規定放領公地或私有超額耕地予實際耕作人所有，並囑託該管登記機關辦理登記。

(二) 要　件

1.須該土地已完成所有權登記。
2.須完成法定放領程序。
3.須承領人已依規定繳清地價。
4.須以直轄市或縣（市）地政機關囑託方式為之。

十二、耕作權登記之意義

依據土地法第133條規定，公有荒地承墾人自墾竣之日起，無償取得所領墾地之耕作權，經依法向該管登記機關申辦耕作權所為之登記（民法則無該項權利之規定），其重要內容如下：

(一) 承墾人無償取得耕作權，並依法辦理耕作權登記。
(二) 承墾人自辦妥耕作權登記之日起算繼續耕作滿十年無償取得所有權，此即為耕作權期滿取得所有權登記。
(三) 耕作權不准轉讓，但因繼承或贈與得為繼承人者，不在此限。

十三、取得典物所有權登記之意義

典權設定登記後，出典人不於典期屆滿後之法定除斥期間內回贖原典物，典權人即取得典物所有權，應向該管登記機關申辦取得所有權之登記。

十四、繼承所有權移轉登記之意義

繼承所有權移轉登記，即為土地或建物辦竣所有權或他項權利登記後，因登記名義人死亡，由其繼承人承繼其土地、建物、他項權利等，依法向該管登記機關申辦之移轉登記。

十五、時效取得所有權登記之意義

民法第768、769、770條規定，以所有之意思，二十年間和平、公然、繼續占有或十年間和平、公然、繼續占有他人未登記之不動產，而其占有之始為善意並無過失，得向該管登記機關請求登記為所有人。

十六、公地有償撥用登記之意義

各級政府機關因興辦公共事業需用公有土地時，商同該管縣（市）政府

層請行政院核准撥用，囑託該管登記機關所為之所有權移轉之登記。

十七、信託登記之意義

　　土地權利因成立信託關係而移轉或為其他處分向該管登記機關所為之登記。

十八、信託歸屬登記之意義

　　土地權利因信託關係消滅而移轉予委託人以外之歸屬權利人者，向該管登記機關所為之登記。

十九、信託取得登記之意義

　　受託人於信託期間，因信託行為取得土地權利者，向該管登記機關所為之登記。

第三節　所有權移轉登記之要件與限制

一、所有權移轉登記之要件

(一) 土地完成土地總登記或建物須已辦竣建物所有權第一次登記

　　如未完成土地總登記或建物未辦竣建物所有權第一次登記，則移轉登記無所附麗、行政法院46年判64號判例土地必先總登記後始得為移轉登記。

(二) 移轉行為須以書面為之

　　民法第758條第2項規定：「不動產物權之移轉或設定應以書面為之。」即必須訂立契約，而契約尤須以文字表示，使生物權得喪之效力，俾有依據而免爭執。

(三) 須權利主體因登記而變更

　　土地或建物所有權移轉登記，係由登記簿上之原所有權人（即登記名義人）移轉登記為新權利人所有，權利主體發生變更。

(四) 移轉原因須不違背法律強行規定

　　民法第71條法律行為違反強制或禁止之規定者，無效。依上列規定，即不得辦理移轉登記，外國人不得取得土地法第17條如林、漁、牧、鹽、礦、水源地等之土地是為禁止之規定。

二、所有權移轉之限制

(一) 私有土地所有權行使之限制

　　私有土地所有權之移轉、設定負擔或租賃，妨害基本國策者，中央地政機關得報請行政院制止之（土地法第16條）。

(二) 不得移轉設定負擔或租賃外國人土地

　　林地、漁地、牧地、狩獵地、鹽地、礦地、水源地、要塞軍備區及領域邊境之土地，有條件不得移轉、設定負擔或租賃於外國人（土地法第17條）。

(三) 外國人取得或設定土地權利之平等互惠原則

　　外國人在中華民國取得或設定土地權利，以依條約或其本國法律，中華民國人民得在該國享有同樣權利為限（土地法第18條）。

(四) 工業區土地移轉之禁止

　　中央主管機關或直轄市、縣（市）主管機關為開發產業園區，於該產業園區核定設置公告後進行開發前，由當地直轄市、縣（市）主管機關公告停止土地及建築物所有權之移轉，並停止受理建築之申請；其公告停止之期限，不得逾二年；已領有建築執照者，應經中央主管機關或直轄市、縣（市）主管機關之同意後，始得建築。

　　前項所定公告停止土地及建築物所有權之移轉，不包括因繼承、強制執行、公用徵收或法院判決所為之移轉（產業創新條例第41條）。

(五) 工業區土地使用用途之限制

　　申請使用毗連非都市土地之興辦工業人，應自使用地變更編定完成之次

日起二年內，依核定擴展計畫完成使用；未完成使用前，不得以一部或全部轉售、轉租、設定地上權或以其他方式供他人使用。

興辦工業人因故無法於前項所定期限內完成使用，應向直轄市、縣（市）主管機關申請展延；其申請展延完成使用之期限，總計不得超過二年。

興辦工業人於前二項所定期限內違反核定擴展計畫使用者，直轄市、縣（市）主管機關應命其限期改善；屆期未改善者，直轄市、縣（市）主管機關應廢止原核定，並通知相關機關回復原編定及廢止原核發建造執照或雜項執照。

興辦工業人未於第1項及第2項所定期限內，依核定擴展計畫完成使用者，直轄市、縣（市）主管機關應廢止原核定，並通知相關機關回復原編定及廢止原核發建造執照或雜項執照（產業創新條例第66條）。

(六) 區段徵收選定禁止移轉

區段徵收地區選定後，禁止土地移轉、分割、設定負擔，以一年六個月為限（平均地權條例第53條之3、4）。

(七) 重劃區選定禁止移轉

重劃地區選定後直轄市或縣（市）政府得視實際需要報經上級主管機關核定禁止土地移轉、分割或設定負擔，以一年六個月為限（平均地權條例第59條）。

(八) 遺產、贈與、地價、房屋稅限制移轉措施

遺產稅未繳清前，不得分割遺產，遺產稅、贈與稅未繳清前不得辦理移轉登記（遺產及贈與稅法第8條）。地價稅未繳清前不得移轉（土地稅法第51條）房屋稅未繳清前不得移轉（房屋稅條例第22條）。

(九) 繼承人妨害之排除

繼承人於遺囑執行人執行職務中，不得處分與遺囑有關之遺產，並不得妨礙其職務之執行（民法第1216條）。

(十) 建物基地一體化

公寓大廈管理條例第4條：「區分所有權人除法律另有限制外，對其專有部分，得自由使用、收益、處分，並排除他人干涉。專有部分不得與其所屬建築物共用部分之應有部分及其基地所有權或地上權之應有部分分離而為移轉或設定負擔」。

(十一) 私法人不得承受耕地

農業發展條例第33條規定，除農民團體、農業企業機構、農業試驗研究機構，經許可取得者外，私法人不准取得耕地。

(十二) 國民住宅移轉之限制

國民住宅承購人住滿一年後經主管機關同意准予出售具有國宅承買資格之人（國民住宅條例第19條）。

(十三) 法院限制登記事項

登記機關接獲法院查封、假扣押、假處分或破產登記之囑託時，應停止移轉登記改辦上項登記（土地法第75條之1）。

(十四) 新市區建設之區段徵收或土地重劃

縣（市）政府為實施新市區之建設，對於劃定範圍內之土地及地上物得實施區段徵收或土地重劃，並得公告該地區土地移轉，禁止期間不能超過一年六個月（都市計畫法第58條）。

(十五) 土地總登記前已實施不動產登記者之限制

依土地法辦理土地總登記之地方，自開始登記之日起，法院所辦不動產登記應即停止辦理（土地法施行法第13條）。

(十六) 稅捐之保全

納稅義務人欠繳稅捐者，稅捐稽徵機關得就納稅義務人相當於應繳稅捐數額之財產，通知有關機關，不得移轉或設定他項權利（稅捐稽徵法第24條）。

(十七) 移轉限制之例外

政府因實施土地重劃、區段徵收及依其他法律規定，公告禁止所有權移轉、變更、分割及設定負擔之土地，登記機關應於禁止期間內，停止受理該地區有關登記案件之申請。但因繼承、強制執行、徵收、法院判決確定或其他非因法律行為，於登記前已取得不動產物權而申請登記者，不在此限（土地登記規則第70條）。

第四節　所有權移轉登記之程序

一、申報現值

土地所有權移轉或設定典權時，權利人及義務人應於訂約日起三十日內，檢同契約及有關文件，共同申請土地所有權移轉或設定典權登記，並共同申報土地移轉現值，但依規定得由權利人單獨申請登記者，權利人得單獨申報其移轉現值（平均地權條例第47條）。

二、建物得向地方法院或民間公證人公證（公證法第1條、第2條）

公證規費依公證法第109條為依標的金額或價額分八級累進收取。如授權他人辦理法院公證要附六個月內之印鑑證明，契稅條例第28條規定建物移轉，應經公證或監證，總統已明令公布廢止。

三、登記申請

(一) 申請人由權利人義務人會同申請

因買賣、贈與、交換等申辦移轉登記，由權利人、義務人會同申請，其無義務人者由權利人申請之（土地法第73條）。

(二) 權利人單獨申請

如繼承、拍賣、判決、和解、調解者等得由權利人單獨申請（土地登記規則第27條參照）。

四、申請登記應提出文件（土地登記規則第34條）

(一) 登記申請書；(二) 登記原因證明文件；(三) 已登記者其所有權狀或他項權利證明書；(四) 申請人身分證明；(五) 其他由中央地政機關依法規定應提出之證明文件。前項第4款之文件，能以電腦處理達成查詢者，得免提出。

五、計收規費（土地登記規則第53條第2款）

所有權移轉登記之登記規費，按權利人申請登記之申報地價或權利價值千分之一計徵（土地法第76條）。即土地申報地價，建物則依契稅單之核定現值計徵。書狀費每張80元。

六、收件（土地登記規則第54條）

登記機關接收登記申請書時應即收件，並記載收件有關事項於收件簿與登記申請書。前項收件，應按接收申請之先後編列收件號數，登記機關並應給與申請人收據。

七、繕發書狀（土地登記規則第65條、第66條）

按共有人分別繕發權狀。

八、異動整理（土地登記規則第53條第7款）

土地登記完畢應將異動成果整理，十日內通知稅捐機關。

九、歸檔（土地登記規則第53條第8款）

登記完畢之申請書件裝訂成冊歸檔並保存十五年。

第五節 所有權變更登記有關法令規定

一、土地權利變更登記之申請期限

(一) 申請期限

申請土地權利變更登記，應於權利變更之日起一個月內為之。繼承登記得自繼承開始之日起六個月內為之。

(二) 權利變更之日

權利變更之日，係指下列各款之一者：

1.契約成立之日。

2.法院判決確定之日。

3.訴訟上之和解或調解成立之日。

4.依鄉鎮市調解條例規定成立之調解，經法院核定之日。

5.依仲裁法作成之判斷，判斷書交付或送達之日。

6.產權移轉證明文件核發日。

7.法律事實發生之日（土地登記規則第33條）。

(三) 逾期申請之處罰

土地法第73條第2項後規定，聲請逾前述規定之期限者，每逾一個月得處應納登記費額一倍之罰鍰，但最高不得超過二十倍。

二、土地移轉登記時優先購買權如何處理？

(一) 申請土地權利移轉登記時，依民法物權編施行法第8條之5第3項、第5項、土地法第34之1第4項、農地重劃條例第5條第2款、第3款或文化資產保存法第28條規定之優先購買權人已放棄優先購買權者，應附具出賣人之切結書，或於登記申請書適當欄記明優先購買權人確已放棄其優先購買權，如有不實，出賣人願負法律責任字樣。

依民法第426條之2、第919條、土地法第104條、第107條、耕地三七五減租條例第15條或農地重劃條例第5條第1款規定，優先購買權人放棄或視為放棄其優先購買權者，申請人應檢附優先購買權人放棄優先購買權

之證明文件；或出賣人已通知優先購買權人之證件並切結優先購買權人接到出賣通知後逾期不表示優先購買，如有不實，願負法律責任字樣。依前二項規定申請之登記，於登記完畢前，優先購買權人以書面提出異議並能證明確於期限內表示願以同樣條件優先購買或出賣人未依通知或公告之條件出賣者，登記機關應駁回其登記之申請（土地登記規則第97條）。

(二) 土地法第34條之1第4項規定，於區分所有建物之專有部分連同其基地應有部分之所有權一併移轉與同一人所有之情形，不適用之（土地登記規則第98條）。

(三) 區分所有建物，數人共有一專有部分，部分共有人依土地法第34條之1規定就該專有部分連同其基地權利之應有部分為處分、變更或設定負擔時，其基地共有人，指該專有部分之全體共有人；其基地權利之應有部分，指該專有部分之全體共有人所持有之基地權利應有部分（土地登記規則第96條）。

三、部分共有人就共有土地全部申請登記方式

(一) 部分共有人就共有土地全部為處分、變更及設定地上權、農育權、不動產役權或典權申請登記時，登記申請書及契約書內，應列明全體共有人，及於登記申請書備註欄記明依土地法第34條之1第1項至第3項規定辦理。並提出他共有人應得對價或補償已受領或已提存之證明文件。但其無對價或補償者，免予提出。

依前項申請登記時，契約書及登記申請書上無須他共有人簽名或蓋章。（土地登記規則第95條）。

(二) 未能提出未會同申請之土地所有權狀，得免提出（土地登記規則第35條第1項第9款）並於登記完畢後公告註銷（土地登記規則第67條）。

四、徵收或照價收買之變更登記

因徵收或照價收買取得土地權利者，直轄市、縣（市）地政機關應於補償完竣後一個月內，檢附土地清冊及已收受之權利書狀，囑託登記機關為所有權登記，或他項權利之塗銷或變更登記（土地登記規則第99條）。

五、遺贈登記

(一) 遺贈之意義

遺贈人以遺囑對受遺贈人以遺囑為無償讓與財產之單方行為。

(二) 申辦受遺贈之土地所有權移轉登記之方式

1.應由繼承人先辦繼承登記後，由繼承人會同受遺贈人申請之。
2.如遺囑另指定有遺囑執行人時，應於辦畢遺囑執行人及繼承登記登記後，由遺囑執行人會同受遺贈人申請之。
3.前項情形，於繼承人因故不能管理遺產亦無遺囑執行人時，應於辦畢遺產清理人及繼承登記後，由遺產清理人會同受遺贈人申請之。第1項情形，於無繼承人或繼承人之有無不明時，仍應於辦畢遺產管理人登記後，由遺產管理人會同受遺贈人申請之（土地登記規則第123條）。

六、耕地所有權移轉登記應檢附之文件

(一) 登記申請書

(二) 登記原因證明文件

1.所有權移轉契約書：依其移轉之原因不同檢附，如買賣所有權移轉契約書（買賣）、交換所有權移轉契約書（交換）、贈與所有權移轉契約書（贈與）。
2.相關權利證明文件：法院拍賣之權利移轉證明書、判決書及判決確定證明書、和解或調解筆錄、仲裁之判斷書、和解筆錄、調解筆錄。及繼承登記時，載有被繼承人死亡記事之戶籍謄本、繼承人現在戶籍謄本及繼承系統表。

(三) 土地所有權狀

(四) 申請人身分證明文件

(五) 依法令規定應提出之文件

1. 農業用地作農業使用證明書（農業發展條例96年10月修正免附）。
2. 有耕地三七五租約時之優先購買權人拋棄書及其印鑑證明或替代方案或視為放棄之相關證明文件。
3. 登記義務人之印鑑證明，得由權利人依土地登記規則第12、27條規定，單獨申請登記者，免附。
4. 不課徵土地增值稅證明（申請不課徵土地增值稅須檢附農用證明）。
5. 依法已編定為建築用地或公共設施用地，免受前項應提出農業用地作農業使用證明書。

七、登記未完成前，登記權利人或義務人死亡時之登記

土地權利移轉、設定，依法須申報土地移轉現值者，於申報土地移轉現值後，如登記義務人於申請登記前死亡時，得僅由權利人敘明理由並提出土地登記規則第三十四條規定之文件，單獨申請登記。

登記權利人死亡時，得由其繼承人為權利人，敘明理由提出契約書及其他有關證件會同義務人申請登記。

前二項規定於土地權利移轉、設定或權利內容變更，依法無須申報土地移轉現值，經訂立書面契約，依法公證、監證或申報契稅、贈與稅者，準用之（土地登記規則第102條）。

八、法人或寺廟未完成登記前取得權利之登記

法人或寺廟在未完成法人設立登記或寺廟登記前，取得土地所有權或他項權利者，得提出協議書，以其籌備人公推之代表人名義申請登記。其代表人應表明身分及承受原因。

登記機關為前項之登記，應於登記簿所有權部或他項權利部其他登記事項欄，註記取得權利之法人或寺廟籌備處名稱。

第1項之協議書，應記明於登記完畢後，法人或寺廟未核准設立或登記者，其土地依下列方式之一處理：

(一) 申請更名登記為已登記之代表人所有。

(二) 申請更名登記為籌備人全體共有。

第1項之法人或寺廟在未完成法人設立登記或寺廟登記前，其代表人變更者，已依第1項辦理登記之土地，應由該法人或寺廟籌備人之全體出具新協議書，辦理更名登記（土地登記規則第104條）。

九、胎兒之繼承登記

胎兒為繼承人時，應由其母以胎兒名義申請登記，俟其出生辦理戶籍登記後，再行辦理更名登記。

前項胎兒以將來非死產者為限。如將來為死產者，其經登記之權利，溯及繼承開始時消滅，由其他繼承人共同申請更正登記（土地登記規則第121條）。

十、贈與所有權移轉登記應備文件

(一) 登記申請書。

(二) 贈與所有權移轉契約書正副本。

(三) 所有權狀。

(四) 身分證明：

　　1. 戶籍謄本或身分證或戶口名簿影本任何一種。

　　2. 申請人親自申辦登記者，出示國民身分證由登記機關查驗。

(五) 登記義務人之印鑑證明或替代方案。

(六) 贈與稅完稅（免稅）證明書、不計入贈與總額證明書或其他證明文件（夫妻贈與不計入贈與總額證明）。但公司贈與不課徵贈與稅。

(七) 建物移轉檢附契稅繳清收據。

(八) 土地移轉檢附土地增值稅繳清證明文件（夫妻贈與不課徵增值稅）。

十一、交換移轉登記與共有物分割登記

交換移轉登記與共有物分割移轉登記，均屬所有權移轉登記之一種，申請土地所有權移轉登記之程序，依照土地登記規則第53條規定，除不須公告外，應有收件、計收規費、審查、登簿、繕發書狀、異動整理、歸檔等七大

程序。

(一) 交換移轉登記

　　當事人雙方約定互相移轉財產權之一種所有移轉行為，準用關於買賣移轉之規定，而由交換人持交換契約書依法向登記機關所為之所有權移轉登記。

(二) 共有物分割登記

　　土地或建物共有人，依民法第824條規定共有物分割方法而辦理各自取得其應有部分所有權，並檢具相關證明文件向該管登記機關申辦之所有權分割移轉之登記。辦理共有物分割登記，包括標示分割登記及權利分割登記兩個階段，分割後以消滅原共有形態並各自取得單獨所有權為原則，但若尚有部分共有人仍維持共有者，仍屬共有物分割之範疇。共有物分割登記，依照土地登記規則第93條規定，涉及原有標示變更者，應申請標示變更登記及所有權登記。茲分述如下：

1. 標示分割

　　涉及原有標示變更者申請標示變更登記，共有物分割，如共有物須先分為數宗時，即應先辦標示變更，因此土地登記規則第105條規定，共有物分割涉及原有標示變更者，應申請「標示變更登記」及「所有權分割登記」。共有物標示分割前，應先申請土地複丈或建物複丈，標示分割得由共有人，依土地法第34條之1規定申請（地籍測量實施規則第205條參照）。

2. 權利分割

　　權利分割，係屬所有權移轉登記之一種，係指一種通稱之共有物分割移轉，其依照民法第824條精神及平均地權條例施行細則第65條所規定，應屬原物分配之移轉行為，是以，如無分割差額或差額在一平方公尺以下者，不視同移轉；惟其分割前後價值產生差額，且其差額在一平方公尺以上者，應就其差額部分課徵土地增值稅。

3. 申請分割登記，應檢附之文件如下

(1) 土地登記申請書。

(2) 登記原因證明文件：其為①標示分割時之複丈成果圖（另附登記清冊）；②其為權利分割時之所有權分割移轉契約書及相關完免稅證明文件。

(3) 土地或建築改良物之所有權狀。

(4) 申請人之身分證證明文件及印鑑證明或替代方案，如自然人之戶籍謄本或身分證、戶口名簿等之影本或法人之法人登記證明文件及代表人之資格證明文件。

(5) 其他應附書件：如法院判決共有物分割登記時之確定判決書及其他應附書件，各項繳稅收據及證明，他項權利人同意書。

十二、共有物分割之他項權利處理

(一) 用益物權之處理

一宗土地之部分已設定地上權、永佃權、不動產役權、典權或農育權者，於辦理分割登記時，應先由土地所有權人會同他項權利人申請勘測確定權利範圍及位置後為之。但設定時已有勘測位置圖且不涉及權利位置變更者，不在此限（土地登記規則第87條）。

(二) 抵押權之處理

分別共有土地，部分共有人就應有部分設定抵押權者，於辦理共有物分割登記時，該抵押權按原應有部分轉載於分割後各宗土地之上。但有下列情形之一者，該抵押權僅轉載於原設定人分割後取得之土地上：

1. 抵押權人同意分割。

2. 抵押權人已參加共有物分割訴訟。

3. 抵押權人經共有人告知訴訟而未參加。

前項但書情形，原設定人於分割後未取得土地者，申請人於申請共有物分割登記時，應同時申請該抵押權之塗銷登記。登記機關於登記完畢後，應將登記結果通知該抵押權人（土地登記規則第107條）。

十三、部分共有人依法院判決申請分割登記與通知

(一) 依據法院判決申請共有物分割登記者，部分共有人得提出法院確定判決書及其他應附書件，單獨為全體共有人申請分割登記，登記機關於登記完畢後，應通知他共有人。其所有權狀，應俟登記規費繳納完畢後再行繕發（土地登記規則第100條）。

(二) 依民法第824條第3項規定申請共有物分割登記時，共有人中有應受金錢補償者，申請人應就其補償金額，對於補償義務人所分得之土地，同時為應受補償之共有人申請抵押權登記。但申請人提出應受補償之共有人已受領或為其提存之證明文件者，不在此限。

前項抵押權次序優先於第107條第1項但書之抵押權；登記機關於登記完畢後，應將登記結果通知各次序抵押權人及補償義務人（土地登記規則第100條之1）。

(三) 與法院確定判決有同一效力之法院和解、調解筆錄或依仲裁法所為之判斷、調解、和解或依鄉鎮調解條例所為調解經法院核定者，由部分共有人單獨申請登記者，適用前述土地登記規則第100條規定。即登記完畢通知與俟其登記規費及罰鍰繳納完畢後，再行繕發其所有權狀。

十四、基地號變更與通知

(一) 申請建物基地分割或合併登記，涉及基地號變更者，應同時申請基地號變更登記。建物與基地所有權人不同時，得由基地所有權人代為申請或由登記機關查明後逕為辦理變更登記。

前項登記，除建物所有權人申請登記者外，登記機關於登記完畢後，應通知建物所有權人換發或加註建物所有權狀（土地登記規則第89條）以使建物登記事項與實際相符，俾利地籍管理。

(二) 設定有他項權利之土地申請分割或合併登記，於登記完畢後，應通知他項權利人換發或加註他項權利證明書（土地登記規則第90條）。

第六章 | 繼承登記

第一節　繼承登記之意義及登記原因

一、繼承登記之意義

　　繼承登記即土地或建物辦竣所有權或他項權利登記後，因登記名義人死亡，由其繼承人承繼其土地、建物、他項等權利，依法向地政機關申辦之移轉登記。人之權利能力，始於出生、終於死亡，為民法第6條所明定。因此已登記之土地及建物所有權或他項權利之權利人，若因死亡，其權利能力業已終止，即非不動產物權之權利主體，其所遺之土地或建物權利，依法已由其合法繼承人自繼承開始時承受取得，應依法申報繳納遺產稅後，向登記機關申辦繼承登記。

二、登記原因

(一) 判決繼承登記：依法院確定判決所為之繼承登記

(二) 和解繼承登記：依法院和解筆錄所為之繼承登記

(三) 調解繼承登記：以調解筆錄所為之繼承登記

　　判決、和解、調解之繼承登記係指土地或建築改良物（以下簡稱建物）辦竣所有權或他項權利登記後，因登記名義人死亡，繼承人因對遺產或繼承權等有所爭執，經法院判決確定或和解、調解成立，檢具上開判決、和解、調解之證明文件，向土地所在地登記機關申請繼承登記。

(四) 遺贈登記

　　遺贈者，係遺囑人以遺囑對繼承權人以外之第三人無償讓與財產上利益之單獨行為，於遺囑人死亡時發生效力，故遺贈登記乃登記名義人死亡，以

其土地權利遺贈於他人所為之登記。

(五) 抵繳稅款登記

以土地或建物抵繳應納稅款所為之土地、建物權利移轉登記。即依據遺產及贈與稅法施行細則第51條規定經主管機關准予抵繳遺產稅、贈與稅及其他欠稅之土地、建物，應移轉登記中華民國或直轄市、縣（市）及鄉（鎮、市）所有，向土地管轄登記機關所為之登記。

(六) 繼　承

土地建物所有權或他項權利因權利人死亡所為之繼承登記。

(七) 分割繼承

登記名義人死亡，各繼承人間依協議分割繼承土地權利所為之登記。

(八) 遺產管理人登記

無人承認繼承之土地經法院指定或親屬會議選定遺產管理人後所為之管理人登記。

(九) 遺囑執行人登記

以遺囑分配遺產並指定有遺囑執行人時所為之登記。

(十) 失蹤人財產管理人登記

依法辦理失蹤人不動產登記之前，申請登記為財產管理人所為之登記。

第二節　繼承登記之要件、時間、適用文件

一、繼承登記之要件

(一) 須土地或建物已辦竣總登記或建物所有權第一次登記

申辦繼承登記，須土地已辦竣總登記或建物所有權第一次登記。易言之，即已登記之土地或建物權利，因登記名義人死亡，始得申辦繼承登記。

(二) 須登記名義人有死亡之事實

登記名義人包括所有權人及他項權利人。

民法第1147條繼承因被繼承人死亡而開始。故死亡為繼承開始之原因，亦為申辦土地或建物繼承登記之前提。

(三) 須由合法繼承人申請

繼承登記應由合法繼承人共同申請之，如民法第1138條遺產繼承人，除配偶外，1.直系血親卑親屬；2.父母；3.兄弟姊妹；4.祖父母為繼承順序之合法繼承人。如其中部分繼承人，因故不能會同其他繼承人共同申請繼承登記時，得由其中一人或數人為全體繼承人之利益，就被繼承人之土地，申請為公同共有之登記（土地登記規則第120條參照）。

(四) 須向登記機關申辦

依土地法第39條規定土地登記，由直轄市、縣（市）地政機關辦理之。但各該地政機關得在轄區內分設登記機關，辦理登記及其他有關事項。故土地或建物權利繼承登記，應依法令向土地或建物所在地管轄登記機關申辦之。

二、未辦繼承登記之處理

遺產繼承雖無待登記，即依法取得物權，但民法第758條規定不動產物權，依法律行為而取得、設定、喪失及變更者，非經登記，不生效力。故繼承時應辦繼承登記，否則容易導致產權糾紛。另民法第759條更明文規定因繼承……於登記前已取得不動產物權者，非經登記，不得處分其物權。如繼承人欲出售或設定其繼承之不動產，未辦繼承時則無以為之。因此土地法第73條第2項規定，繼承登記，得自繼承開始之日起，六個月為之，聲請逾期者，每逾一個月得處應納登記費額一倍之罰鍰，但最高不得超過二十倍。土地法第73條之1規定，未申請繼承登記土地之處理方式，「土地或建築改良物，自繼承開始之日起逾一年未辦理繼承登記者，經該管直轄市或縣（市）地政機關查明後，應即公告繼承人於三個月內聲請登記；逾期仍未聲請者，得由地政機關予以列冊管理。但有不可歸責於聲請人之事由，其期間應予扣除。前項列冊管理期間為十五年，逾期仍未聲請登記者，由地政機關將該土

地或建築改良物清冊移請國有財產局公開標售。繼承人占有或第三人占有無
合法使用權者，於標售後喪失其占有之權利；土地或建築改良物租賃期間超
過五年者，於標售後以五年為限。依第2項規定標售土地或建築改良物前應
公告三十日，繼承人、合法使用人或其他共有人就其使用範圍依序有優先購
買權。但優先購買權人未於決標後十日內表示優先購買者，其優先購買權視
為放棄。標售所得之價款應於國庫設立專戶儲存，繼承人得依其法定應繼分
領取。逾十年無繼承人申請提領該價款者，歸屬國庫。第2項標售之土地或
建築改良物無人應買或應買人所出最高價未達標售之最低價額者，由國有財
產局定期再標售，於再行標售時，國有財產局應酌減拍賣最低價額，酌減數
額不得逾20%。經五次標售而未標出者，登記為國有並準用第2項後段喪失
占有權及租賃期限之規定。自登記完畢之日起十年內，原權利人得檢附證明
文件按其法定應繼分，向國有財產局申請就第4項專戶提撥發給價金；經審
查無誤，公告九十日期滿無人異議時，按該土地或建築改良物第五次標售底
價分算發給之」。繼承登記應依土地法第76條規定按權利價值繳納千分之一
登記費及每張新台幣80元正之書狀費。

三、繼承登記時間之法律適用

　　繼承開始之時間與繼承人之繼承順序、應繼分，所適用之法律規定不同
而產生繼承結果之差異，因法律之制訂、增訂、刪除、修正等可區分以下四
種適用範圍：
(一) 繼承開始在民國34年10月24日以前（即台灣光復前，應適用當時有效之
　　台灣習慣）。
(二) 繼承開始在民國34年10月25日以後至民國74年6月4日止民法修正以前
　　者，適用民法修正前民法繼承編有關之規定。
(三) 繼承開始在民國74年6月5日以後者，則適用修正後民法繼承編及其施行
　　法之規定。
(四) 繼承開始在民國86年9月27日以後者，則適用修正後民法親屬編施行法
　　第6條之1之規定。

四、申請繼承登記應提出之文件

　　申請繼承登記，除提出第34條第1項第1款及第3款之文件外（即登記申

請書。已登記者，其所有權狀或他項權利證明書），並應提出下列文件：

(一) 載有被繼承人死亡記事之戶籍謄本。

(二) 繼承人現在之戶籍謄本。

(三) 繼承系統表。

(四) 遺產稅繳（免）納證明書或其他有關證明文件。

(五) 繼承人如有拋棄其繼承，應依下列規定辦理：

　　1. 繼承開始時在中華民國74年6月4日以前者，應檢附拋棄繼承權有關文件；其向其他繼承人表示拋棄者，拋棄人應親自到場在拋棄書內簽名。

　　2. 繼承開始時在中華民國74年6月5日以後者，應檢附法院准予備查之證明文件。

(六) 其他依法律或中央地政機關規定應提出之文件。

前項第2款之繼承人現在戶籍謄本，於部分繼承人申請登記為全體繼承人公同共有時，未能會同之繼承人得以曾設籍於國內之戶籍謄本及敘明未能檢附之理由書代之。

第1項第1款、第2款之戶籍謄本，能以電腦處理達成查詢者，得免提出。

第1項第3款之繼承系統表，由申請人依民法有關規定自行訂定，註明如有遺漏或錯誤致他人受損害者，申請人願負法律責任，並簽名。

因法院確定判決申請繼承登記者，得不提出第1項第1款、第3款及第5款之文件（土地登記規則第119條）。

第三節　代位繼承之意義及要件

一、代位繼承之意義

　　代位繼承者乃指第一順位直系血親卑親屬為繼承人時，於繼承開始前死亡或喪失繼承權者，由其直系血親卑親屬代其直接繼承被繼承人之謂也（民法第1140條）。

二、代位繼承之要件

(一) 以第一順序直系血親卑親屬之繼承人為限，第二、三、四順序繼承人則

不能代位繼承。

(二) 代位繼承人及被代位繼承人均須為被繼承人之直系血親卑親屬，得代位之親等，並無限制，故子孫俱亡者，得由曾孫子女代位繼承。又養子女與養父母之關係，為擬制血親，故養子女之婚生子女，養子女之養子女，以及婚生子女之養子女，均得代位繼承（大法官釋字第70號）。但配偶、婚生子女之配偶（41年台上564號）及其他順序之繼承人（23上3906號、26渝上608號）並無代位繼承權。

(三) 代位繼承人以繼承原繼承人之應繼分為限。

(四) 須被代位人，於繼承開始前死亡，或喪失繼承權，始可代位繼承。若繼承人後於被繼承人死亡，則屬於再繼承，若繼承人拋棄繼承，亦非屬代位繼承。

第四節　遺產分割之意義、限制

一、遺產分割之意義

遺產分割者，乃遺產共同繼承人，以消滅遺產之公同共有關係為目的之法律行為。遺產之分割，與一般公同共有財產之分割不同。

二、遺產分割之限制

(一) 遺囑禁止分割者：民法第1165條遺囑禁止遺產分割者，其禁止之效力以十年為限。

(二) 禁止分割契約：繼承人得訂立契約，不分割遺產，但其期間不得逾五年（民法第1164條）。

(三) 須保留胎兒應繼分：胎兒為繼承人時，非保留其應繼分，他繼承人不得分割遺產（民法第1166條）。

第五節　繼承拋棄之意義、期間、方式、效力

一、繼承拋棄之意義

繼承拋棄係指繼承人於繼承開始後，否認繼承效力之意思表示，亦即繼

承人拋棄其繼承權之謂。

二、拋棄之期間

(一) 繼承人得拋棄其繼承權。前項拋棄，應於知悉其得繼承之時起三個月內為之（民法第1174條第1項），逾期拋棄，不生效力。

(二) 因他人拋棄繼承而應為繼承之人，為拋棄繼承時，應於知悉其得繼承之日起三個月內為之（民法第1176條第7項）。

三、拋棄之方式（民法第1174條）

繼承之拋棄為要式行為，不依法定方式為之者，亦屬無效（民法第73條，最高法院23年上字第2683號判例）。繼承開始前預為繼承權之拋棄者無效。拋棄須就其應繼分全部為之，拋棄後不得撤銷，拋棄不得附以條件。繼承之拋棄應於知悉其得繼承之時起三個月內以書面向法院為之。拋棄繼承後，應以書面通知因其拋棄而應為繼承之人。但不能通知者，不在此限。未具備此項方式者，不生拋棄之效力。

四、拋棄之效力

(一) 拋棄繼承生效之時期：繼承之拋棄，溯及於繼承開始時發生效力（民法第1175條）。

(二) 拋棄繼承人拋棄繼承權後不能收取應繼分之孳息，不負擔責任即一切權利義務與其無關，如有第三人主張權利義務時向其他繼承人為之。

第六節　繼承人之權利、義務與遺產之陳報

一、繼承人之權利、義務與遺產之陳報

繼承人對於被之繼承人權利、義務不因繼承而消滅。繼承人知悉其得繼承之時起三個月內開具遺產清冊陳報法院（民法第1156條），法院依公示催告程序處理（民法第1157條）。

二、債權處理方式

催告被繼承人之債權人於一定期限內（三個月以下）申請債權（民法第1157條）。繼承人在法院所定期限內，不得對任何債權人償還（民法第1158條）。期限屆滿後，依所報明之債權比例分別償還（民法第1159條）。如被繼承人之債權人未於一定期限內報明債權，而又為繼承人所不知者僅得就剩餘財產，行使其權利（民法第1162條）。繼承人非依民法第1159條規定償還債務後，不得對於受遺贈人交付遺贈（民法第1160條）。

三、繼承之效果

繼承人對於被繼承人之權利、義務，不因繼承而消滅（民法第1154條）。繼承人未陳報遺產清冊，繼承人負清償責任（民法第1162條之1）。

第七節　應繼分之意義、歸屬及應繼分比例

一、應繼分之意義

各繼承人對遺產上一切權利、義務應得繼承之比例。

二、應繼分之歸屬

(一) 民法第1138條規定，遺產繼承人，除配偶外，依下列順序定之：
　　1. 直系血親卑親屬。
　　2. 父母。
　　3. 兄弟姊妹。
　　4. 祖父母。
(二) 第一順序繼承人拋棄繼承權者，應繼分歸屬於其他同為繼承之人。
(三) 第一順序之繼承人，親等近者均拋棄繼承權，由次親等之直系血親卑親屬繼承。
(四) 先順序繼承人均拋棄繼承權，由次順序之繼承人繼承。其次順序繼承人有無不明或第四順序之繼承人及配偶均拋棄繼承權者，準用關於無人承認繼承之規定。
(五) 第二順序至第四順序繼承人，有拋棄繼承權者，其應繼分歸其他同一順

序之繼承人。

(六) 與配偶同為繼承之同一順序繼承人均拋棄繼承權，而無後順序之繼承人時，其應繼分歸屬於配偶。

(七) 配偶拋棄繼承權，其應繼分歸與其同為繼承之人。

(八) 因他人拋棄繼承而應為繼承之人，為拋棄繼承時，應於知悉其得繼承之日起三個月內為之（民法第1176條）。

三、法定繼承人之應繼分

(一) 同一順序之繼承人有數人時，按人數平均繼承取得（民法第1141條）。

(二) 養子女之應繼分及繼承順序與婚生子女同。

(三) 配偶之應繼分。

　　1. 與直系血親卑親屬同為繼承時，其應繼分與他繼承人平均。

　　2. 與父母或兄弟姊妹同為繼承時，其應繼分為遺產二分之一。

　　3. 與祖父母同為繼承時，其應繼分為遺產三分之二。

　　4. 無第1138條所定法定繼承人時，其應繼分為遺產之全部（民法第1144條）。

第八節　遺囑之意義、能力、方式、限制

一、遺囑之意義

　　遺囑者，因行為人死亡而發生效力之單獨要式行為。遺囑人一方之意思表示而成立，不須受遺囑人之同意，無相對人之單獨行為，此遺囑行為係自由意思且依法定方式為之，並以遺囑人死亡時發生效力為目的，但遺囑內容不以法律所明定之事項為限。

二、遺囑能力之意義及民法規定

(一) 意　義

　　遺囑能力者，遺囑人獨立自主為遺囑之意思表示之能力。

(二) 民法對遺囑能力之規定

1. 無遺囑能力人

未滿十六歲之未成年人不得為遺囑（民法第1186條第2項）。

2. 有遺囑能力

凡滿十六歲以上之自然人，即為有遺囑能力人，無須經法定代理人之允許，得為遺囑（民法第1186條第2項）。

3. 決定遺囑能力之時期

遺囑能力之有無，應以為遺囑之時為準，不以遺囑人死亡之時為準，不得因日後予以追認使其遺囑發生效力。

三、遺囑之方式

(一) 自書遺囑（民法第1190條）

1.須自書遺囑全文。
2.須記明年、月、日。
3.須親自簽名。
4.如有增減、塗改，應註明增減塗改之處所及字數，另行簽名。

(二) 公證遺囑（民法第1191條）

1.應指定二人以上之見證人，見證人之條件應受民法第1198條之限制。
2.應由遺囑人在公證人前口述遺囑意旨。
3.應由公證人筆記、宣讀、講解，經遺囑人認可後，記明年、月、日，由公證人、見證人及遺囑人同行簽名。遺囑人不能簽名者，由公證人將其事由記明，使按指印代之。
前項所定公證人之職務，在無公證人之地，得由法院書記官行之，僑民在中華民國領事駐在地為遺囑時，得由領事行之。

(三) 密封遺囑（民法第1192、1193條）

1.須遺囑人在遺囑上簽名及將其密封，且封縫處簽名。

2.遺囑人指定二人以上之見證人，向公證人提出，陳述其為自己之遺
　囑，如非本人自寫，並陳述繕寫人之姓名、住所。

3.應由公證人於遺囑封面，記明該遺囑提出之年、月、日及遺囑人所為
　之陳述。

4.須由公證人、遺囑人及見證人同行簽名。

　密封遺囑，不具備前所定之方式，而具備自書遺囑之方式者，有自書遺
囑之效力。

(四) 代筆遺囑（民法第1194條）

1.由遺囑人指定三人以上之見證人。

2.由遺囑人口述遺囑意旨。

3.由見證人中一人筆記、宣讀、講解，經遺囑人認可後，記明年、月、
　日及代筆人姓名，由見證人全體及遺囑人同行簽名，遺囑人不能簽名
　者，應按指印代之。

(五) 口授遺囑（民法第1195、1196條）

1.遺囑人因生命危急或其他特殊情形，不能依其他方式為遺囑者。

2.由遺囑人指定二人以上之見證人。

3.遺囑人口授遺囑意旨。

4.由見證人中之一人，將遺囑意旨，據實作成筆記，並記明年、月、日
　與其他見證人同行簽名。

四、遺囑見證人之限制（民法第1198條）

下列之人，不得為遺囑見證人：

(一) 未成年人。

(二) 受監護或輔助宣告之人。

(三) 繼承人及其配偶或其直系血親。

(四) 受遺贈人及其配偶或直系血親。

(五) 為公證人或代行公證職務人之同居人、助理人或受僱人。

第九節　特留分之意義及比例

一、特留分之意義

　　特留分者乃指被繼承人須為繼承人保留,而不得以遺囑或遺贈自由處分之一部分遺產。換言之,被繼承人以遺囑無償處分其遺產時,應為法定繼承人特別保留一部分遺產,以保護繼承人之權益。

二、繼承人特留分比例

　　依民法第1223條繼承人之特留分,依下列各款之規定:
(一) 直系血親卑親屬之特留分,為其應繼分二分之一。
(二) 父母之特留分,為其應繼分二分之一。
(三) 配偶之特留分,為其應繼分二分之一。
(四) 兄弟姊妹之特留分,為其應繼分三分之一。
(五) 祖父母之特留分,為其應繼分三分之一。

第十節　繼承、胎兒繼承、遺產管理人、遺贈登記之申請

一、繼承登記之申請

　　依土地登記規則第120條規定,繼承人為二人以上,部分繼承人因故不能會同其他繼承人共同申請繼承登記時,得由其中一人或數人為全體繼承人之利益,就被繼承人之土地,申請為公同共有之登記。其經繼承人全體同意者,得申請為分別共有之登記。
　　登記機關於登記完畢後,應將登記結果通知他繼承人。

二、胎兒繼承登記之申請

　　依土地登記規則第121條規定,胎兒為繼承人時,應由其母以胎兒名義申請登記,俟其出生辦理戶籍登記後,再行辦理更名登記。前項胎兒以將來非死產者為限。如將來為死產者,其經登記之權利,溯及繼承開始時消滅,

由其他繼承人共同申請更正登記。

三、遺產管理人登記之申請

依土地登記規則第122條規定，遺產管理人就其所管理之土地申請遺產管理人登記時，除法律另有規定外，應提出親屬會議選定或經法院選任之證明文件。

土地登記規則第122條之1規定，遺產清理人就其所管理之土地申請遺產清理人登記時，應提出經法院選任之證明文件。

四、遺贈登記之申請

依土地登記規則第123條規定，受遺贈人申辦遺贈之土地所有權移轉登記，應由繼承人先辦繼承登記後，由繼承人會同受遺贈人申請之；如遺囑另指定有遺囑執行人時，應於辦畢遺囑執行人及繼承登記後，由遺囑執行人會同受遺贈人申請之。

前項情形，於繼承人因故不能管理遺產亦無遺囑執行人時，應於辦畢遺產清理人及繼承登記後，由遺產清理人會同受遺贈人申請之。

第1項情形，於無繼承人或繼承人有無不明時，仍應於辦畢遺產管理人登記後，由遺產管理人會同受遺贈人申請之。

第七章 │ 他項權利登記

第一節　他項權利登記之意義、性質、要件、文件

一、他項權利登記意義及他項權利種類

(一) 他項權利登記

他項權利登記，乃指所有權以外之其他物權登記，包括地上權、農育權、不動產役權、抵押權、典權、耕作權之設定、移轉、權利內容變更登記等。土地法第11條規定「土地所有權以外設定他項權利之種類，依民法之規定」，依民法第三編物權有地上權、農育權、不動產役權、抵押權、典權五種，而土地法第133條規定關於耕作權之取得為「公有荒地，承墾人自墾竣之日起，無償取得所領墾地之耕作權，應辦理耕作權登記」，以上六種財產權之登記即稱為他項權利登記。

(二) 他項權利之種類

他項權利，計區分有地上權、不動產役權、典權、農育權、耕作權（以上五種為用益物權）、抵押權（擔保物權）等六種。

1. 地上權

(1) 普通地上權

第832條稱普通地上權者，謂以在他人土地之上下有建築物或其他工作物為目的而使用其土地之權（民法第832條，99.8.3修正生效）。

(2) 區分地上權

第841條之1稱區分地上權者，謂以在他人土地上下之一定空間範圍內設定之地上權（民法第841-1條，新增，99.8.3生效）。

2. 不動產役權

稱不動產役權者，謂以他人不動產供自己不動產通行、汲水、採光、眺望、電信或其他以特定便宜之用為目的之權（民法第851條，99.8.3修正生效）。

3. 農育權

稱農育權者，謂在他人土地為農作、森林、養殖、畜牧、種植竹木或保育之權。

農育權之期限，不得逾二十年；逾二十年者，縮短為二十年。但以造林、保育為目的或法令另有規定者，不在此限（民法第850-1條，新增，99.8.3生效）。

4. 典權

稱典權者，謂支付典價在他人之不動產為使用、收益，於他人不回贖時，取得該不動產所有權之權（民法第911條，99.8.3修正生效）。

5. 耕作權

承墾人自墾竣之日起，無償取得所領墾地之耕作權，應即依法向該管直轄市或縣（市）地政機關聲請為耕作權之登記。但繼續耕作滿十年者，無償取得土地所有權。

前項耕作權不得轉讓。但繼承或贈與於得為繼承之人，不在此限。

第一項墾竣土地，得由該管直轄市或縣（市）政府酌予免納土地稅二年至八年（土地法第133條）。

二、他項權利之性質

(一) 他項權利屬所有權之負擔。

(二) 他項權利中不得設定具有獨占性不相容物權。

(三) 成立在先之物權優先於後物權。

(四) 他項權利登記之先後，依土地登記規則第9條其權利次序除法律另有規定外，應依登記之先後。

(五) 抵押權後得設定其他權利：民法第866條「不動產所有人設定抵押

權後，於同一不動產上，得設定地上權或其他以使用收益為目的之物權，或成立租賃關係。但其抵押權不因此而受影響。」。

三、他項權利登記之要件

(一) 須土地或建物已辦竣所有權登記

依土地登記規則第11條規定，未經登記所有權之土地，除法律或土地登記規則另有規定外，不得為他項權利登記或限制登記。他項權利為所有權以外之限制物權，以所有權為標的物而設定，如土地或建物尚未辦理所有權登記者，無從為他項權利之登記，他項權利無所附麗。

(二) 須以書面為之

民法第758條「不動產物權，依法律行為而取得、設定、喪失及變更者，非經登記，不生效力。前項行為，應以書面為之。」設定者即創設確定法律關係也，書面契約尤須以文字表示之要式行為，如有欠缺設定行為尚未成立，無從辦理他項權利登記，另他項權利移轉或內容變更登記，同樣應以書面為之始得辦理。

(三) 須經登記並生效

民法第758條第1項規定：「不動產物權，依法律行為而取得、設定、喪失及變更者，非經登記，不生效力。」民法第759條規定：「因繼承、強制執行、公用徵收或法院之判決，於登記前已取得不動產物權者，應經登記，始得處分其物權。」登記完畢發生絕對之公信力，得於法令限制範圍內，按其權利之性質及範圍為使用收益或支配之權。

(四) 須不違背強制或禁止之規定

民法第71條前項「法律行為，違反強制或禁止之規定者無效」，如林、漁等之土地，不得設定外國人。已公告徵收之土地，不得再設定抵押權。抵押權不得作為抵押設定之標的。保險業提供其不動產為債務擔保，應經財政部核准。不動產役權不得設定抵押權。

(五) 須所有權因登記而受限制

民法第765條「所有權人，於法令限制範圍內，得自由使用、收益、處分其所有物，並排除他人之干涉。」但所有權人得設定他項權利而使所有權功能受限制，如地上權、農育權、不動產役權及典權等為用益物權，他項權利登記後所有權人使用收益之權，即由他項權利人取得。而普通抵押權指債權人對於債務人或第三人不移轉占有，而供其債權擔保之不動產，得就該不動產賣得價金優先受償之權，故所有權之權能因設定他項權利而受限制。

四、他項權利之申請期限

土地總登記後，土地權利有移轉、分割、合併、設定、增減或消滅時，應為變更登記（土地法第72條）。土地權利變更登記，應於土地權利變更後（設定契約訂立）一個月內為之，聲請逾期者，每逾一個月得處應納登記費額一倍之罰鍰。但最高不得超過二十倍（土地法第73條）。

土地總登記後設定之他項權利或已登記之他項權利如有移轉或內容變更時，應於其權利取得或移轉變更（契約訂定）後一個月內申請登記。如係他項權利繼承移轉登記者，得自繼承之日起六個月內為之（土地登記規則第33條參照）。

五、他項權利登記之申請文件

依土地登記規則第34條規定，申請登記除依本規則另有規定外，應提出下列文件：
(一) 登記申請書。
(二) 登記原因證明文件：因契約合意檢附公定契約書，法院判決時應檢附判決書，地方法院、高等法院檢附確定證明書。
(三) 已登記者其土地或建物所有權狀或他項權利證明書。
(四) 申請人身分證明：如自然人之戶籍謄本或身分證、戶口名簿影本，法人時法人登記證明文件及代表人資格證明，能以電腦處理達成查詢者，得免提出。
(五) 其他由中央地政機關規定應提出之證明文件，如第三人承諾書或同意書，法人為登記義務人時提出法人登記機關核發之代表印鑑證明或其他足資證明之文件。

第二節　抵押權之意義、特性、取得原因、種類

一、抵押權及抵押權登記之意義

民法第860條「稱普通抵押權者，謂債權人對於債務人或第三人不移轉占有而其債權擔保之不動產，得就該不動產賣得價金優先受償之權。」本條所稱普通抵押權，亦稱一般抵押權。故抵押權僅將不動產之交換價值，以擔保債權之清償為目的之擔保物權，無須將標的物移轉與權利人占有，設定人仍可繼續為原來之使用、收益或將所有權讓與他人，並可就同一不動產設定多次序之抵押權，以達活潑金融、促進經濟發展之目的。而抵押權登記之意義，乃指債權人對於債務人或第三人不移轉占有，而供其債權擔保之土地或建物就其賣得價金，優先受償之權，經訂立書面契約向登記機關申辦抵押權所為之登記。

二、抵押權之特性

(一) 從屬性

抵押權以擔保債務之清償為目的，不能離債權而單獨存在，主債權未消滅之前抵押權即繼續存在，故抵押權為債權之擔保，從屬於主債權之權利，故具有從屬性（民法第870條）。

(二) 追及性

民法第867條：「不動產所有人設定抵押權後，得將不動產讓與他人。但其抵押權不因此而受影響」。

(三) 不可分性

民法第868條規定意旨抵押物縱經分割，抵押權不受影響，仍然擔保債權之全部。

(四) 物上代位性

民法第881條：「抵押權除法律另有規定外，因抵押物滅失而消滅。但抵押人因滅失得受賠償或其他利益者，不在此限。抵押權人對於前項抵押人

所得行使之賠償或其他請求權有權利質權，其次序與原抵押權同。給付義務人因故意或重大過失向抵押人為給付者，對於抵押權人不生效力。抵押物因毀損而得受之賠償或其他利益，準用前三項之規定。」民法第862條之1：「抵押物滅失之殘餘物，仍為抵押權效力所及」。

三、抵押權取得原因

(一) 法律行為

如以契約或遺囑之設定行為，或因主債權移轉擔保該債權之抵押權隨同移轉之讓與行為（民法第295條參照），均因法律行為而取得。

(二) 法律事實

若抵押權人為自然人死亡之後，抵押權由其繼承人繼承其債權及抵押設定人死亡，繼承人對於被繼承人之債務，以因繼承所得遺產為限，負清償責任（民法第1148條參照）。

(三) 法律規定

修正施行前89年5月5日民法第513條、國民住宅條例第17、27條所規定之抵押權係依法律規定而取得，亦稱法定抵押權。

四、抵押權擔保債權範圍

民法第861條：「抵押權所擔保者為原債權、利息、遲延利息、違約金及實行抵押權之費用，但契約另有約定者，不在此限。

得優先受償之利息、遲延利息、一年或不及一年定期給付之違約金債權，以於抵押權人實行抵押權聲請強制執行前五年內發生及於強制執行程序中發生者為限。」

五、抵押權效力之範圍

民法第862條、第862條之1、第863條、第864條抵押權之效力除及於抵押之不動產外尚及於從物、變形物、從權利、天然孳息及法定孳息。

六、抵押權之種類

(一) 普通抵押權

　　稱普通抵押權，謂債權人對於債務人或第三人不移轉占有而供其債權擔保之不動產，得就該不動產賣得價金優先受償之權（民法第860條）。

(二) 法定抵押權

　　基於法律規定而發生之抵押權稱之，不以登記為生效要件（最高法院(63) 台上字第1240號判例），修正施行前民法第513條承攬人之法定抵押權，即承攬人之工作為建築物或其他土地上工作物，或為此等工作物之重大修繕者，承攬人就承攬關係所生之債權，對於其工作所附之定作人之不動產有抵押權。國民住宅條例第17條政府出售國宅及基地，因貸款所生之債權，自契約簽訂之日起，債權人對該住宅及基地享有第一順位法定抵押權優先受償。法定抵押權依法律之規定而當然發生，無須登記即可成立（最高法院台(55) 台抗616號）。

(三) 權利抵押權

　　提供土地或建物所有權以外之他項權利設定者，為準抵押權。如以地上權、農育權或典權，均得為抵押權之標的物（民法第882條）。

(四) 最高限額抵押權

　　民法稱最高限額抵押權者，謂債務人或第三人提供其不動產為擔保，就債權人對債務人一定範圍內之不特定債權，在最高限額內設定之抵押權。

　　最高限額抵押權所擔保之債權，以由一定法律關係所生之債權或基於票據所生之權利為限。

　　基於票據所生之權利，除本於與債務人間依前項一定法律關係取得者外，如抵押權人係於債務人已停止支付、開始清算程序，或依破產法有和解、破產之聲請或有公司重整之聲請，而仍受讓票據者，不屬最高限額抵押權所擔保之債權。但抵押權人不知其情事而受讓者，不在此限。最高限額抵押權與一般抵押不同。最高限額抵押係就將來所發生之債權所設定之抵押權，其債權額在結算前並不確定，實際發生之債權額不及最高額時應以其實

際發生之債權額為準（(62) 台上字第776號）。日本民法稱為「根底當」。最高限額抵押權，乃為預定抵押物所擔保債權之最高限額所設定之抵押權，其抵押權所擔保範圍，可包括本金、利息、遲延利息或違約金等，惟仍應受最高限額之限制。如利息等連同本金合併計算已超過最高限額者，其超過部分即無優先受償之權（最高法院75.5.31第十民事庭會議決議、最高法院85年台上字第2065號判例）。易言之，即係限額抵押權。

(五) 準抵押權

　　民法物權編第六章有關抵押權之規定，於前條抵押權（權利抵押權）及其他抵押權準用之（民法第883條）。

第三節　抵押權登記種類、意義、文件、限制

一、抵押權登記種類及意義

(一) 抵押權設定登記

　　債權人對於債務人，或第三人不移轉占有，而供其債權擔保之土地或建物，就其賣得價金優先受償之權，經訂立書面契約後，向該管登記機關所申辦抵押權設定所為之登記。

(二) 抵押權移轉登記

　　抵押權設定後如有讓與、繼承等移轉情事，向該管登記機關申辦抵押權移轉登記。

(三) 抵押權內容變更登記

　　抵押權設定後，其抵押內容如權利種類變更、權利範圍、金額、利息、清償日期、擔保債權確定期日變更、流抵約定變更等有變更情事時，另立他項權利變更契約書，向該管登記機關申辦抵押權內容變更所為之登記。

　　此項變更不包括抵押權人之變更，因抵押權人變更係屬抵押權移轉變更登記，與移轉登記使用同一種他項權利變更移轉契約書。

(四) 抵押權塗銷登記

　　已設定之抵押權在發生抵押權利之拋棄、混同、債務清償、法院判決、債權消滅、存續期間屆滿、提存、抵押物滅失、抵押權實行、抵押權人同意等情形時，由權利人、義務人、債務人或利害關係人之一，以單獨申請方式，向該管登記機關申辦抵押權塗銷登記。

二、抵押權登記之申請文件

　　抵押權登記之申請文件，依照土地登記規則第34條之規定如下：

(一) 登記申請書

(二) 登記原因證明文件

1.抵押權設定登記時，為抵押權設定契約書。
2.抵押權移轉登記與抵押權內容變更登記時，為他項權利移轉變更契約書。
3.抵押權塗銷登記時，為清償證書、拋棄書、同意書、判決書與判決確定證明書，抵押權塗銷同意書。

(三) 已登記者，其所有權狀或他項權利證明書

1.抵押權設定時之土地建物所有權狀或地上權、典權、永佃權設定時之他項權利證明書。
2.抵押權移轉、內容變更、塗銷登記時之他項權利證明書。

(四) 申請人身分證明

1.權利人、義務人之身分證明文件。
2.義務人之印鑑證明或替代方案（權利人為金融機構、保險公司，義務人為自然人免附）。

(五) 其他由中央機關規定應提出之證明文件

1.建築執照或其他建築許可文件：承攬人依民法第513條規定申請預為抵押權登記時檢附之。

2.第三人同意：抵押權次序讓與申辦抵押權內容變更登記時之中間次序
抵押權人之同意及其印鑑證明或替代方案。

3.申請抵押權設定登記，其抵押人非債務人時（第三人債務），契約書
及登記申請書應經債務人簽名或蓋章（土地登記規則第111條）。

4.委託書（土地法第37條之1、土地登記規則第37條）。

5.地政規費收據（土地法第67、76條、土地登記規則第47條）。

三、抵押權內容變更登記

(一) 內容變更之項目

1.債務人、義務人；2.利息、遲延利息、違約金；3.清償日期；4.權利金
額；5.擔保物增加、減少；7.抵押權次序變更；8.擔保債權確定期日變更；
9.流抵約定變更；10.權利內容等變更。

(二) 擔保物增加

抵押權設定登記後，另增加一宗或數宗土地權利共同為擔保時，應就增
加部分辦理抵押權（設定）登記（免登記費），並就原設定部分辦理抵押權
內容變更登記（土地登記規則第113條）。

(三) 擔保物減少

以數宗土地權利為共同擔保，經設定抵押權登記後，就其中一宗或數宗
土地權利，為抵押權之塗銷（全部）或變更（部分塗銷）時，應辦理抵押權
部分塗銷登記及抵押權內容變更登記（土地登記規則第114條）。

(四) 擔保債權金額增加

抵押權因增加擔保債權金額申請登記時，除經後次序他項權利人及後次
序抵押權之共同抵押人同意辦理抵押權內容變更登記外，應就其增加金額部
分另行辦理設定登記（土地登記規則第115條第2項）。

(五) 抵押權次序變更登記

同一標的之抵押權因次序變更申請權利變更登記，應符合下列各款規
定：

1. 因次序變更致先次序抵押權擔保債權金額增加時，其有中間次序之他項權利存在者，應經中間次序之他項權利人同意。
2. 次序變更之先次序抵押權已有民法第870條之1規定之次序讓與或拋棄登記者，應經該次序受讓或受次序拋棄利益之抵押權人同意。

前項登記，應由次序變更之抵押權人會同申請；申請登記時，申請人並應於登記申請書適當欄記明確已通知債務人、抵押人及共同抵押人，並簽名（土地登記規則第116條）。

四、土地登記規則相關抵押權登記導讀

(一) 第三人同意：申請登記須第三人同意者（如前述抵押權次序變更之中間次序抵押權人），應檢附第三人同意書或由第三人在登記申請書內註明同意事由，並檢附印鑑證明或替代方案（土地登記規則第44條）。
(二) 申請為抵押權設定之登記，其抵押人非債務人時，契約書及申請書應經債務人簽名或蓋章（土地登記規則第111條）。
(三) 以不屬同一登記機關管轄之數宗土地權利為共同擔保設定抵押權時除第3條第3項另有規定外，應訂立契約分別向土地所在地之登記機關申請登記（土地登記規則第112條）。
(四) 同一土地權利設定數個抵押權登記後，其中一抵押權因債權讓與為變更登記時，原登記之權利先後，不得變更（土地登記規則第115條第1項）。
(五) 專有部分不得與其所屬建築物共用部分之應有部分及其基地所有權或地上權之應有部分分離而為移轉或設定負擔（公寓大廈管理條例第4條第2項）。
(六) 抵押權不得作為抵押權設定之標的（內政部42.4.1台內地字第26040號函）。
(七) 已辦理查封登記之土地，由原假處分登記之債權人持憑法院確定判決並檢具法院民事執行處或行政執行分署核發查無其他債權人併案查封或無調卷拍賣證明書申請抵押權設定登記，應予受理（土地登記規則第141條參照）。
(八) 為保全土地所有權移轉之請求權，已辦理預告登記土地，再申辦他項權利設定登記，應檢附預告登記請求權人之同意書（限制登記作業補充規

定第2點）。

(九) 承攬人依民法第513條規定申請為抵押權登記或預為抵押權登記，除應提出第34條及第40條規定之文件外，並應提出建築執照或其他建築許可文件，會同定作人申請之。但承攬契約經公證者，承攬人得單獨申請登記，登記機關於登記完畢後，應將登記結果通知定作人。

承攬人就尚未完成之建物，申請預為抵押權登記時，登記機關應即暫編建號，編造建物登記簿，於他項權利部辦理登記（土地登記規則第117條）。

(十) 共同擔保限定負擔債權金額及變更登記方式：以數宗土地權利為共同擔保，申請設定抵押權登記時，已限定各宗土地權利應負擔之債權金額者，登記機關應於登記簿記明之；於設定登記後，另為約定或變更限定債權金額申請權利內容變更登記者，亦同（土地登記規則第114條之1）。

前項經變更之土地權利應負擔債權金額增加者，應經後次序他項權利人及後次序抵押權之共同抵押人同意。

(十一) 普通抵押權擔保債權金額、種類等應經登記：申請普通抵押權設定登記時，登記機關應於登記簿記明擔保債權之金額、種類及範圍；契約書訂有利息、遲延利息之利率、違約金或其他擔保範圍之約定者，登記機關亦應於登記簿記明之（土地登記規則第111條之1）。

(十二) 債權分割申請抵押權分割登記方式：以一宗或數宗土地權利為擔保之抵押權，因擔保債權分割而申請抵押權分割登記，應由抵押權人會同抵押人及債務人申請之（土地登記規則第114條之2）。

(十三) 最高限額抵押權債權範圍、確定期日或變更之登載方式：申請最高限額抵押權設定登記時，登記機關應於登記簿記明契約書所載之擔保債權範圍。

前項申請登記時，契約書訂有原債權確定期日之約定者，登記機關應於登記簿記明之：於設定登記後，另為約定或於確定期日前變更約定申請權利內容登更登記者，亦同。

前項確定期日之約定，自抵押權設定時起，不得逾三十年。其因變更約定而申請權利內容變更登記者，自變更之日起，不得逾三十年（土地登記規則第115條之1）。

(十四) 最高限額抵押權變更為普通抵押權之登記方式：最高限額抵押權因原

債權確定事由發生而申請變更為普通抵押權時，抵押人應會同抵押權人及債務人就結算實際發生之債權額申請為權利內容變更登記。

前項申請登記之債權額，不得逾原登記最高限額之金額（土地登記規則第115條之2）。

(十五) 普通抵押權次序讓與或拋棄登記要件及處理程序：同一標的之普通抵押權，因次序讓與申請權利內容變更登記者，應由受讓人會同讓與人申請；因次序拋棄申請權利內容變更登記者，得由拋棄人單獨申請之。

前項申請登記，申請人應提出第34條及第40條規定之文件，並提出已通知債務人、抵押人及共同抵押人之證明文件（土地登記規則第116條之1）。

(十六) 流抵約定移轉登記申請方式：申請抵押權設定登記時，契約書訂有於債權已屆清償期而未為清償時，抵押物之所有權移屬於抵押權人之約定者，登記機關應於登記簿記明之；於設定登記後，另為約定或變更約定申請權利內容變更登記者，亦同。

抵押權人依前項約定申請抵押物所有權移轉登記時，應提出第34條及第40條規定之文件，並提出擔保債權已屆清償還之證明，會同抵押人申請之。

前項申請登記，申請人應於登記申請書適當欄記明確依民法第873條之1第2項規定辦理，並簽名（土地登記規則第117條之1）。

(十七) 質權人申請抵押設定或移轉登記之程序及文件：質權人依民法第906條之1第1項規定代位申請土地權利設定或移轉登記於出質人時，應提出第34條、第40條規定之文件及質權契約書，會同債務人申請之。

前項登記申請時，質權人應於登記申請書適當欄記明確已通知出質人並簽名，同時對出質人取得之該土地權利一併申請抵押權登記。

前二項登記，登記機關於登記完畢後，應將登記結果通知出質人（土地登記規則第117條之2）。

第四節 地上權登記之意義、種類、時效取得法令、要件、程序

一、地上權登記之意義、種類

民法第832條「稱普通地上權者，謂以在他人土地上下有建築物或其他工作物為目的而使用其土地之權」，地上權有調和地權分配與促進土地利用之效能，為取得在他人土地上建築房屋等之使用權源，地上權人得依法取得地上權，並辦理登記，茲將取得地上權之登記分述如下：

(一) 地上權設定登記

地上權，係土地所有權之創設物權，設定地上權由當事人合意訂定地上權設定契約書，當事人一方約定以支付地租或無償方式與他方，由他方以其所有土地供其建築或工作物為目的之契約，持向登記機關申辦地上權設定所為之登記，或因時效取得地上權所為之登記，謂之地上權設定登記。

(二) 地上權移轉登記

地上權人得將其權利讓與他人或設定抵押權。但契約另有約定或另有習慣者，不在此限。前項約定，非經登記，不得對抗第三人。地上權與其建築物或其他工作物，不得分離而為讓與或設定其他權利，此為民法第838條所明定。地上權讓與可分為全部讓與及一部讓與，故地上權移轉乃指地上權如有讓與、繼承等移轉情事，向該管登記機關申辦地上權移轉所為之登記。

(三) 地上權內容變更登記

已向登記機關辦妥登記之地上權因當事人之意思，變更地上權之存續期間、地租、權利範圍、利息等，當事人訂定地上權內容變更契約書辦理地上權內容變更登記。

(四) 準地上權登記

土地法第102條規定：「租用基地建築房屋，應由出租人與承租人於契約成立二個月內，聲請該管地政機關為地上權登記」，本條租地建屋性質原

為租賃權，惟登記為地上權後，其效力與地上權無異，通稱為準地上權，其登記學理上即為準地上權登記。

(五) 法定地上權登記

民法第876條規定，設定抵押權時，土地及其土地上之建築物，同屬於一人所有，而僅以土地或僅以建築物為抵押者，於抵押物拍賣時，視為已有地上權之設定，其地租、期間及範圍由當事人協議定之。不能協議者，得聲請法院以判決定之。

設定抵押權時，土地及其土地上之建築物，同屬於一人所有，而以土地及建築物為抵押者，如經拍賣，其土地與建築物之拍定人各異時，適用前項之規定。

(六) 時效取得地上權登記

依民法第772條準用民法第769條及第770條規定以行使地上權之意思，二十年間和平、公然、繼續在他人地上有建築物或其他工作物或竹木者，無論該他人土地已否登記，均得請求登記為地上權人（最高法院 (60) 台上字第1317號判例及 (60) 台上字第4195號判例），故時效完成得請求登記為地上權（參閱拙著《地上權、地役權、抵押權之物權法律關係解析暨登記實務》，五南圖書出版）。

二、申請時效取得地上權登記之法令規定

(一) 民法第772條規定

前五條之規定，於所有權以外財產權之取得，準用之。於已登記之不動產，亦同。

(二) 民法第769條規定

以所有之意思，二十年間和平、公然、繼續占有他人未登記之不動產者，得請求登記為所有人。

(三) 民法第770條規定

以所有之意思，十年間和平、公然、繼續占有他人未登記之不動產，而

其占有之始為善意並無過失者，得請求登記為所有人。

(四) 最高法院 (60) 台上字第4195號判例

凡以行使地上權之意思，二十年間和平繼續公然在他人地上有建築物，或其他工作物或竹木者，無論他人土地登記已否，均得請求登記地上權。

(五) 土地登記規則第118條規定

土地總登記後，因主張時效完成申請地上權登記時，應提出以行使地上權意思而占有之證明文件及占有土地四鄰之證明或其他足資證明，開始占有至申請登記時繼續占有事實之文件。前項登記之申請，經登記機關審查證明無誤應即公告。

公告期間為三十日，並同時通知土地所有權人。

土地所有權人在前項公告期間內，如有異議，依土地法第59條第2項規定處理。前四項規定，於因主張時效完成申請不動產役權、農育權登記時準用之。

三、時效取得地上權登記要件

(一) 占有人須以行使地上權之意思而占有。
(二) 他人土地不以未登記為限。
(三) 須和平占有、繼續占有、公然占有。
(四) 須經過一定之期間。
(五) 須請求登記為地上權人。
(六) 開始占有時及申請登記時繼續占有之事實。
(七) 占有之標的物為建築物時，不以合法建物為限。

四、時效取得地上權之登記程序

時效取得地上權登記，應由占有人檢附登記申請書、證明文件依土地登記規則第108條第2項申請之占有範圍位置圖等單獨申請登記，經登記機關審查證明無誤，應即公告，公告期間為三十日，並同時通知土地所有權人。公告期滿，若無人提出異議，則為取得地上權登記，發給他項權利證明。

遇有異議涉及權利爭執時的處理方式：依土地登記規則第118條第4項規

定，土地所有權人在前項公告期間內，如有異議，依土地法第59條第2項規定處理。按土地法第59條第2項規定：因異議而生土地權利爭執時，應由該管直轄市或縣（市）地政機關予以調處，不服調處者，應於接到調處通知後十五日內，向司法機關訴請處理，逾期不起訴者，依原調處結果辦理之。

第五節　典權登記意義、種類、法令規定

一、典權設定登記之意義

　　典權者，謂支付典價在他人之不動產為使用、收益，於他人不回贖時，取得該不動產所有權之權（民法第911條），經雙方訂立書面契約，向該管登記機關申辦典權設定所為之登記，謂之典權設定登記。典權之設定，因以整筆土地或整棟建物全部設定為原則，但亦得於一宗土地內之特定部分設定之，惟應依土地登記規則第108條於一宗土地內就其特定部分申請設定地上權、不動產役權、典權或農育權登記時，應提出位置圖。因主張時效完成，申請地上權、不動產役權或農育權登記時，應提出占有範圍位置圖。前二項位置圖應先向該管登記機關申請土地複丈。

二、典權移轉登記意義

　　典權設定後，如有讓與、轉典、繼承等移轉情事經訂立書面契約，向該管登記機關申辦典權移轉所為之登記，謂之典權移轉登記，民法第917條規定典權人得將典權讓與他人或設定抵押權，典物為土地，典權人在其上有建築物者，其典權與建築物，不得分離而為讓與或其他處分。已登記之典權經法院拍賣、判決、和解、調解等原因移轉者，亦屬典權移轉。

三、典權內容變更登記之意義

　　典權設定後，如權利範圍、典期、典價金額等有變更情事，經訂立書面契約，向該管登記機關申辦典權內容變更登記。

四、典權登記法令規定

(一) 放棄優先承典權證明書

出租人出典耕地時，承租人有依同樣條件優先承典之權（土地法第107條）。農地上有租賃關係者，設定典權時，若非承租人承典，應檢附放棄優先承典權證明書。

(二) 於一宗土地內就其特定部分設定地上權、不動產役權、典權或農育權，申請登記時，應提出位置圖

因主張時效完成，申請地上權、不動產役權或農育權登記時，應提出占有範圍位置圖。

前二項位置圖應先向該管登記機關申請土地複丈（土地登記規則第108條）。

第六節　不動產役權、農育權

一、不動產役權設定登記之意義

民法第851條「稱不動產役權者，謂以他人不動產供自己不動產通行、汲水、採光、眺望、電信或其他以特定便宜之用為目的之權。」，雙方當事人經訂立書面契約向該管登記機關申辦地役權設定所為之登記謂之。使用土地之程度有以通行為目的，有以觀望為目的，復以引水為目的，其類不一，悉依設定行為定之。

二、農育權設定登記之意義

民法第850-1條「稱農育權者，謂在他人土地為農作、森林、養殖、畜牧、種植竹木或保育之權。農育權之期限，不得逾二十年；逾二十年者，縮短為二十年。但以造林、保育為目的或法令另有規定者，不在此限。」雙方當事人經訂立書面契約向該管登記機關申辦設定所為之登記謂之。如定有期限則不受物權之保障。

三、不動產役權、農育權移轉登記之意義

不動產役權、農育權設定後如有讓與、繼承等移轉情事，向該管登記機關申辦不動產役權、農育權所為之登記謂之。

四、不動產役權、農育權內容變更登記之意義

不動產役權、農育權設定後，如權利範圍、利息或地租、權利存續期限等有變更情事，向該管登記機關申辦不動產役權、農育權內容變更所為之登記。

第七節　耕作權登記及移轉登記

一、耕作權登記之意義

依據土地法第133條規定，公有荒地承墾人自墾竣之日起，無償取得所領墾地之耕作權，經依法向該管直轄市或縣（市）登記機關申請耕作權所為之登記（民法則無該項權利之規定），其重要內容如下：
(一) 承墾人無償取得耕作權，並依法辦理耕作權登記。
(二) 承墾人自辦妥耕作權登記之日起算繼續耕作滿十年無償取得所有權，此即為耕作權期滿取得所有權登記。
(三) 耕作權不准轉讓，但因繼承或贈與得為繼承人者，不在此限。
(四) 墾竣土地，免納土地稅二至八年。

二、耕作權移轉登記

耕作權設定後，贈與得為繼承之人或因繼承等移轉情事，向該管登記機關申辦耕作權移轉所為之登記謂之。

第八章 │ 限制登記

第一節　限制登記之意義、種類、性質、效力

一、限制登記之意義

　　所謂限制登記，依土地登記規則第136條第1項規定乃限制登記名義人處分其土地權利所為之登記。易言之即限制登記名義人對於其土地或建物權利之一部或全部之處分權，以保全請求權人之法益所為之登記。限制登記經登記機關於登記完畢之時，登記名義人不得就其所有之土地或建物權利為移轉或分割或設定負擔等處分行為。

二、限制登記之種類

(一) 限制登記之種類，依土地登記規則第136條第2項規定，包括預告登記、查封、假扣押、假處分或破產登記，及其他依法律所為禁止處分之登記，其中除預告登記應經登記名義人同意始得辦理，屬任意性之限制登記外，其餘均屬強制性之限制登記，無須登記名義人同意。法院囑託登記機關即刻辦理，如有土地法第75條之1情事登記尚未完畢（指土地登記規則第6條所指）前登記機關接獲法院查封、假扣押、假處分或破產登記之囑託時應即改辦查封、假扣押、假處分或破產登記，並通知聲請人。如聲請人（權利人）已依土地法第75條規定辦妥登記完畢手續時，登記機關應即將無從辦理之事實函復法院。

(二) 其他依法律所為禁止處分之登記，係由行政機關所為之限制登記，包括下列：

1. 防止逃稅之限制登記

　　稅捐稽徵法第24條第1項規定「納稅義務人欠繳應納稅捐者，稅捐稽徵機關得就納稅義務人相當於應繳稅捐數額之財產，通知有關機關，不得為移

轉或設定他項權利；其為營利事業者，並得通知主管機關，限制其減資或註銷之登記。」。

2. 實施土地重劃之限制登記

依都市計畫法第58條、平均地權條例第59條規定直轄市及縣（市）主管機關為促進土地建築使用或為開發新都市、新社區，得選擇適當地區辦理土地重劃並禁止土地處分，期間為不得超過一年六個月。

3. 實施區段徵收之限制登記

依平均地權條例第53條規定各級政府為都市發展或開發新社區之需要，得選擇適當地區施行區段徵收，區段徵收地區選定後，得由實施區段徵收機關，報經上級政府核定後，公告禁止區段內土地之移轉、分割、設定負擔、新建、增建、改建或重建及採取土石或變更地形，但禁止期間不得超過一年六個月。

4. 為國軍眷村改建房屋之必要之限制登記

依國軍老舊眷村改建條例之第24條之規定，由主管機關配售之住宅，除依法繼承者外，承購人自產權登記之日起未滿五年，不得自行將住宅及基地出售、出典、贈與或交換。

前項禁止處分，於建築完工交屋後，由主管機關列冊囑託當地土地登記機關辦理土地所有權移轉登記及建築改良物所有權第一次登記時，並為禁止處分之限制登記。

5. 為監管清理之必要之限制登記

依銀行法第62條之1之規定，銀行經主管機關派員監管、接管或勒令停業進行清理時，主管機關對銀行及其負責人或有違法嫌疑之職員，得通知有關機關或機構，禁止其財產為移轉、交付或設定他項權利，並得函請入出境許可之機關限制其出境。

6. 為防治土壤污染之必要之限制登記

土地污染防制條例第15條規定主管機關對於整治場地之污染行為人或污

染土地關係人之土地應囑託土地所在地之登記機關辦理土地禁止處分之登記。

三、限制登記之性質

限制登記，係指已完成登記之土地或建物，因債權人與債務人發生債務糾葛，債權人為保全其請求權而暫時凍結登記名義人之所有權或他項權利處分或設定負擔，並限制其發生有足以妨礙債權人請求權權益之行為，而依法定程序，向登記機關所為禁止債務人新登記之一種請求權登記。

(一) 預為保全之請求權

限制登記，係權利人預為保全權益之請求權，並暫時凍結登記名義人財產之物權移轉、設定負擔或其他足以妨礙之行為。係基於當事人聲請或法院囑託，將已登記之他人土地、建物權利暫時維持原來狀態之登記。旨在限制登記名義人任意處分其權利，以保全請求權人之權益。

(二) 應停止登記之進行

未經登記所有權之土地，除法律或本規則另有規定外，不得為他項權利登記或限制登記（土地登記規則第11條）。前述所稱：「除本規則另有規定」，係指未登記建物之限制登記（土地登記規則第139條、地籍測量實施規則第269條）土地登記申請中，經囑託查封、假扣押、假處分、暫時處分、破產登記或因法院裁定而為清算登記或禁止處分登記者，應停止登記之進行。

四、限制登記之效力

土地或建物被實施查封後，債務人就查封物所為移轉、設定負擔其他有礙執行效果之行為，對於債權人不生效力，強制執行法第51條訂有明文。

土地登記規則第141條，土地經辦理查封、假扣押、假處分、暫時處分、破產登記或因法院裁定而為清算登記後，未為塗銷前，登記機關應停止與其權利有關之新登記，但有下列情形之一為登記者不在此限：

(一) 徵收、區段徵收或照價收買

此為國家推行政策之公行為，自不受查封等登記之約束。

(二) 依法院確定判決申請移轉、設定或塗銷登記之權利人為原假處分登記之債權人者

被查封之土地或建物由原債權人承受，自不受該查封等登記之拘束。

(三) 公同共有繼承

繼承人依法取得繼承之土地或建物所有權係既成事實而非另行處分行為，是以此種依民法繼承編之移轉行為自不受查封等登記之限制，易言之，登記簿雖有記載查封等記事，仍可辦理繼承登記。

(四) 其他無礙禁止處分之登記

如就查封等之土地上申請土地複丈、土地建物標示變更、地籍圖重測、權狀補發登記等。

有前項第2款情形者，應檢具法院民事執行處或行政執行分署核發查無其他債權人併案查封或調卷拍賣證明書件。

第二節　查封、假扣押、假處分及破產登記

一、查封登記

查封為強制執行的方法之一，強制執行法第75條第1項規定：「不動產之強制執行，以查封、拍賣、強制管理之方法行之。」同法第76條查封不動產之方法以揭示、封閉、追繳契據行之。同法第11條第1項規定：「供強制執行之財產權，其取得、設定、喪失或變更，依法應登記者，為強制執行時，執行法院應即通知該管登記機關登記其事由。」可見查封登記，係執行法院應債權人之請求，依強制執行法就提供強制執行之不動產，囑託登記機關為限制該不動產處分之登記。因不動產之得、喪、變更經登記後有絕對效力，為貫徹查封之效力，防止該已被查封之不動產，再為移轉或設定他項權利等有妨害執行效果之登記，執行法院於不動產實施查封後，應即通知登記

機關為查封登記。而查封登記，實即為對債務人之不動產所為限制處分之登記，此項查封登記之通知，執行法院得依債權人之申請核准強制執行並囑託登記機關登記，可知查封之目的在拘束債務人對於其財產之處分，查封一經實施，立即發生效力，保護債權人及第三人之利益，以阻止債務人脫產，貫徹強制執行之效力，至判決確定前之假執行之囑託、查封登記亦同。

二、假扣押

假扣押，係債權人就金錢請求或得易為金錢請求之請求，欲保全強制執行者，得向法院申請假扣押。此屬民事訴訟法上之保全程序，債權人為保全其本身之權益，對於其對債務人之金錢請求或得易為金錢請求之請求，因有日後不能強制執行或執行困難者得申請法院對債務人之財產暫行扣押。假扣押本身為強制執行之執行名義之一，假扣押之執行，亦以查封之方法為之，對於不動產執行假扣押時，必須由法院囑託登記機關為假扣押之登記，其效力及一般有關規定與查封登記相同，申請移轉登記應駁回其登記之申請。假扣押非日後不能強制執行或恐難執行者不得為之，所謂不能強制執行，如債務人浪費財產、增加負擔或就其財產為不利益之處分將成為無資力之情形，所謂恐難執行如債務人將移往遠方或逃匿是也。

三、假處分

假處分，係債權人就金錢請求以外之請求，欲保全強制執行者，得申請假處分，假處分非因請求標的之現狀變更，有日後不能強制執行，或執行困難者不得為之。假處分亦為保全程序之一，民事訴訟法第538條於爭執之法律關係有定暫時狀態之必要者亦得為此聲請。假處分對於不動產之執行，亦由法院囑託登記機關為之，其效力與查封、假扣押相同，有關規定亦相同。

四、破產登記

債務人不能清償其債務者，法院因債權人或債務人之申請宣告破產，法院為破產宣告時，就破產人或破產財團有關之登記應即通知登記機關，囑託為破產之登記。

第三節　土地登記規則關於限制登記之相關規定

一、法院囑託辦理查封登記

(一) 囑託登記之意義：所謂囑託登記，係指政府機關或法院將土地權利變更事項，囑託該不動產管轄登記機關所為之登記，稱為「囑託登記」。

(二) 土地總登記後，法院或行政執行分署囑託登記機關辦理查封、假扣押、假處分、暫時處分、破產登記或因法院裁定而為清算登記時，應於囑託書內記明登記之標的物標示及其事由。登記機關接獲法院或行政執行分署之囑託時，應即辦理，不受收件先後順序之限制。

(三) 登記標的物如已由登記名義人申請移轉或設定登記而尚未登記完畢者，應即改辦查封、假扣押、假處分、暫時處分、破產或清算登記，並通知登記申請人。

(四) 登記標的物如已由登記名義人申請移轉與第三人並已登記完畢者，登記機關應即將無從辦理之事實函復法院或行政執行分署。但法院或行政執行分署因債權人實行抵押權拍賣抵押物，而囑託辦理查封登記，縱其登記標的物已移轉登記與第三人，仍應辦理查封登記，並通知該第三人及將移轉登記之事實函復法院或行政執行分署。
　　(二)至(四)項之規定，於其他機關依法律規定囑託登記機關為禁止處分之登記，或管理人持法院裁定申請為清算之登記時，準用之。
　　（土地登記規則第138條參照）

二、未登記建物辦理限制登記

(一) 法院或行政執行分署囑託登記機關，就已登記土地上之未登記建物辦理查封、假扣押、假處分、暫時處分、破產登記或因法院裁定而為清算登記時，應於囑託書內另記明登記之確定標示以法院或行政執行分署人員指定勘測結果為準字樣。

(二) 前項建物，由法院或行政執行分署派員定期會同登記機關人員勘測。勘測費，由法院或行政執行分署命債權人於勘測前向登記機關繳納。

(三) 登記機關勘測建物完畢後，應即編列建號，編造建物登記簿，於「所有權部」辦理查封、假扣押、假處分、暫時處分、破產或清算登記。並將該建物登記簿及平面圖與位置圖之影本函送法院或行政執行分署。

(四) 前三項之規定，於管理人持法院裁定申請為清算之登記時，準用之。
（土地登記規則第139條）。

三、同一標的不同限制登記囑託競合處理方式

對於同一限制登記之標的，先後有不同限制登記，囑託登記機關辦理，
依下列方式處理。

(一) 同一土地經辦理查封、假扣押或假處分登記後，法院或行政執行分署再
囑託為查封、假扣押或假處分登記時，登記機關應不予受理，並復知法
院或行政執行分署已辦理登記之日期及案號（土地登記規則第140
條）。

(二) 經法院或行政執行分署囑託「查封、假扣押、假處分、暫時處分、破產
登記或因法院裁定而為清算登記」後，其他機關再依法律囑託禁止處分
登記時，登記機關應予登記，並將登記之事由分別通知有關機關（土地
登記規則第142條第1項第1款參照）。

(三) 經其他機關依法囑託「禁止處分登記」後，法院或行政執行分署再囑託
「查封、假扣押、假處分、暫時處分、破產登記或因法院裁定而為清算
登記」時，登記機關應予登記，並將登記事由分別通知有關機關（土地
登記規則第142條第1項第2款參照）。

第四節　預告登記之意義、要件、原因、效力、文件

一、預告登記之意義

預告登記係預為保全對於他人土地或建物權利得、喪、變更登記之請求
權所為之登記。其目的在防止登記名義人對其土地或建物權利為妨害保全請
求權所為之處分。不同於一般法院之查封登記或假扣押、假處分等，係由雙
方當事人間約定，為保障將來之處分或所承受之權利，於事前先辦理保全其
請求權，並排除登記名義人妨礙請求權所為之登記。

二、預告登記之要件

(一) 須經登記名義人之同意

依土地法第79條之1第1項前段規定：「聲請保全請求權之預告登記，應由請求權人檢附登記名義人之同意書為之。」上述同意書應依土地登記規則第137條規定登記名義人除符合第41條第2款、第4-8款及第10款規定之情形外，應親自到場。

(二) 預告登記須有請求權人

預告登記之聲請人，非原登記土地權利之權利人，或義務人，而係基於一定事實或法律行為之請求權人亦即第三人。也就是說無論其請求權已否確定或附有條件，必須有請求權之人始得為之，該請求權人並依預告登記之種類保全其請求權之利益。

(三) 須以他人經登記之土地或建物權利為對象

土地登記規則第11條規定：「未經登記所有權之土地，除法律或本規則另有規定外，不得為他項權利登記或限制登記。」故預告登記之標的物需以辦竣登記之土地或建物之所有權或他項權利為必要。

(四) 預告登記須為保全土地權利之移轉、消滅或內容或次序變更之請求權

預告登記以保全土地及建物權利之移轉、消滅或其內容或次序之變更為標的，並非保全土地或建物權利之本身。換言之，乃保全債權之請求權，而非保全物權之請求權，否則不得為預告登記。

三、預告登記之原因

(一) 關於土地權利移轉或使其消滅之請求權

所謂「土地權利移轉」，係指土地或建物所有權及他項權利之讓與及當事人因設定行為所生之地上權或抵押權之登記請求權均得為預告登記。所謂「消滅之請求權」，係指塗銷權利之請求權，如債務清償而生之塗銷抵押權

之請求權，例如對於抵押權人約定消滅其次序在前之抵押權時，其抵押權人對於債務人就次序在前之抵押權之消滅請求權。

(二) 關於土地權利內容或次序變更之請求權

所謂「土地權利內容變更」，指土地權利之內容有所變更而言。如地上權存續期間之變更；不動產役權範圍之變更；永佃權地租額之變更，抵押權所擔保債權支付利息之變更；典權回贖期限之變更等為標的之請求權，在未為變更登記前均得為預告登記。另外，所謂「土地權利次序變更」，係指土地權利登記次序之有所變更而言。例如第一順序抵押權人甲，對於第二順序抵押權人乙承諾，讓與其優先順序，則乙對甲有優先順序讓與請求權。為保全其讓與請求權，得聲請預告登記。

(三) 附條件或期限之請求權

預告登記對於附有條件之請求權，或將來之請求權，均得聲請之。

所謂附條件或期限之請求權，係因條件成就或期限屆滿所生有關土地權利之請求權，於條件未成就或期限未屆滿前，得先申辦預告登記，以保障其附條件或期限之請求權。例如某甲答應以樓房一棟贈與某乙，但附帶條件為某乙必須與其女兒結婚，在某乙未與其女兒結婚前，得對某甲之樓房申請預告登記。又如張三答應李四，待其大學畢業後，願將其土地移轉給李四，李四亦得申請預告登記。

四、預告登記之效力

(一) 土地法第79條之1第2項規定

預告登記未為塗銷前，登記名義人就其權利所為之處分，對於所登記之請求權有妨礙者無效。

(二) 預告登記效力之例外

因徵收、照價收買、繼承、法院判決或強制執行而為新登記，無排除之效力。

五、申請預告登記及塗銷預告登記應備文件

(一) 辦理預告登記時，應備文件

    1.登記申請書及登記清冊。

    2.登記名義人之印鑑證明或替代方案。

    3.權利書狀：土地或建物權狀。

    4.身分證明。

    5.委託書：現行登記申請書已載委託關係者免附。

    6.登記名義人同意書：申請預告登記，應提出登記名義人同意書。登記機關於登記完畢時，應通知申請人及登記名義人（土地登記規則第137、69條）。

(二) 預告登記塗銷時，應備文件

    1.登記申請書。

    2.登記清冊。

    3.預告登記塗銷原申請人同意書。

    4.預告登記請求權人與預告登記名義人之身分證明文件。

    5.預告登記請求權人（即原預告登記申請人）之印鑑證明或替代方案。

第九章 | 塗銷登記與消滅登記

第一節　塗銷登記意義、種類、原因、文件

一、塗銷登記之意義

依土地登記規則登記之土地權利，因權利之拋棄、混同、終止、存續期間屆滿、債務清償、撤銷權之行使或法院之確定判決等，致權利消滅時，應申請塗銷登記。

前項因拋棄申請登記時，有以該土地權利為標的物之他項權利者，應檢附該他項權利人之同意書，同時申請他項權利塗銷登記。

私有土地所有權之拋棄，登記機關應於辦理塗銷登記後，隨即為國有之登記（土地登記規則第143條）。

二、塗銷登記之種類

(一) 所有權之塗銷

司法院釋字第379號解釋解釋文

私有農地所有權之移轉，其承受人以能自耕者為限，乃土地法第30條第1項前段所明定申請農地所有權移轉登記者，依（修正前）土地登記規則第82條第1項第1款前段規定（修正後為第87條，現已廢止），應提出承受人自耕能力證明書，登記機關既應就所提自耕能力證明書為形式上的審查，則其於登記完畢後，經該管鄉（鎮、市、區）公所查明承受人不具備自耕能力而撤銷該自耕能力證明書時，其原先所有權移轉登記所據「具有自耕能力」之事由，已失所附麗，原登記機關自得撤銷前此准予登記之處分，逕行塗銷其所有權移轉登記。

(二) 錯誤登記之塗銷（逕為塗銷）

依本規則登記之土地權利，有下列情形之一者，於第三人取得該土地權利之新登記前，登記機關得於報經直轄市或縣（市）地政機關查明核准後塗銷之：

1. 登記證明文件經該主管機關認定係屬偽造。
2. 純屬登記機關之疏失而錯誤之登記。

前項事實於塗銷登記前，應於土地登記簿其他登記事項欄註記（土地登記規則第144條）。

(三) 他項權利之塗銷（單獨申請塗銷）

他項權利塗銷登記除權利終止外，得由他項權利人、原設定人或其他利害關係人提出第34條第1項所列文件，單獨申請之。

前項單獨申請登記有下列情形之一者，免附第34條第1項第2款、第3款之文件：

一、永佃權或不動產役權因存續期間屆滿申請塗銷登記。

二、以建物以外之其他工作物為目的之地上權，因存續期間屆滿申請塗銷登記。

三、農育權因存續期間屆滿六個月後申請塗銷登記。

四、因需役不動產滅失或原使用需役不動產之物權消滅，申請其不動產役權塗銷登記（土地登記規則第145條）。

(四) 預告登記之塗銷

應提出原申請人之同意書及印鑑證明或替代方案。但因徵收、法院確定判決或強制執行者，不在此限（土地登記規則第146條；土地法第79條之1）。

(五) 其他限制登記之塗銷

查封、假扣押、假處分或破產登記或其他禁止處分之登記，應經原囑託登記機關或執行拍賣機關之囑託，始得辦理塗銷登記。但因徵收、區段徵收或照價收買完成後，得由徵收或收買機關囑託登記機關辦理塗銷登記（土地登記規則第147條）。

三、塗銷登記之原因

(一) 拋　棄

　　拋棄，乃權利人使其權利消滅之單獨行為，即物權人不以其物權移轉於他人而使其物權絕對歸於消滅之行為。依民法第764條規定：「物權，除法律另有規定外，因拋棄而消滅。物權除法律另有規定外，因拋棄而消滅。前項拋棄，第三人有以該物權為標的物之其他物權或於該物權有其他法律上之利益者，非經該第三人同意，不得為之。拋棄動產物權者，並應拋棄動產之占有。」。

(二) 混　同

1. 債權混同

　　債權與其債務同歸一人時，債之關係消滅。但其債權為他人權利之標的或法律另有規定者，不在此限（民法第344條）。

2. 物權混同

　　同一物之所有權及其他物權，歸屬於一人者，其他物權因混同而消滅。但其他物權之存續，於所有人或第三人有法律上之利益者，不在此限（民法第762條）。

(三) 存續期間屆滿

　　他項權利除永佃權外大部分皆有存續期間，原則上存續期間屆滿而消滅，依法應辦塗銷登記（民法第840條參照）。

(四) 債務清償

　　民法第307條：「債之關係消滅者，其債權之擔保及其他從屬之權利，亦同時消滅」。債權消滅之原因不以清償為限，如提存、抵銷、免除等，民法第861條抵押權所擔保者為原債權、利息、遲延利息、違約金及實行抵押權之費用。但契約另有約定者，不在此限。得優先受償之利息、遲延利息、一年或不及一年定期給付之違約金債權，以於抵押權人實行抵押權聲請強制執行前五年內發生及於強制執行程序中發生者為限。

(五) 撤銷權之行使

地上權人積欠地租達二年之總額，除另有習慣外，土地所有人得定相當期限催告地上權人支付地租，如地上權人於期限內不為支付，土地所有人得終止地上權。地上權經設定抵押權者，並應同時將該催告之事實通知抵押權人。

地租之約定經登記者，地上權讓與時，前地上權人積欠之地租應併同計算。受讓人就前地上權人積欠之地租，應與讓與人連帶負清償責任。

第一項終止，應向地上權人以意思表示為之（民法第836條）。

(六) 法院之判決

已登記之土地或建物權利如有無效或得撤銷之原因，經真正權利人訴請法院確定判決，應予辦理塗銷登記，其因訴訟上和解或調解塗銷者亦同。

四、塗銷登記之申請文件

已完成總登記之土地或建物權利（如：他項權利登記或限制登記），因發生拋棄、混同或存續期間屆滿、債務清償，或為撤銷權之行使與法院確定判決等原因時，致其已登記之所有權、他項權利或限制登記發生喪失效力之登記。茲依照土地登記規則第34條之基本申請文件，敘明塗銷登記之申請文件如下：

(一) 登記申請書（土地登記規則第34條）。

(二) 原因證明文件（土地登記規則第34條）：

　　1. 清償，債務清償證明書：拋棄時之拋棄書；撤銷權行使、存續期間屆滿、法院判決時之判決書與判決確定證明書。

　　2. 依本規則登記之土地權利，有下列情形之一者，於第三人取得該土地權利之新登記前，登記機關得於報經直轄市或縣（市）地政機關查明核准後塗銷之：

　　　　(1) 登記證明文件經該主管機關認定係屬偽造。

　　　　(2) 純屬登記機關之疏失而錯誤之登記。

　　　　前項事實於塗銷登記前，應於土地登記簿其他登記事項欄註記（土地登記規則第144條）。

　　3. 他項權利塗銷登記，得由他項權利人、原設定人或其他利害關係人提

出第34條所列文件，單獨申請之。

4. 預告登記之塗銷，應提出原申請人之同意書及印鑑證明或替代方案。但因徵收、法院確定判決或強制執行者，不在此限（土地登記規則第146條及土地法第79條之1）。

5. 查封、假扣押、假處分、破產登記或其他禁止處分之登記，應經原囑託登記機關或執行拍賣機關之囑託，始得辦理塗銷登記。但因徵收、區段徵收或照價收買完成後，得由徵收或收買機關囑託登記機關辦理塗銷登記（土地登記規則第147條）。

(三) 他項權利證明書（土地登記規則第34條）。

(四) 申請人（權利人、義務人）之身分證明文件及義務人之印鑑證明或替代方案。

(五) 定有權利存續期間之地上權，於期間屆滿後，單獨申請塗銷登記時，免附第34條第2款（登記原因證明文件）、第3款（他項權利證明書）之文件（土地登記規則第145條）。

前項單獨申請登記有下列情形之一者，免附第34條第1項第2款（登記原因證明文件）、第3款之文件（他項權利證明書）（土地登記規則第145條）：

一、永佃權或不動產役權因存續期間屆滿申請塗銷登記。

二、以建物以外之其他工作物為目的之地上權，因存續期間屆滿申請塗銷登記。

三、農育權因存續期間屆滿而於六個月後申請塗銷登記。

四、因需役不動產滅失或原使用需役不動產之物權消滅，申請其不動產役權塗銷登記。

第二節　消滅登記意義及與塗銷登記之區別

一、消滅登記之意義

消滅登記，乃土地權利標的物滅失所為之登記。其原因或由於天然變遷等不可抗力之因素，或由於人為之拆除或改變，致土地登記之客體，已客觀地不存在，則依附於該標的物之權利，當然隨之消滅，是謂消滅登記。

二、消滅登記與塗銷登記之區別

(一) 意義不同

前者為土地權利標的物之滅失所為之登記。後者係指已登記之土地權利因法律上原因而失其效力，致該權利應辦理塗銷之登記。其標的物依然存在。

(二) 原因不同

前者多由於天然力量或不可抗力因素或基於經濟利用之原因而拆除改建。而後者則係基於當事人間權利義務之行使，致使權利消滅。

(三) 申請之程序不同

消滅登記涉及權利客體之不存在，應經勘測或勘查後，始得辦理登記。塗銷登記則僅須提出權利已經消滅之原因證明文件即可，不須勘查。

(四) 登記方式不同

1.塗銷係指已登記之標示或權利事項，因變更登記將前欄之記載予以劃除，換以次欄之記載，僅為標示或權利之變更，而非標示或權利之消滅，例如土地所有權買賣移轉登記時，登記簿原所有權事項應予塗銷。地目變更或土地使用編定種類或其他標示部分變更為登記時應塗銷原標示事項。
2.塗銷登記如抵押權之塗銷，應於登記用紙他項權利部註明塗銷原因，並於其他登記事項欄註明「塗銷主登記之抵押權」。

三、消滅登記之申請人

(一) 消滅登記，因其無義務人，得依土地登記規則第27條規定，由登記名義人單獨申請。其為共有者，並得由部分共有人申請之。

(二)「建物滅失時，該建物所有權人未於規定期限內申請消滅登記者，得由土地所有權人或其他權利人代位申請，亦得由登記機關查明後逕為辦理消滅登記。

前項建物基地有法定地上權登記者，應同時辦理該地上權塗銷登

記；建物為需役不動產者，應同時辦理其供役不動產上之不動產役權塗銷登記。

登記機關於登記完畢後，應將登記結果通知該建物所有權人及他項權利人。建物已辦理限制登記者，並應通知囑託機關或預告登記請求權人。」（土地登記規則第31條）。

第十章 | 其他登記

第一節　更名登記之意義、種類、文件

一、更名登記之意義

　　更名登記係指已登記之土地或建物權利，因權利人之姓名或名稱發生變更或管理人管理機關變更，而向登記機關申辦之變更登記又稱名義變更登記。權利主體不變，更名前、更名後仍為一主體，僅權利人之姓名或管理人名稱發生變更，並非移轉行為，自不發生土地增值稅或契稅之課徵問題，茲分述之：

(一) 自然人之更名登記

　　中華民國國民之本名以一個為限，並以戶籍登記之姓名為本名（姓名條例第1條）財產權之取得、設定、移轉、變更或其他登記時應用本名（姓名條例第4條）。

　　土地權利登記後，權利人之姓名或名稱有變更者，應申請更名登記。設有管理人者，其姓名變更時，亦同。權利人或管理人為自然人，其姓名已經戶政主管機關變更者，登記機關得依申請登記之戶籍資料，就其全部土地權利逐為併案辦理更名登記；登記完畢後，應通知權利人或管理人換發權利書狀（土地登記規則第149條）。

(二) 胎兒為繼承人之更名登記

　　以胎兒為繼承人時，應由其母以胎兒名義申請登記，俟其出生辦理戶籍登記後，再行辦理更名登記。前項胎兒以將來非死產者為限。如將來為死產者，其經登記之權利，溯及繼承開始時消滅，由其他繼承人共同申請更正登記（土地登記規則第121條）。

(三) 夫妻聯合財產更名

夫妻於婚姻關係存續中取得之財產而以妻之名義登記者，除妻之原有財產或特有財產外，依修正前民法第1017條規定視為夫所有所為之更名登記。

本項更名登記，依85年9月25日增訂公布之民法親屬編施行法第6條之1規定，申請更名之期限至86年9月26日止。

(四) 法人及寺廟（籌備處）更名登記

法人或寺廟於籌備期間取得之土地所有權或他項權利，已以籌備人之代表人名義登記者，其於取得法人資格或寺廟登記後，應申請為更名登記，或於法人或寺廟未核准設立或登記時，申請更名登記為已登記之代表人所有或籌備人全體共有（土地登記規則第104、150條參照）。

(五) 祭祀公業解散更名登記

祭祀公業解散而為派下員公同共有，其權屬既無變更，自可以名義變更登記辦理之（內政部65.7.27台內地字第692123號函）。

(六) 學校、寺廟、教會、宗祠團體之更名登記

以自然人名義登記，自始即供私立學校、寺廟、教會、宗祠等團體使用，有足資證明文件者，准予更名登記方式辦理（內政部70.6.22台內地字第27833號函）。

(七) 公有土地管理機關更名登記

土地登記規則151條：「公有土地管理機關變更者，應囑託登記機關為管理機關變更登記」，變更原因為撥用或移交。

二、管理者變更登記

(一) 公有土地管理機關變更登記

公有土地權利登記後，因移交、接管、改制、公有財產劃分、無償撥用等原因所為之管理機關變更登記。

(二) 管理人及其變更登記

土地權利登記後，權利人之管理人有變更，而向該管登記機關申辦管理人變更之登記。

1. 祭祀公業管理人選定後，附民政機關備查文件及管理人戶籍謄本申辦祭祀公業管理人變更登記。
2. 寺廟登記證、管理人戶籍謄本及寺廟變動登記表或主管機關核准變更證明文件申辦寺廟管理人變更登記。
3. 法院解任原管理人之裁定書、親屬會議選任會議記錄或法院指定或裁定之文件、管理人戶口謄本申辦遺產管理人變更登記。
4. 所有權人失蹤證明文件、法院裁定書及管理人戶口謄本申辦失蹤人之財產管理人變更登記。

三、更名登記之申請文件

茲依照土地登記規則第34條規定，申請更名登記時，應提出之申請文件為：

(一) 登記申請書。

(二) 登記原因證明文件：
1. 自然人姓名變更時之（戶籍）身分證明文件。
2. 公司法人變更時之主管機關證明文件。
3. 管理人變更時之民政機關或主管機關所備查之證明文件。
4. 管理機關變更時之主管機關證明文件。

(三) 登記清冊。

(四) 土地建物所有權狀或他項權利證明書：
1. 所有權人更名時，應附所有權狀。
2. 他項權利人更名時，應附他項權利證明書。

(五) 申請人身分證明文件。

(六) 其他：
1. 夫妻聯合財產更名時，妻之同意書與印鑑證明（86.9.26以後不得更名）。
2. 法人或寺廟於未完成法人設立登記或寺廟登記前取得之土地所有權，於取得法人資格後申請更名時，應提出原協議書。

3. 法人或寺廟在未完成法人設立登記或寺廟登記前，其代表人變更者，
　應提出籌備人之全體所出具之新協議書。

第二節　住址變更登記意義、文件

一、住址變更登記之意義

　　登記名義人之住址變更，向該管登記機關申辦住址變更所為之登記謂
之。又可分：權利人住址變更登記，係指土地所有權人包括共有人及他項權
利人即地上權人、不動產役權人、農育權人、抵押權人、典權人、耕作權人
等之住址變更。而管理人住址或管理機關住址變更登記，係指管理人住址遷
移或管理機關住址變更。

　　住址為土地登記必要記載之事項，依民法第20條規定：「依一定事實，
足認以久住之意思，住於一定之地域者，即為設定其住所於該地。一人同時
不得有兩住所。」故土地登記規則第152條規定「登記名義人之住址變更
者，應檢附國民身分證影本或戶口名簿影本，申請住址變更登記。如其所載
身分證統一編號與登記簿記載不符或登記簿無記載統一編號者，應加附原登
記住址之身分證明文件。登記名義人為法人者，如其登記證明文件所載統一
編號與登記簿記載不符者，應提出其住址變更登記文件。」又土地登記規則
第153條規定：「登記名義人住址變更，未申請登記者，登記機關得查明其
現在住址，逕為住址變更登記。」以資便民。

二、住址變更應備文件

(一) 登記申請書及登記清冊

(二) 住址變更證明文件

　　自然人為戶籍謄本或身分證明文件，法人為核准變更之文件。

(三) 權利書狀

　　1.所有權人住址變更應附所有權狀。
　　2.他項權利人住址變更應附他項權利證明書。

(四) 身分證明

1. 登記名義人之住址變更者，應檢附國民身分證影本或戶口名簿影本，申請住址變更登記。如其所載身分證統一編號與登記簿記載不符或登記簿無記載統一編號者，應加附有原登記住址之身分證明文件（土地登記規則第152條第1項）。
2. 登記名義人為法人者，如其登記證明文件載統一編號與登記簿記載不符者，應提出其住址變更登記文件（土地登記規則第152條第2項）。

(五) 委託書

1. 委託他人代理申請登記者。
2. 申請書有委任關係欄經填註者免附。

第三節　書狀換給或補給登記意義、文件

一、意　義

(一) 權利書狀換給登記

土地或建物所有權狀或他項權利證明書損壞可申請換給由登記名義人向登記機關申請權利書狀換給登記，換給場合如下：
1. 權狀損壞或污損時可申請換給。
2. 土地因實施平均地權，就公共設施用地逕為分割時，登記名義人持原土地權狀向地政機關申請，逕予換給分割出之土地權狀，或實施土地重劃、地籍圖重測可換新的土地權狀。
3. 共有土地權利人原持有之土地權狀及共有人保持證，各共有人可申請換給。
4. 建物附表之權利人可申請換給建物所有權狀。

(二) 權利書狀補給登記

登記名義人因不慎或其他原因致其執管之土地或建物所有權狀或他項權利證明書滅失時，得依土地法第79條第2項第2款及土地登記規則第155條之規定向登記機關申請補給。

二、書狀換給或補給登記重要之法令規定

(一) 土地所有權狀及土地他項權利證明書,因滅失請求補給者,應敘明滅失原因,檢附有關證明文件,經地政機關公告三十日,公告期滿,無人就該滅失事實提出異議後補給之(土地法第79條參照)。

(二) 申請土地所有權狀或他項權利證明書補給時,應由登記名義人敘明其滅失之原因,檢附切結書或其他有關證明文件,經登記機關公告三十日,並通知登記名義人,公告期滿無人提出異議後,登記補給之。

　　前項登記名義人除符合第41條第2、7、8、10、15款規定之情形外,應親自到場,並依第40條規定程序辦理(土地登記規則第155條)。

三、書狀補給換給登記應備文件

(一) 登記申請書及登記清冊。

(二) 破損之權利書狀:書狀損壞申請換發者應檢附。

(三) 補換給原因證明文件:補給登記應附證明書或切結書,逕為分割、逕為變更應附結果通知書。

(四) 身分證明:身分證或戶口名簿影本或戶籍謄本。

(五) 委託書:委託他人代理申請登記者,申請書有委任關係欄經填註者免附。

(六) 地政規費收據:逕為分割登記時免納書狀費。

(七) 印鑑證明或替代方案:申請補給者檢附。

第四節　使用管理登記意義、文件、法令規定

一、意　義

　　共有人間就共有物之使用、管理、分割或禁止分割等約定、決定或法院裁定事項,或區分地上權人與設定之土地上下有使用、收益權利之人就相互間使用收益限制之約定事項,向該管登記機關申請使用管理登記。

二、使用管理登記應備文件

(一) 登記申請書、登記清冊。

(二) 約定、決定或法院裁定文件。

(三) 權利書狀。

(四) 申請人身分證明。

(五) 申請人印鑑證明。

(六) 委託書。

三、使用管理登記重要之法令規定

(一) 共有人依民法第826條之1第1項規定申請登記者,登記機關應於登記簿標示部其他登記事項欄記明收件年月日字號及共有物使用、管理、分割內容詳共有物使用管理專簿。

共有人依民法第820條第1項規定所為管理之決定或法院之裁定,申請前項登記時,應於登記申請書適當欄記明確已通知他共有人並簽名;於登記後,決定或裁定之內容有變更,申請登記時,亦同(土地登記規則第155-1條)。

(二) 區分地上權人與設定之土地上下有使用、收益權利之人,就相互間使用收益限制之約定事項申請登記時,登記機關應於該區分地上權及與其有使用收益限制之物權其他登記事項欄記明收件年月日字號及使用收益限制內容詳土地使用收益限制約定專簿。

前項約定經土地所有權人同意者,登記機關並應於土地所有權部其他登記事項欄辦理登記;其登記方式準用前項規定(土地登記規則第155-2條)。

(三) 登記機關依前2條規定辦理登記後,應就其約定、決定或法院裁定之文件複印裝訂成共有物使用管理專簿或土地使用收益限制約定專簿,提供閱覽或申請複印,其提供資料內容及申請人資格、閱覽費或複印工本費之收取,準用第24條之1及土地法第79條之2規定。(土地登記規則第155-3條,103/2/27公布修正,103/9/15施行)

(四) 依第155條之1或第155條之2規定登記之內容,於登記後有變更或塗銷者,申請人應檢附登記申請書、變更或同意塗銷之文件向登記機關提出申請。

前項申請為變更登記者,登記機關應將收件年月日字號、變更事項及變更年月日,於登記簿標示部或該區分地上權及與其有使用收益限制之物

權所有權部或他項權利部其他登記事項欄註明；申請為塗銷登記者，應將原登記之註記塗銷。

前項登記完畢後，登記機關應將登記申請書件複印併入共有物使用管理專簿或土地使用收益限制約定專簿（土地登記規則第155-4條）。

第十一章 | 土地複丈

第一節　土地複丈之意義、原因、申請及程序

一、土地複丈之意義

　　所謂土地複丈，係指已辦竣地籍測量與或地籍圖重測之結果，當事人認為當地與地籍圖不符，或因土地自然增加、浮覆、坍沒、分割、合併、滅失或變更、界址調整、鑑界、再鑑界、設定用益物權之他項權利位置測量時，由土地所有權人或管理人，依法定程序向地政機關申請再次丈量，以確定地籍圖之位置，作為申請相關登記之依據。

二、土地複丈之原因（時機）

(一) 依土地法規定，有下列情形之一得申請土地複丈

1. 土地法第46條之1規定已辦竣地籍測量之地區，因地籍原圖破損、滅失、比例尺變更或其他重大原因，得重新實施地籍測量。
2. 土地法第46條之3規定重新實施地籍測量之結果，應予公告，其期間為三十日。土地所有權人認為前項測量結果有錯誤，除未依前條之規定設立界標或到場指界者外，得於公告期間內，向該管地政機關繳納複丈費，聲請複丈。經複丈者，不得再聲請複丈。

(二) 依地籍測量實施規則第204條規定土地有下列情形之一者，得申請土地複丈

1. 因自然增加、浮覆、坍沒、分割、合併、鑑界或變更者。
2. 因界址曲折，需調整者。
3. 依建築法第44條或第45條第1項規定調整地形者。
4. 宗地之部分設定地上權、農育權、不動產役權或典權者。

5.因主張時效完成，申請時效取得所有權、地上權、農育權或不動產役權者。

(三) 依土地登記規則第108條規定

於一宗土地內就其特定部分申請設定地上權、不動產役權、典權或農育權登記時，應提出位置圖。

因主張時效完成，申請地上權、不動產役權或農育權登記時，應提出占有範圍位置圖。

前二項位置圖應先向該管登記機關申請土地複丈。

(四) 地籍測量實施規則

1. 第229條

土地所有權人或鄰接土地所有權人依第204條第3款規定申請土地複丈時，應填具土地複丈申請書，並檢附權利書狀及下列規定文件，向土地所在地登記機關辦理：

(1) 依建築法第44條規定協議調整地形者

調整地形協議書及建設（工務）機關核發合於當地建築基地最小面積之寬度及深度且非屬法定空地之文件及圖說。

(2) 依建築法第45條第1項規定調處調整地形者

調處成立紀錄。

前項土地設有他項權利者，應先徵得他項權利人之同意。

2. 第230條

依前條規定辦理調整地形準用第226-228條規定。

三、土地複丈之申請人

(一)申請複丈，由土地所有權人或管理人向土地所在地登記機關為之。但有下列情形之一者，各依其規定辦理

1.因承租土地經界不明者，應由承租人會同土地所有權人或管理人申

請。

2. 因宗地之部分擬設定地上權、農育權、不動產役權或典權者,由擬設定各該權利人會同土地所有權人或管理人申請。

3. 地上權之分割由地上權人會同土地所有權人或管理人申請。

4. 依民法第769、770條或第772條規定,因時效完成所為之登記請求者,由權利人申請。

5. 因司法機關判決確定或訴訟上之和解或調解成立者,由權利人申請。

6. 共有土地之協議分割、合併者,由共有人全體申請。但合併或標示分割,得由共有人依土地法第34條之1規定申請。

7. 因建造行為需要鑑界者,得由建造執照起造人會同土地所有權人或管理人申請。

8. 依土地法第12條第2項規定因土地浮覆回復原狀時,復權範圍僅為已登記公有土地之部分,需辦理分割者,由復權請求權人會同公有土地之管理機關申請。

9. 依直轄市縣(市)不動產糾紛調處委員會設置及調處辦法作成調處結果確定者,由權利人或登記名義人單獨申請。

10. 依法令規定得由地政機關逕為測量者。

前項申請,得以書面委託代理人為之(地籍測量實施規則第205條)。

四、土地複丈程序

(一) 申請複丈

符合規定之申請人應填具土地複丈申請書,並檢附權利書狀或其他足資證明文件,向土地所在地之地政事務所申請。申請複丈如涉及應辦標示變更者,應於申請複丈時併填土地標示變更登記申請書並檢附有關權利證明文件,一併申請土地標示變更登記。其經申請人於實地埋設界標,並於土地複丈地籍調查表及土地複丈圖上認定並簽名或蓋章者,複丈完竣後,地政事務所據以辦理土地標示變更登記。

(二) 繳納複丈費

申請複丈應繳納土地複丈費。土地複丈費之收支應依預算程序辦理。複丈費以每筆每一公頃為單位,不足一公頃以一公頃計算,超過一公頃者,每

半公頃增收半數，不足半公頃者以半公頃計算。

    1.分割、界址調整、坍沒：新台幣800元。

    2.合併：獎勵合併以利地籍管理公私兩便，免納複丈費。

    3.地目變更勘查費：新台幣400元。

    4.界址鑑定：新台幣4,000元。

    5.他項權利位置測量費：新台幣4,000元。

    6.未登記土地測量費：新台幣4,000元。

    7.土地自然增加或浮覆測量費：新台幣4,000元。

(三) 收　件

地政事務所受理複丈申請案件，應予收件。

(四) 審查文件

地政事務所審查申請書件，准予複丈者即排定複丈日期、時間及會同地點通知複丈。

(五) 複丈通知

地政事務所審查文件准予收件後即填發土地複丈定期通知書、交付申請人或代理人並通知關係人（關係人係指界址鑑定土地之鄰地所有人。屆時如不到場者，得逕行複丈）。原定複丈日期，因風雨或其他事故，致不能實施複丈時，地政事務所應分別通知申請人及關係人改期複丈。

(六) 實施複丈

申請人於複丈時，應攜帶土地複丈定期通知書到場指界並埋設界標，申請人屆時不到場或不依規定埋設界標者，不予測量，視為放棄申請複丈之主張，已繳土地複丈費不予退還。但申請人在原定複丈日期一日前撤回申請者，不在此限。領丈時得由申請人或代理人為之，複丈完畢後，申請人當場認定無誤後應即在複丈圖上簽名或蓋章。

(七) 成果圖之核發

地政事務所複丈完竣後，依地籍測量實施規則第215條規定核發土地複

丈成果圖。申請人或關係人不簽名或蓋章時，複丈人員應在土地複丈圖及土地複丈地籍調查表上註明其原因，並簽報地政事務所主任核准後，將辦理情形通知申請人及關係人。

(八) 訂正圖籍

複丈成果需訂正地籍圖者，應地籍測量實施規則第235條規定應於完成登記後隨即辦理之。

(九) 改算地價

地政事務所辦理土地合併、分割、界址調整等之標示變更登記後，應改算地價（台北市、高雄市由地政處第二科辦理，台灣省各地政事務所由各所自行辦理）及訂正地籍、地價有關圖冊並通知稅捐機關訂正稅籍等。

五、土地複丈申請人界標埋設及辦竣期限

(一) 申請複丈經通知辦理者，除地籍測量實施規則另有規定外，申請人應自備界標，於下列點位自行埋設，並永久保存之

1.申請分割複丈之分割點。
2.申請界址調整、調整地形之界址點。
3.經鑑定確定之界址點。

申請人不能依前項第1款或第2款規定埋設界標者，得檢附分割點或調整後界址點之位置圖說，加繳土地複丈費之半數，一併申請確定界址（地籍測量實施規則第210條）。

(二) 土地複丈應於收件日起十五日內辦竣

1.受理土地複丈案件，其情形特殊經登記機關首長核定延長者，依其核定。
2.各級法院或檢察機關囑託並明定期限辦理者，應依囑託期限辦竣。
3.各級法院或檢察機關囑託辦理土地複丈案件，其所定期期限短於十五日者，應加倍計徵土地複丈費（土地複丈費及建築改良物測量費標準第4條）。
4.各級法院機關或檢察機關行使國家刑罰權囑託地政事務所或測量機關

辦理土地複丈案件，免納土地複丈費（地籍測量實施規則第217條）。

六、地政事務所受理土地複丈應備文件

(一) 土地複丈申請書。
(二) 土地複丈收件簿。
(三) 土地複丈定期通知書。
(四) 土地複丈案件補正，駁回通知書。
(五) 土地複丈地籍調查表。
(六) 土地複丈圖。
(七) 土地面積計算表。
(八) 分號管理簿。
(九) 土地複丈成果圖。
(十) 土地複丈結果通知書。
(十一) 他項權利位置圖。
(十二) 法院囑託辦理土地複丈成果圖。
(十三) 其他（地籍測量實施規則第206條）。

第二節　土地複丈之補正、駁回原因及有關規定

一、申請土地複丈之補正、駁回原因及退還複丈費

(一) 補　正

登記機關受理複丈申請案件，經審查有下列各款情形之一者，應通知申請人於接到通知書之日起十五日內補正：

1. 申請人之資格不符或其代理人之代理權有欠缺者。
2. 申請書或應提出之文件與規定不符者。
3. 申請書記載之申請原因與登記簿冊或其證明文件不符，而未能證明不符原因者。
4. 未依規定繳納土地複丈費者（地籍測量實施規則第212條）。

依排定時間到場，發現有障礙物無法實施測量，需申請人排除者，登記

機關應依前項規定通知補正。

(二) 駁　回

　　登記機關受理複丈案件，收件後經審查有下列各款情形之一者，應以書面敘明法令依據或理由駁回之。

　　1.不屬受理登記機關管轄。

　　2.依法不應受理。

　　3.逾期未補正或未依補正事項完全補正（地籍測量實施規則第213條）。

(三) 土地複丈費退還條件

　　申請人申請複丈案件，有下列情形之一者，得於五年內請求退還已繳土地複丈費：

　　1.依第211條之1規定申請撤回。

　　2.申請再鑑界，經查明第一次複丈確有錯誤。

　　3.經通知補正逾期未補正而駁回。

　　4.其他依法令應予退還（地籍測量實施規則第214條）。

　　前項第1款、第3款之情形，其已支出之費用應予扣除。申請人於五年內重新申請複丈者，得予援用其得申請退還之土地複丈費。

二、鑑界複丈之規定

　　鑑界複丈，應依下列規定辦理：

(一) 複丈人員實地測定所需鑑定之界址點位置後，應協助申請人埋設界標，並應於土地複丈圖上註明界標名稱、編列界址號數及註明關係位置。

(二) 申請人對於鑑界結果有異議時，得再填具土地複丈申請書敘明理由，向登記機關所繳納土地複丈費申請再鑑界，原登記機關應即送請直轄市或縣（市）主管機關派員辦理後，將再鑑界結果送交原登記機關，通知申請人及關係人。

(三) 申請人對於再鑑界結果仍有異議者，應向司法機關訴請處理，登記機關不得受理其第三次鑑界之申請（地籍測量實施規則第221條）。

　　前項鑑界、再鑑界測定之界址點應由申請人及到場之關係人當場認定，

並在土地複丈圖上簽名或蓋章。申請人或關係人不簽名或蓋章時,複丈人員應在土地複丈圖及土地複丈成果圖載明其事由。

關係人對於第1項之鑑界或再鑑界結果有異議時,得以其所有土地申請鑑界,其鑑界之辦理程式及異議之處理,準用第1項第2款及第3款之規定。

三、地上權、農育權、不動產役權或典權之位置測繪

地上權、農育權、不動產役權或典權之位置測繪,應下列規定:

(一) 同一他項權利在數宗土地之一部分設定同一性質之他項權利者,應盡量測繪在同一幅土地複丈圖內。

(二) 一宗土地同時申請設定二項以上同一性質之他項權利者,應在同一幅土地複丈圖內分別測繪他項權利位置。

(三) 他項權利位置圖,用紅色實線繪製他項權利位置界線,並用黑色實線繪明土地經界線,其他項權利位置界線與土地經界線相同者,用黑色實線繪明之。

(四) 因地上權分割申請複丈者,應於登記完畢後,在原土地複丈圖上註明地上權範圍變更登記日期及權利登記先後次序。

(五) 測量完畢,登記機關所應依土地複丈圖謄繪他項權利位置圖二份,分別發給他項權利人及土地所有權人。

前項他項權利之位置,應由會同之申請人當場認定,並在土地複丈圖上簽名或蓋章(地籍測量實施規則第231條)。

四、土地界址調整之要件與地價作業處理

(一) 土地界址調整之要件

土地界址調整應以同一地段,地界相連,使用性質相同之土地為限。如為實施建築管理地區,並應符合建築基地法定空地分割辦法規定。前項土地設有他項權利者,應先徵得他項權利人之同意(地籍測量實施規則第225條)。前條所稱之使用性質於都市土地係指使用分區,於非都市土地係指使用分區及編定之使用地類別。

(二) 界址調整地價之處理

1.直轄市、縣(市)主管機關或登記機關於辦理土地界址調整複丈後,

應依複丈成果改算當期公告土地現值，調整前後各宗土地地價之總合應相等。實施界址調整之土地，其調整線跨越不同地價區段者，複丈成果應分別載明調整線與原地籍交叉所圍各塊坵形之面積，作為改算地價之參考（地籍測量實施規則第226條）。

2. 各土地所有權人調整後土地價值，與其原有土地價值無增減時，應通知申請人申辦土地標示變更登記。調整後土地價值與其原有土地價值有增減時，應通知申請人就調整土地向直轄市或縣（市）稅捐稽徵機關申報土地移轉現值（地籍測量實施規則第227條）。

3. 登記機關辦理土地界址調整之標示變更登記後，應即通知申請人領件並即改算地價及訂正地籍、地價有關圖冊、並通知直轄市或縣（市）稅捐稽徵機關訂正稅籍暨通知他項權利人換發或加註權利書狀（地籍測量實施規則第228條）。

第十二章 | 標示變更登記

第一節 標示變更登記之意義及種類

一、標示變更登記之意義

凡已登記之土地或建物，如因天然或人為因素致座落、地號、地目、等則、面積等標示發生變更，向登記機關申請變更所為之登記者，謂之標示變更登記。包括分割、合併、地目變更、面積增減、建物門牌變更、建物基地號變更、建物滅失、土地編定變更、土地重劃、地籍圖重測確定登記等。

標示，是指表示土地或建物具體之內容，土地登記規則第16條規定登記簿用紙除第81條第2項規定外應分標示部、所有權部及他項權利部。

二、標示變更登記之要件

(一) 須已辦竣總登記之土地或建物所有權第一次登記之建物

土地登記規則第16條登記簿用紙分為標示部……，如標示欄空無記載即未辦竣總登記，亦無法辦理標示變更登記。

(二) 須先申請土地複丈或建物測量

土地或建物分割、合併、增減時，須先向登記機關申請土地複丈或建物測量，填具標示變更登記申請書，一併申請標示變更登記（地籍測量實施規則第207、295條參照）。

(三) 須不違法令強制或禁止規定

農業發展條例第16條：「每宗耕地分割後每人所有面積未達0.25公頃者，不得分割。但有下列情形之一者，不在此限：一、因購買毗鄰耕地而與其耕地合併者，得為分割合併；同一所有權人之二宗以上毗鄰耕地，土地宗

數未增加者，得為分割合併。二、部分依法變更為非耕地使用者，其依法變更部分及共有分管之未變更部分，得為分割。三、本條例中華民國89年1月4日修正施行後所繼承之耕地，得分割為單獨所有。四、本條例中華民國89年1月4日修正施行前之共有耕地，得分割為單獨所有。五、耕地三七五租約，租佃雙方協議以分割方式終止租約者，得分割為租佃雙方單獨所有。六、非農地重劃地區，變更為農水路使用者。七、其他因執行土地政策、農業政策或配合國家重大建設之需要，經中央主管機關專案核准者，得為分割。前項第3款及第4款所定共有耕地，辦理分割為單獨所有，應先取得共有人之協議或法院確定判決，其分割後之宗數，不得超過共有人人數。」地籍測量實施規則第224條規定土地因合併申請複丈者，應以同一地段、地界相連、使用性質相同之土地為限。

(四) 須土地或建物之標示發生變更

凡土地或建物標示因天然或人為因素致其標示有所改變時，如分割、合併、地目變更、地目等則調整、面積增減、土地重劃確定、地籍圖重測確定等原因使標示發生變更應辦標示變更登記。

三、標示變更登記種類

(一) 分割登記

凡將一宗土地或一棟建物分割為數宗或數棟，向登記機關申辦之標示變更登記。

(二) 合併登記

凡將數宗土地或數棟建物合併為一宗或一棟，向登記機關申辦之標示變更登記。

(三) 地目變更登記

指已登記土地因合法變更使用或天然環境變遷，致使地目與原來不符，為使地目與實際相符，而向登記機關申請將原來之地目按使用情形予以變更所為之登記。

(四) 等則調整登記

係指土地登記後，土地使用價值之好壞等則如有變更，應定期普查等則之調整，而向登記機關申辦等則調整所為之登記。

(五) 土地建物面積增減登記

土地因水流部分坍失，所有權部分消滅後，又回復原狀，經所有權人證明為其原有，或因水流變遷而使面積增加或減少等，或建物經登記後，其面積因部分拆除、增建、改建，或部分流失倒坍、燬燹，而向登記機關申請複丈後所為之標示變更登記。

(六) 地籍圖重測確定登記

係指地籍圖因原圖破損、滅失、比例尺變更等，經重新實施測量結果，公告確定後，由登記機關逕為辦理之標示變更登記。土地法第46條之1已辦地籍測量之地區，因地籍原圖破損、滅失、比例尺變更或其他重大原因，得重新實施地籍測量，此即為地籍圖重測。

(七) 土地重劃確定登記

係指於一區域內將原為細碎分割，不合經濟使用之土地，全部予以重行規劃合理充分利用，使合於經濟使用之地段，並仍分配於原土地所有權人，經重劃確定後，由辦理重劃機關將有關圖冊檢送登記機關逕為辦理之標示變更登記。

(八) 建物門牌變更登記

建物辦妥第一次登記後，因行政區域調整或門牌整編或街路名稱變更，所有權人向該管登記機關申請建物門牌變更所為之登記。

(九) 建物基地號變更登記

建物之基地因合併、分割，致使建物所占之基地地號不符，而向該管登記機關所申辦建物基地號變更所為之登記。

(十) 土地編定變更登記

非都市地區土地依區域計畫法規定，辦理土地使用編定公告確定後，經主管機關核准變更編定種類，而向該管登記機關所申辦土地編定變更所為之登記。

第二節 土地分割登記之意義、限制、申請人、程序、文件

一、土地分割登記之意義

所謂土地分割登記，係指所有權人為管理之需要或處分方便起見，向登記機關申請將其所有一筆之土地分割為兩筆以上所為之變更登記。土地分割，有因自然變遷因素，如土地部分流失或部分坍沒；有因事實需要，如土地部分建築則應辦土地分割，將建築基地與未建築部分予以分割。

二、土地分割之限制

(一) 每宗耕地分割後每人所有面積未達0.25公頃不得分割：農業發展條例第16條規定，每宗耕地分割後每人所有面積未達0.25公頃者，不得分割。但有下列情形之一者，不在此限：

　1. 因購買毗鄰耕地而與其耕地合併者，得為分割合併。同一所有權人之二宗以上毗鄰耕地，土地宗數未增加者，得為分割合併。
　2. 部分依法變更為非耕地使用者，其依法變更部分及共有分管之未變更部分，得為分割。
　3. 本條例中華民國89年1月4日修正施行後所繼承之耕地，得分割為單獨所有。
　4. 本條例中華民國89年1月4日修正施行前之共有耕地，得分割為單獨所有。
　5. 耕地三七五租約，租佃雙方協議以分割方式終止租約者，得分割為租佃雙方單獨所有。
　6. 非農地重劃地區變更為農水路使用者。
　7. 其他因執行土地政策、農業政策或配合國家重大建設之需要，經中央

目的事業主管機關專案核准者，得為分割。

(二) 最小面積禁止再分割：土地法第31條規定，直轄市或縣（市）地政機關於其管轄區內之土地，得斟酌地方經濟情形，依其性質及使用種類，為最小面積單位之規定，並禁止其再分割。但施行辦法尚未制定，故本條文未執行。

(三) 遺產稅未繳清前，不得分割遺產（遺產及贈與稅法第8條）。

(四) 因共有物之使用目的不能分割，或契約訂有不分割之期限者，不得分割，其期限不得逾五年；逾五年者，縮短為五年。但共有之不動產，其契約訂有管理之約定時，約定不分割之期限，不得逾三十年；逾三十年者，縮短為三十年。前項情形，如有重大事由，共有人仍得隨時請求分割（民法第823條）。

(五) 法定空地，不得分割。但依內政部「建築基地法定空地分割辦法」非有分割後合於下列各款規定不得為之：
1. 每一建築基地之法定空地與建築物所占地面應相連接，連接部分寬度不得小於二公尺。
2. 每一建築基地之建蔽率應合於規定。但本辦法發布前已領建照執照，或已提出申請而於本辦法發布後方領得建造執照者，不在此限。
3. 每一建築基地均應連接建築線並得以單獨申請建築。
4. 每一建築基地之建築物應具獨立之出入口（內政部75.1.31發布75.12.12台內民地營字第465051號令修正）。

(六) 實施土地重劃及區段徵收之土地，於公告禁止處分期間內，暫停申請分割（平均地權條例第53、59條）。

(七) 經辦理查封、假扣押、假處分、暫時處分、破產登記或因法院裁定而為清算登記後，未為塗銷前，及經稅捐機關囑託禁止處分登記之土地，不得申請分割及合併（土地登記規則第141條參照；稅捐稽徵法第24條參照）。

(八) 因界址糾紛，上訴由司法機關處理者，除由法院囑託測量外，不得申請複丈（內政部 (39) 台內地字第3479號代電）。

(九) 實施地籍圖重測，界址糾紛未決之土地，不予受理申請土地複丈（內政部77.11.21台內地字第650201號函）。

(十) 已依土地法第79條之1規定辦理預告登記之土地，不得申請分割或合併（土地登記規則第136條參照）。

三、土地分割之申請人

(一) 私有土地由土地所有權人或管理人申請辦理。

(二) 公有土地、由管理機關或以書面授權或委託土地代管機關代為申請。

(三) 一宗土地內就其特定部分設定地上權、不動產役權、典權或農育權申請分割時,應由土地所有權人會同地上權、不動產役權、典權或農育權申請土地複丈提出位置圖。

(四) 凡土地所有權屬一人所有者,或經法院判決確定者,得由權利人單獨申請,但因和解而必須分割,由當事人會同申請,如任何一方拒不會同申請時,得由他方檢具有關證件單獨申請之。

(五) 共有土地因部分共有人死亡,應俟其繼承人辦妥繼承登記後,始能協議分割。但經法院判決分割確定者,共有人可依法院規定判決代為辦理繼承登記後,再辦理共有物分割登記。

(六) 凡土地所有權為二人以上共有,由共有人共同申請或依土地法34條之1規定辦理者。

(七) 土地所有權人死亡,未辦繼承登記,如經查明依法遺囑指定遺囑執行人或繼承人,經主管稽徵機關核定以遺產土地抵繳遺產稅,須申辦土地分割時,准由遺囑執行人或繼承人申請辦理。

四、土地分割登記費及複丈費

(一) 土地分割登記費免費,書狀費每張新台幣80元正。

(二) 土地分割複丈費用,以每筆每公頃新台幣800元,不足1公頃,以1公頃計算,超過1公頃者,每0.5公頃增收半數,不足0.5公頃者,以0.5公頃計算。但申請人未能埋設界標,一併申請確定分割點界址者,加繳複丈費之半數。筆數依分割後之筆數計算。

(三) 司法機關囑託辦理複丈,測量及勘查業務,並限期在十五日內辦理者,其各項費用依前述標準加倍計收(內政部86.10.27台內地字第868319號函)。

五、土地分割有關重要之法令規定

(一) 一宗土地內就其特定部分設定地上權、不動產役權、典權或農育權者,於辦理分割登記時,應由所有權人會同地上權、不動產役權、典權或農

育權先申請土地複丈提出位置圖後為之（土地登記規則第108條參照）。

(二) 設定有他項權利之土地申請分割或合併登記，於登記完畢後，應通知他項權利人換發或加註他項權利證明書（土地登記規則第90條）。

(三) 土地分割應申請土地複丈，同時填具土地標示變更登記申請書，一併辦理土地標示變更登記（地籍測量實施規則第204、207條參照）。

(四) 土地分割之地號，除其中一宗維持原地號外，其他各宗以「原地號之一」、「原地號之二」……順序編列之（地籍測量實施規則第233條參照）。

(五) 法院判決分割確定後，雙方當事人仍可持憑分割協議書辦理（內政部71.2.5台內地字第61743號函）。

(六) 分別共有土地，部分共有人就應有部分設定抵押權者，於辦理共有物分割登記時，該抵押權按原應有部分轉載於分割後各宗土地之上。但有下列情形之一者，該抵押權僅轉載於原設定人分割後取得之土地上：

　1. 抵押權人同意分割。

　2. 抵押權人已參加共有物分割訴訟。

　3. 抵押權人經共有人告知訴訟而未參加。

前項但書情形，原設定人於分割後未取得土地者，申請人於申請共有物分割登記時，應同時申請該抵押權之塗銷登記。登記機關於登記完畢後，應將登記結果通知該抵押權人（土地登記規則第107條）。

六、應辦手續

(一) 申　請

1. 填寫申請書

包括土地複丈申請書及土地標示變更登記申請書一併申請，向地政事務所合作社購買土地複丈申請書等詳予填寫，連同其他應備之文件，向地政事務所申辦。

2. 繳納規費

經地政事務所計算費額後，繳納規費並取具繳費收據。

3.購買界標

　　申請土地鑑定界址，向地政事務所合作社購買標準界標備用。如鋼釘每支新台幣11元整。

4.申請收件

　　繳納規費後，將申請書等有關文件送地政事務所收件，當場排定複丈日期、時間，並取具收件收據。

5.補　　正

　　如因申請書填寫錯誤、證明文件不足、應補繳規費或有其他應補正事項、經地政事務所通知時，應依照通知書補正事項及補正期限補正完竣，再送地政事務所繼續辦理，逾期未依補正事項補正完畢者，予以駁回。

(二) 現場指界或領丈

1. 申請人應依地政事務所通知之指定測量日期、時間及會同地點，攜帶複丈收件收據、身分證明文件，準時到場領丈，並於測量完畢認為無誤後，當場埋設土地界標（地籍測量實施規則第210、211條參照）。
2. 申請人未依指定測量日期、時間到場領丈或不依規定埋設界標者，不予測量，視為放棄申請複丈之主張，已繳複丈規費，不予發還（地籍測量實施規則第211條）。
3. 如因故未能親自到場領丈而委託代理人時，請出具委託書，但申請複丈時所附委託書已註明由代理人代為指界或領丈者，不在此限。如申請書已填載委任關係欄者免附委託書文件。
4. 複丈地點遇有障礙物，申請人應盡量設法排除。

(三) 登　　記

1. 經分割後，由複丈人員移送地價部門分算地價，並通知所有權人。
2. 複丈人員將複丈成果整理完畢後，將複丈結果通知書逕附於標示變更登記案件內。並將標示變更登記案件逕行移送登記部門重新收件，故申請人於領狀前，應先取具登記案之收件收據。
3. 登記案件經審查發現有文件不全，或證件不符，或填寫錯誤等情事

時，應依通知十五日內之期限補正。經駁回補正之案件，若收件處已經銷號，應重新送請收件並取具另一收件號之收件收據。

4.登記案件經審查無誤，即予登記。

(四) 領　　狀

登記完畢接獲通知時，即可持收件收據及原蓋用之印章，領取分割後之各筆土地所有權狀。為爭取時效，申請人不待通知，逕行向地政機關查詢領狀。

(五) 應於收件十五日內辦竣（地籍測量實施規則第216條）

七、土地分割應備文件

(一) 土地複丈申請書。

(二) 土地標示變更登記申請書。

(三) 所有權人身分證明：戶籍謄本不得以影本代替。

(四) 都市計畫分區使用證明書：「田」、「旱」地目無檢附建築執照或使用執照之土地申請分割，無法判斷確屬依法可供建築使用者應檢附。

(五) 土地所有權狀。

(六) 建築執照暨附圖：申請建築基地之保留地分割時檢附。

(七) 主管建築機關准予分割證明（如法定空地分割證明）：

　　1.實施建築管理後或民國60年12月22日建築法修正後建築基地申請分割時檢附。

　　2.在上述時間以前已建造完成之建築基地申請分割得以繳納房屋稅、水電費之憑證門牌編訂證明或曾於該建物設籍之戶籍謄本，區公所之證明文件，或經主管建築機關證明文件代替。

　　3.建築基地法定空地分割時檢附。

(八) 有無三七五租約證明：「田」、「旱」地目無檢附使用執照者應檢附。

(九) 委託書：

　　1.委託他人代理申請者檢附，申請書有委任關係欄免附。

　　2.代理人及複代理人於委任關係欄或備註欄適當處註明「委任人確為登記標的物之權利人或權利關係人，並經核對身分無誤，如有虛偽不

實，本代理人及複代理人願負法律責任」者免附。

第三節　土地合併登記之意義、限制、手續、文件

一、土地合併登記之意義

　　所謂土地合併登記，係指所有權人為管理之需要或處分方便及促進土地經濟利用起見，向地政機關申請將其所有兩筆以上之土地合併為一筆所為之變更登記。

二、土地合併之限制

(一) 土地因合併申請複丈者，應以同一地段、地界相連，使用性質相同之土地為限。所有權人不同或設定有他項權利者，應檢附全體所有權人之協議書或他項權利人之同意書。地政事務所於複丈完竣後，依法核發土地複丈成果圖（地籍測量實施規則第224條參照）。

(二) 數筆土地分屬不同使用分區，雖供同一建物使用，仍不得合併（內政部72.4.29台內地字第150104號函）。

(三) 實施土地重劃及區段徵收之土地，於公告禁止處分期間內，暫停申請合併（平均地權條例第53、59條參照）。

(四) 經辦理查封、假扣押、假處分、暫時處分、破產登記或因法院裁定而為清算登記後，未為塗銷前，及經稅捐機關囑託禁止處分登記之土地，不得申請合併（土地登記規則第141條參照；稅捐稽徵法第24條參照）。

(五) 因界址糾紛，正訴由司法機關處理者，除由法院囑託測量外，不得申請複丈（內政部 (39) 台內地字第3479號代電）。

(六) 實施地籍圖重測，界址糾紛未決之土地，不予受理申請土地複丈（內政部77.11.21台內地字第650201號函）。

(七) 已依土地法第79條之1規定辦理預告登記之土地，不得申請分割或合併（土地登記規則第136條參照）。

三、土地合併之申請人

(一) 私有土地由土地所有權人或管理人申請辦理。

(二) 公有土地由管理機關或以書面授權或委託土地代管機關代為申請。

(三) 若為共有土地，由共有人共同申請。

(四) 共有土地若經法院判決確定者，得由權利人單獨申請但因和解而必須合併者，由當事人會同申請，如任何一方拒不會同申請時，得由他方檢具有關證件單獨申請之。

四、土地合併登記規費及複丈費

(一) 土地合併登記費免費，書狀費每張新台幣80元整。

(二) 土地複丈費用，為鼓勵土地所有權人或管理人合併土地以利地籍管理，公私兩惠，政府正積極實施地政業務電腦化，如土地合併可節省辦理資料建檔經費及電腦儲存空間。因之鼓勵土地合併，其有形、無形效益是多方面的，故得免納複丈費。

五、土地合併有關重要法令規定

(一) 一宗土地之部分合併於他土地時，應先行申請辦理分割（土地登記規則第86條）。

(二) 設定有地上權、永佃權、不動產役權、典權、耕作權或農育權等他項權利之土地合併時，應先由土地所有權人會同他項權利人申請他項權利位置圖勘測。但設定時已有勘測位置圖且不涉及權利位置變更者，不在此限。前項他項權利於土地合併後，他項權利範圍仍存在於合併前原位置之上，不因合併而受影響（土地登記規則第88條參照）。

(三) 設定有抵押權之土地合併時，該抵押權之權利範圍依土地所有權人與抵押權人之協議定之（土地登記規則第88條第4項）。

(四) 兩宗以上之土地如已設定不同種類之他項權利，或經法院查封、假扣押、假處分或破產之登記者，不得合併（土地法施行法第19條之1）。

(五) 設定有他項權利之土地申請分割或合併登記，於登記完畢後，應通知他項權利人換發或加註他項權利證明書（土地登記規則第90條）。

(六) 土地合併後，各共有人應有部分價值與其合併前之土地價值相等者，免徵土地增值稅。其價值減少者，就其減少部分課徵土地增值稅。土地價值之計算，以共有土地合併時之公告土地現值為準（土地稅法施行細則第42條第4項參照）。

(七) 二宗以上所有權人不相同之土地辦理合併時，各所有權人之權利範圍依其協議定之（土地登記規則第88條第1項）。

(八) 兩宗以上所有權人不相同之土地合併時，如合併後各共有人應有部分價值與其合併前之土地價值產生減少之差額者，應申報移轉現值，核課土地增值稅。但增減價相差在合併後當期公告現值一平方公尺單價以下者免申報移轉現值（財政部80.3.5台財稅800083826號函）。

(九) 兩宗以上所有權人不相同之土地合併應檢附協議書，登記機關依法核發土地複丈成果圖（地籍測量實施規則第224條參照）。

(十) 土地合併地號保留方式：

1. 數宗原地號土地合併為一宗時，應保留在前之原地號。
2. 原地號土地與其分號土地合併時，應保留原地號。
3. 原地號之數宗分號土地合併時，應保留在前之分號。
4. 原地號土地與他原地號之分號土地合併時，應保留原地號。
5. 原地號之分號土地與他原地號之分號土地合併時，應保留在前原地號之分號（地籍測量實施規則第234條參照）。

六、應辦手續

(一) 申　請

1. 填寫申請書

　　向地政事務所合作社購買土地複丈申請書及土地標示變更登記申請書等，詳予填寫，連同其他應備之文件併案向地政事務所申請收件辦理。

2. 繳納規費

　　經地政事務所計算費額後，繳納規費並取具繳費收據，合併免納。

3. 購買界標

　　申請土地分割或鑑定界址者，向地政事務所合作社購買標準界標備用。每支界標如鋼釘新台幣11元整。

4. 申請收件

繳納規費後，將申請書等有關文件送地政事務所收件，當場排定複丈日期、時間，並取具複丈收件收據。

5. 補　正

如因申請書填寫錯誤、證明文件不足、應補繳規費、或有其他應補正事項、經地政事務所通知時，應依照通知書補正事項及補正期限十五日內補正完竣，送地政事務所繼續辦理。逾期未依補正事項補正完畢者，予以駁回。

(二) 領取複丈成果

土地複丈成果經核定後，應發給土地複丈結果通知書，並將複丈成果連同土地所有權狀及登記申請書等，逐予移送第一課辦理土地標示變更登記於登記完竣後，核發土地所有權狀。同時複丈人員應移送地價部門分算地價，並通知所有權人。

(三) 領　狀

申請人持收件收據及原蓋用之印章，領取合併後之土地所有權狀。

(四) 應於收件日起十五日內辦竣（地籍測量實施規則第216條參照）

七、土地合併應備文件

(一) 土地複丈申請書。
(二) 土地標示變更登記申請書。
(三) 所有權人身分證明：戶籍謄本不得以影本代替。
(四) 都市計畫分區使用證明書：無檢附建築執照或使用執照應檢附。
(五) 土地所有權狀。
(六) 協議書：所有權人不相同之土地申請時檢附。
(七) 所有權人印鑑證明或替代方案：不同所有權合併後持分各共有人應有部分之價值無差額在一平方公尺以下，免附土地所有權人印鑑證明。
(八) 他項權利人同意書：設定有他項權利之土地申請時檢附。

(九) 他項權利人印鑑證明或替代方案：附有他項權利同意書者。

(十) 建築執照暨附圖及建築執照影本：申請建築基地合併檢附，正本查驗後發還。

(十一) 有無三七五租約證明：「田」、「旱」地目無附建築使用執照者，土地合併時檢附。

(十二) 委託書：

　　1. 委託他人代理申請者檢附，申請書有委任關係欄免附。

　　2. 代理人及複代理人於委任關係欄或備註欄適當處註明「委任人確為登記標的物之權利人，或權利關係人並經核對身分無誤，如有虛偽、不實，本代理人及複代理人願負法律責任」者免附。

第十三章 │ 建物測量、複丈、分割、合併及建物第一次測量

第一節　建物測量之意義、申請人、程序

一、建物測量之意義

建築改良物測量（簡稱建物測量），包括建物第一次測量及建物複丈（地籍測量實施規則第258條）。

已辦竣土地總登記後之基地上，因新建建物或舊有合法建物之新建、增建、改建、滅失、分割、合併或門牌號變更、基地號變更時，或其他標示變更者，由建物所有權人或管理人，依法定程序，向登記機關申請建物第一次測量或建物複丈。

二、建物測量之申請人

申請建物測量，由建物所有權人或管理人向建物所在地登記機關為之。前項申請，得以書面委託代理人為之（地籍測量實施規則第261條）。

區分所有建物，區分所有權人得就其專有部分及所屬共有部分之權利，單獨申請測量（地籍測量實施規則第263條）。

三、建物測量之程序

申請建物測量，應填具建物測量申請書（地籍測量實施規則第279條），檢附有關文件，向登記機關申請，其申請程序為：

(一) 收　件

登記機關所受理建物測量申請案件，應予收件，填發定期測量通知書，交付申請人（地籍測量實施規則第264條）。

(二) 計收測量費

1. 申請建物測量，應繳納建物測量費（地籍測量實施規則第268條）。測量費以每五十平方公尺為計收單位。
2. 建物測量費之退還。申請人申請建物測量案件，有下列情形之一者，得於五年內請求退還其已繳建物測量費：
   (1) 依第264條之1規定申請撤回。
   (2) 經通知補正逾期未補正而駁回。
   (3) 其他依法令應予退還（地籍測量實施規則第266條）。
   前項第1款、第2款之情形其已支出之費用應予扣除。申請人於五年內重新申請建物測量者，得予援用其得申請退還之建物測量費。

(三) 審　查

登記機關收件後，應先經審查，始准予測量，其審查結果有三：

1. 准予測量

(1) 經審查准予測量者，隨即排定測量日期、時間及會同地點。
(2) 填發定期測量通知書，交付申請人（地籍測量實施規則第264條參照）。

2. 補正事由

登記機關受理建物測量申請案件，總審查有下列各款情形之一者，應通知申請人於接到通知書之日起十五日內補正：

(1) 申請人之資格不符或其代理人之代理權有欠缺。
(2) 申請書或應提出之文件與規定不符。
(3) 申請書記載之申請原因或建物標示與登記簿冊或其證明文件不符，而未能證明不符之原因。
(4) 未依規定繳納建物測量費（地籍測量實施規則第265條）。
   依排定時間到場，發現有障礙物無法實施測量，需申請人排除者，登記機關應依前項規定通知補正。

3. 駁回事由

登記機關受理測量案件，收件後經審查有下列各款情形之一者，應以書面敘明法令依據或理由駁回之：

(1) 不屬受理登記機關管轄。

(2) 依法不應受理。

(3) 逾期未補正或未依補正事項完全補正（地籍測量實施規則第268條準用地籍測量實施規則第213條）。

四、申請人於測量時應配合事項

(一) 申請人於測量時，應攜帶定期測量通知書到場指界。

(二) 申請人屆時不到場會同辦理者，視為放棄測量之申請，已繳建物測量費不予退還。

(三) 但申請人在原定測量前撤回其申請者，不在此限（地籍測量實施規則第264條、第264條之1）。

五、測量人員實地測量應注意事項

(一) 測量人員於實施測量時，應先核對申請人身分。測量完竣後，應發給申請人建物測量成果圖。

(二) 測量後應由申請人當場認定，並在建物測量圖上簽名或蓋章。

(三) 申請人不簽名或蓋章時，測量人員應在建物測量圖及建物測量成果圖載明其事由；其涉及原建物標示變更者，發給之建物測量成果圖並加註僅供參考，其所附土地登記申請表件予以退還。

(四) 法院或行政執行分署囑託登記機關，就已登記土地上之未登記建物辦理查封、假扣押、假處分、暫時處分、破產登記或因法院裁定而為清算登記之建物測量時，由法院或行政執行分署派員定期會同登記機關人員辦理，並於測量後由其指定人員在建物測量圖上簽名或蓋章。

前項規定，於管理人持法院裁定申請為清算登記之建物測量時，準用之（地籍測量實施規則第269條）。

六、建物測量應於收件日起十五日內辦竣及例外規定

(一) 受理建物測量案件應於收件日起十五日內辦竣,其情形特殊經登記機關
　　首長核定延長者,依其核定。
(二) 各級法院或檢察機關囑託並明定期限辦理者,應依囑託期限辦竣(地籍
　　測量實施規則第216條)。

七、地政事務所於測量完竣後,應發給建物測量成果圖(地籍測量實施規則第282條後項)

(一) 於實施建築管理地區,依法建造完成之建物,其建物第一次測量,得依
　　使用執照竣工平面圖轉繪建物平面圖及位置圖,免通知實地測量。
　　於實施建築管理地區,依法建造完成之建物,其建物第一次測量,得依
　　使用執照竣工平面圖轉繪建物平面圖及位置圖,免通知實地測量。但建
　　物坐落有越界情事,應辦理建物位置測量者,不在此限。
　　前項轉繪應依第272條至第275條、第276條第1項、第3項、第283條及
　　下列規定辦理:
　　1.建物平面圖應依使用執照竣工平面圖轉繪各權利範圍及平面邊長,並
　　　詳列計算式計算其建物面積。
　　2.平面邊長,應以使用執照竣工平面圖上註明之邊長為準,並以公尺為
　　　單位。
　　3.建物位置圖應依使用執照竣工平面圖之地籍配置轉繪之。
　　4.圖面應註明辦理轉繪之依據(地籍測量實施規則第282-1條)。
(二) 轉繪之建物平面圖及位置圖,得由開業之建築師、測量技師、地政士或
　　其他與測量相關專門職業及技術人員為轉繪人。
　　依前條規定轉繪之建物平面圖及位置圖,得由開業之建築師、測量技
　　師、地政士或其他與測量相關專門職業及技術人員為轉繪人。
　　依前項規定辦理之建物平面圖及位置圖,應記明本建物平面圖、位置圖
　　及建物面積如有遺漏或錯誤致他人受損害者,建物起造人及轉繪人願負
　　法律責任等字樣及開業證照字號,並簽名或蓋章。
　　依本條規定完成之建物平面圖及位置圖,應送登記機關依前條第2項規
　　定予以核對後發給建物測量成果圖(地籍測量實施規則第282-2條)。

(三) 建物辦竣所有權第一次登記後，其建物標示圖由登記機關永久保管。

依土地登記規則第78條但書規定，申請建物所有權第一次登記時檢附之建物標示圖，應依第282條之1第2項規定繪製，並簽證，其記載項目及面積計算式，登記機關得查對之。

前項建物辦竣所有權第一次登記後，其建物標示圖由登記機關永久保管（地籍測量實施規則第282-3條）。

八、測量日期通知申請人（地籍測量實施規則第264條）

第二節　建物複丈之意義、要件、建物分割、合併登記

一、建物複丈之意義

建物因增建、改建、滅失、分割、合併或其他標示變更者，得申請複丈（地籍測量實施規則第260條）。

二、建物複丈之要件

(一) 建物完成所有權第一次登記。

(二) 申辦建物標示變更登記之前。

(三) 建物複丈原因：

　　1. 建物發生增建、改建、分割、合併、滅失及其他標示變更等原因。

　　2. 程序應經現場丈量並繪製及核發建物複丈成果圖。

　　3. 應併案申請建物標示變更登記。

　　4. 門牌號變更：(1) 門牌增編；(2) 門牌改編；(3) 門牌更正。

　　5. 基地號變更：(1) 基地號合併；(2) 基地號分割。

三、建物分割登記與合併登記

(一) 建物分割登記

所謂建物分割登記，係指所有權人為管理之需要或處分方便起見，向登記機關申請將其所有一棟之建物分割為兩棟以上所為之變更登記。

(二) 建物合併登記

　　所謂建物合併登記，係指所有權人為管理之需要或處分方便起見，向登記機關申請將其所有兩棟以上之建物合併為一棟所為之變更登記。

(三) 建物分割複丈之限制

1.已登記之建物申辦分割，以分割處已有定著可為分隔之樓地板或牆壁，且法令並無禁止分割者為限（地籍測量實施規則第288條第1項）。
2.區分所有建物之共有部分，除法令另有規定外，應隨同各相關專有部分及其基地權利為移轉、設定或限制登記（土地登記規則第94條）。
3.申請建物分割，應填具申請書附分割位置圖說及編列門牌號證明文件為之。經法院判決分割者，依法院確定判決辦理（地籍測量實施規則第288條第2項）。
4.太平梯、亭子腳、車道為建物部分不得分割登記（內政部61.11.7台內地字第491660號函）。

(四) 建物合併複丈之限制

　　辦理建物合併，應以辦畢所有權登記、位置相連之建物為限。前項所稱之位置相連包括建物間左右、前後或上下之位置相毗鄰者。

　　申請建物合併應填具申請書檢附合併位置圖說，建物之所有權人不同或設定有抵押權、不動產役權、典權等他項權利者，應依下列規定辦理：

一、所有權人不同時，各所有權人之權利範圍除另有協議應檢附全體所有權人之協議書外，應以合併前各該棟建物面積與各棟建物面積之和之比計算。

二、設定有抵押權時，應檢附建物所有權人與抵押權人之協議書。但為擔保同一債權，於數建物上設定抵押權，未涉權利範圍縮減者，不在此限。

三、設定有不動產役權、典權時，應檢附該不動產役權人、典權人之同意書（地籍測量實施規則第290條）。

(五) 應繳分割或合併費用計算方式

1.建築改良物測量費用以每建號面積每五十平方公尺為計收單位，不足

五十平方公尺者，以五十平方公尺計算。

2.建物分割複丈費：按分割後建號計算，每單位以新台幣800元計。

3.建物合併複丈費：按合併前建號計算，每單位以新台幣400元計收。

各級法院囑託辦理複丈及測量業務，並限期在十五日內辦理者，其各項費用依前述標準加倍計收（土地複丈費及建築改良物測量費標準第4條參照）。

(六) 建物分割及建物合併有關重要法令規定

1.建物分割或合併涉及原有標示變更者，應一併申請標示變更登記（地籍測量實施規則第295條參照）。

2.分割後之建物，除將其中一棟維持原建號外，其他各棟以該地段最後建號之次一號順序編列（地籍測量實施規則第289條）。

3.分割之建物若有設定他項權利者，應經他項權利人之同意（土地登記規則第107條；地籍測量實施規則第290條）。

4.建物合併應先辦理建物勘查。建物合併，除保留合併前之最前一建號外，其他建號應予刪除，不得使用（地籍測量實施規則第291條）。

(七) 建物分割及建物合併應備文件

1. 建物測量申請書

2. 土地登記申請書

申請建物分割合併複丈時檢附。

3. 建物所有權狀

申請建物複丈分割合併時檢附。

4. 他項權利人同意書

設定有他項權利之建物申請合併時檢附。

5. 協議書

(1) 建物分割共有建物及共同使用部分分配協議書。

(2) 所有權人不同時合併，應檢附全體所有權人協議書。

6. 所有權人印鑑證明或替代方案

不同所有權合併後持分各共有人應有部分之價值無差額在一平方公尺以下免附土地所有權人印鑑證明。

7. 他項權利人印鑑證明或替代方案

附有他項權利同意書者。

8. 門牌增編證明

申請建物分割複丈時檢附。

9. 分割位置圖說

同上。

10. 委託書

委託他人代理申請者檢附。

依申請書委任關係欄由代理人及複代理人於委任關係欄或備註欄適當處註明「委任人確為登記標的物之權利人或權利關係人，並經核對身分無誤，如有虛偽不實，本代理人（複代理人）願負法律責任」。

11. 法院判決確定證明書

法院判決分割合併時檢附。

(八) 申請手續

1. 填寫申請書

申請人向登記機關所購買建物測量申請書及建物標示變更登記申請書，依規定格式填寫，連同其他應備文件，向登記機關申辦。

2. 申請收件及繳納規費

填寫申請書後向建物所在地管轄登記機關第二課收件並同時繳納規費後

領取繳費及收件收據。如一棟建物跨越兩個以上不同地政事務所轄區者，應向該建物門牌所在地所屬之地政事務所申請之。地政事務所於收件時經審查准予測量者，應隨即排定測量日期、時間及會同地點。

3. 到場指界

申請人應依排定日期、時間，親自或委託他人（附具委託書）準時到場指界。於測量完竣，並認定無誤，在測量成果圖上簽名或蓋章，申請人屆時不到場者視為放棄測量之主張，已繳測量費不予退還（地籍測量實施規則第264條參照）。

4. 繪製成果圖

申請建物複丈案件於測量完竣由登記機關第二課繪製測量成果圖連同登記申請書及有關證明文件等逕予移送第一課辦理建物標示變更登記。俟登記完畢後，核發建物所有權狀。

第三節　建物第一次測量之意義、程序、文件及有關規定

一、建物第一次測量之意義

建物第一次測量，係指已建築完成之建物，第一次向登記機關申請勘測其建物位置圖及建物平面圖而言。

二、申請建物第一次測量之程序

申請測量：使用建物測量申請書依式填寫，檢附文件向登記機關申辦。

(一) 計算規費

位置圖測量費新台幣4,000元，平面圖測量費每0.5公畝計算，如係樓房則分層計算，騎樓亦分別計算，每五十平方公尺新台幣800元，未滿50平方公尺以50平方公尺計算。

(二) 開單繳費

申請案件經計算規費後，即開立規費繳納通知單並繳費。

(三) 收　件

經簽驗後，即可將申請案件送至收件處收件，並索取收件收據，收據記載測量日期。

(四) 審　查

如文件齊備排定測量日期，若申請書填寫錯誤或文件不全或證件不符，經通知補正，申請人應於十五日內補正，否則駁回。

(五) 到場指界

申請人或代理人應依通知時間，攜帶於申請書上所蓋之印章及測量時間之通知書到現場指界領測，並於測量完竣認為無誤後於測量圖上簽章認定，屆時不到場視為放棄，測量費不予退還。

(六) 領取測量成果表

現場測量後，其成果經整理完畢，申請人即可憑收件收據及原蓋用之印章，領取建物測量成果表，俾據以繼續辦理建物所有權第一次登記。

三、建物第一次測量應備文件

申請建物第一次測量，應填具申請書，檢附土地登記規則第79條所規定之文件辦理。

建物起造人向主管建築機關申請建物使用執照時，得同時檢附建造執照、設計圖、申請使用執照之相關證明文件及其影本，向登記機關申請建物第一次測量。

依前二項規定繳驗之文件正本，於繳驗後發還（地籍測量實施規則第279條）。

四、不得申請測量之要件

新建之建物得申請建物第一次測量。但有下列情形之一者，不得申請測

量：
(一) 依法令應請領使用執照之建物，無使用執照者。
(二) 實施建築管理前建造完成無使用執照之建物，無土地登記規則第79條第
　　　3項所規定之文件者（地籍測量實施規則第259條）。

五、建物第一次測量有關規定

(一) 地籍測量實施規則第280條：申請建物第一次測量時，得同時填具土地
　　　登記申請書件，一併申請建物所有權第一次登記。
(二) 地籍測量實施規則第282條：建物第一次測量，應測繪建物位置圖及其
　　　平面圖。登記機關於測量完竣後，應發給建物測量成果圖。
(三) 地籍測量實施規則第282條之1：於實施建築管理地區，依法建造完成之
　　　建物，其建物第一次測量，得依使用執照竣工平面圖轉繪建物平面圖及
　　　位置圖，免通知實地測量。但建物坐落有越界情事，應辦理建物位置測
　　　量者，不在此限。
　　　前項轉繪應依第272條至第275條、第276條第1項、第3項、第283條及
　　　下列規定辦理：
　　　1.建物平面圖應依使用執照竣工平面圖轉繪各權利範圍及平面邊長，並
　　　　詳列計算式計算其建物面積。
　　　2.平面邊長，應以使用執照竣工平面圖上註明之邊長為準，並以公尺為
　　　　單位。
　　　3.建物位置圖應依使用執照竣工平面圖之地籍配置轉繪之。
　　　4.圖面應註明辦理轉繪之依據。
(四) 地籍測量實施規則第282條之2：依前條規定轉繪之建物平面圖及位置
　　　圖，得由開業之建築師、測量技師、地政士或其他與測量相關專門職業
　　　及技術人員為轉繪人。
　　　依前項規定辦理之建物平面圖及位置圖，應記明本建物平面圖、位置圖
　　　及建物面積如有遺漏或錯誤致他人受損害者，建物起造人及轉繪人願負
　　　法律責任等字樣及開業證照字號，並簽名或蓋章。
　　　依本條規定完成之建物平面圖及位置圖，應送登記機關依前條第二項規
　　　定予以核對後發給建物測量成果圖。
(五) 地籍測量實施規則第282條之3：依土地登記規則第78條但書規定，申請

建物所有權第一次登記時檢附之建物標示圖，應依第282條之1第2項規定繪製，並簽證，其記載項目及面積計算式，登記機關得查對之。

前項建物辦竣所有權第一次登記後，其建物標示圖由登記機關永久保管。

(六) 地籍測量實施規則第283條：區分所有建物之共有部分，除法規另有規定外，依區分所有權人按其設置目的及使用性質之約定情形，分別合併，另編建號予以勘測。

建物共有部分之建物測量成果圖或建物標示圖應註明共有部分各項目內容。

(七) 地籍測量實施規則第283條之1：中華民國83年10月19日前已領有建造執照之建物，申請建物第一次測量者，有關區分所有建物共用部分之測繪，適用本規則中華民國83年10月17日修正發布施行前第297條之規定。

(八) 地籍測量實施規則第284條：區分所有建物之地下層或屋頂突出物等，依主管建築機關備查之圖說標示為專有部分，並已由戶政機關編列門牌或核發其所在地址證明者，得單獨編列建號，予以測量。

前項圖說未標示專有部分，經區分所有權人依法約定為專有部分者，亦同。

(九) 地籍測量實施規則第285條：一棟建物跨越兩個以上登記機關轄區者，由該建物門牌所在地之登記機關受理測量，編列建號。

在同一登記機關內之一棟建物，位於二個以上地段者，以其坐落較廣地段編其建號。

(十) 地籍測量實施規則第286條：下列建物，在同一建築基地範圍內屬於同一所有權人，供同一目的使用者為特別建物：

1.公有公用之建物。

2.地方自治團體建物。

3.學校。

4.工廠倉庫。

5.祠、廟、寺院或教堂。

6.名勝史蹟之建物。

第十四章 ｜ 地政士制度與管理

第一節　地政士之意義及設置目的

一、地政士之意義

　　民國90年10月30日修正公布之土地法第37條之1規定：「土地登記之聲請，得出具委託書，委託代理人為之。土地登記專業代理人，應經土地登記專業代理人考試或檢覈及格。但在本法修正施行前，已從事土地登記專業代理業務，並曾領有政府發給土地代書人登記合格證明或代理他人申辦土地登記案件專業人員登記卡者，得繼續執業，未領有土地代書人登記合格證明或登記卡者，得繼續執業至中華民國84年12月31日。非土地登記專業代理人擅自以代理聲請土地登記為業者，其代理聲請土地登記之件，登記機關應不予受理。土地登記專業代理人開業、業務與責任、訓練、公會管理及獎懲等事項之管理辦法，由中央地政機關定之。」內政部爰依上述規定訂定「土地登記專業代理人管理辦法」，前於第2條明定本辦法所稱土地登記專業代理人係指「依本辦法規定，代理他人申請土地登記案件為業之人」。內政部於民國92年4月24日廢止土地登記事業代理人管理辦法。民國90年10月4日三讀通過地政士法全文六章五十九條，同年10月24日公布，並明定六個月後實施。

二、地政士之功能（設置目的）

　　土地法第37條以及土地登記規則第3條之規定：「土地登記，謂土地及建築改良物之所有權與他項權利之登記。」土地法第43條規定：「依本法所為之登記有絕對效力。」民法第758條規定：「不動產物權，依法律行為而取得、設定、喪失及變更者，非經登記，不生效力。前項行為，應以書面為之。」同法第759條：「因繼承、強制執行、徵收、法院之判決或其他非因法律行為，於登記前已取得不動產物權者，應經登記，始得處分其物權。」可見土地登記之重要，此實關係人民生命財產之安全，何況近年來由於社會

經濟繁榮，房地產供需增加，不動產交易及融資貸款隨之頻繁，相對的不動產登記案件逐年增加，且不動產價值較之以往有明顯高昂趨勢，而其變動之地政相關法令亦日趨複雜，一般人民非委託專業之地政士無法完成登記，且易產生糾紛，依目前之數據顯示，登記機關受理土地登記案件95%以上係由地政士承辦。茲將地政士之功能（設置目的）分述如下：

(一) 確保產權

我國土地登記採實質審查主義，登記後並有絕對效力，登記法令牽涉甚多，非有豐富之專業知識難以勝任，地政士依專業代理申辦案件，必能確保地權之完整。

(二) 專業分工

社會愈進步，專業分工愈需要，此乃時代潮流所必然，專業分工後必能勝任愉快，土地登記係屬專業之一種，與律師、會計師、醫師無異，關於不動產有關登記事項自應由地政士辦理。

(三) 減輕負擔

人民申請土地登記，因法令牽涉太多，應檢附之書表文件每類案件又各不相同，一般百姓無所適從，且登記人員答覆詢問一再重複，浪費許多人力物力，一般人民申請登記案件非專業仍被駁回、補正。如由地政士辦理因其具備專業知識素養，登記程序之得心應手迅速辦妥登記，減少地政機關之負擔。

(四) 政令宣導

地政士介於政府與民間之地政橋樑角色，政府推行之土地政策往往可透過代理人之解說達到宣傳政令之效果。

(五) 價格資訊

地政士因不動產買賣契約簽訂能全盤瞭解不動產買賣市場價格，對於市場價格十分清楚，若能與地政機關配合，則政府必能掌握市價，公告現值與市價政策目標必能達成。

(六) 登記繁雜

土地登記牽涉之法令不下百種，而其程序更非一般人所能瞭解，非有土地登記專業知識無以竟其功，故委託地政士辦理事半功倍。

(七) 服務人民

地政士工作不但是自由業也是服務業，如社會沒有地政士則民間土地登記將無人辦理，地政機關工作勢將停擺，是故地政士係服務人民，其制度乃社會需要之自然產物。

(八) 專業諮詢

代辦買賣雙方簽約、交件、完稅、登記外，稅務、建築貸款、都市計畫、法規諮詢、斡旋、協調買賣雙方認知、保障交易之安全。故地政士提供產權登記、財務規劃、稅務分享等房地產相關專業諮詢。

第二節　地政士法解析與管理

一、立法目的

維護不動產交易安全、保障人民財產權益、建立地政士制度，特制定本法（地政士法第1條）。

二、正名地政士

司法書士；代書；土地登記專業代理人；地政士（地政士法第4、5條）。

三、地政士之積極資格

1.考試及格、並領有地政士證書。
2.施行前，依法領有土地登記專業代理人證書（地政士法第4條）。

四、地政士證書核發及施行前請領證書之期限

考試及格經申請者。

施行前，經土地登記專業代理人考試或檢覈及格者，得請領地政士證書（地政士法第53條）。

施行前，未申領代理人證書者，應於地政士法施行後一年內（即92年4月24日前）申請地政士證書（地政士法第54條）。

五、地政士之消極資格

1.曾因業務有詐欺、背信、侵占、偽造文書，受徒刑一年以上確定。
2.除名。
3.經撤銷考試及格資格。
4.中央主管機關應公告並通知地方機關及地政士公會（地政士法第6條）。

六、開業執照請領

申請登記：
1.地政士（地政士法第7條）。
2.施行前領有土地登記專業代理人證書（地政士法第53條）。
取得開業執照（地政士法第7條）。
遷移於原登記機關以外，應重新申請登記（地政士法第14條）。

七、執照之更新方式及要件

1.有效期限為四年。
2.四年期滿應檢附三十小時專業訓練證明換照。
3.屆期未換照，重新申請開業執照。
4.換照得以原照加註延長期限（地政士法第8條參照）。

八、撤銷或廢止開業執照

1.經撤銷或廢止地政士證書。
2.罹患精神疾病或身心狀況違常，經直轄市或縣（市）主管機關委請二位以上相關專科醫師諮詢，並經直轄市或縣（市）主管機關認定不能執行業務。
3.受監護或輔助宣告（未撤銷）。
4.破產（未復權）（地政士法第11條參照）。

九、事務所之設立及名稱等

1.申請開業執照（地政士法第7條）。
2.應設立事務所（一處為限）（地政士法第12條）。
3.不得設立分事務所（地政士法第12條）。
4.二人以上組織聯合事務所，共同執行業務（地政士法第12條）。
5.應標明地政士字樣（地政士法第13條）。
6.標明收取費用標準（地政士法第23條）。
7.非加入公會不得執業（地政士法第33條）。

十、註銷登記

1.自行停業。
2.死亡（地政士法第15條）。

十一、業務範圍

1.代理申請土地登記事項。
2.代理申請土地測量事項。
3.代理申請與土地登記有關稅務事項。
4.代理申請與土地登記有關公證、認證事項。
5.代理申請土地法規規定之提存事項。
6.代理撰擬不動產契約或協議事項。
7.不動產契約或協議之簽證。
8.代理其他與地政業務有關事項（地政士法第16條）。

十二、接受委託之程序

1.查明並核對委託人身分（地政士法第18條）。
2.自己處理，但亦得複委託（應經委託人同意）（地政士法第17條）。

十三、執行業務注意事項

1.收取委託費用標準應標明（地政士法第23條）。
2.收取委託人文件，應掣給收據（地政士法第24條）。
3.不得任意終止委託契約（地政士法第24條）。

4.終止委託應於十日前通知委託人，未經同意不得終止（地政士法第24條）。

5.不得不正當行為或違反應盡義務（地政士法第26條）。

6.致受託人損害負賠償責任（地政士法第26條）。

7.地政士應於買賣受託案件辦竣所權移轉登記三十日內，向主管機關申報登錄土地及建物成交案件實際資訊（地政士法第26-1條第1項）。

8.應置業務紀錄簿，至少保存十五年（地政士法第25條）。

9.不得規避、妨礙或拒絕主管機關業務調查（地政士法第28條）。

10.非加入公會不得執業（地政士法第33條）。

十四、執業之禁止行為

1.違反法令執行業務。

2.允諾他人藉名執行業務。

3.不正當方法招攬業務。

4.為業務範圍以外之宣傳性廣告。

5.要求、期約或收受規定外之任何酬金。

6.明知不實書狀、印鑑證明或其他證明文件仍申辦登記（地政士法第27條參照）。

十五、登記助理員之資格及限制

應備資格：

1.領有地政士證書。

2.專科以上地政士相關科系畢業。

3.高中、高職以上畢業並於地政士事務所服務二年以上者。

人數限制：二人。

辦理事項：土地登記之送件及領件。

應向公會申請及主管機關備查。

登記機關認有必要得通知地政士本人到場（地政士法第29條參照）。

十六、簽證人登記

申請資格：

1.經地政士公會全聯會推薦。
2.最近五年內，其中二年收入達一定金額以上（地政士法第19條）。
3.繳納保證金20萬元（地政士法第22條）。

不得申請簽證人登記之消極資格：
1.經地政士公會全聯會撤回推薦者。
2.曾有簽證不實或錯誤，致當事人受有損害者。
3.受申誡以上處分者（地政士法第20條參照）。

不得辦理簽證事項：
1.中華民國74年6月4日以前之繼承登記。
2.書狀補給登記。
3.土地法第34條之1規定為共有土地處分、變更或設定負擔所為之登記。
4.寺廟、祭祀公業、神明會土地之處分或設定負擔之登記。
5.須有第三人同意之登記。
6.權利價值逾新台幣1,000萬元之登記。
7.其他經中央主管機關公告之土地登記事項（地政士法第21條）。

十七、地政士公會之設立與組織及業必歸會

地政士公會之組織區域依現有之行政區域劃分，分為直轄市公會、縣（市）公會，並得設地政士公會全國聯合會。在同一區域內，同級之地政士公會，以一個為原則。但二個以上之同級公會，其名稱不得相同（地政士法第30條）。

達十五人以上即可組織，未滿十五人得加入鄰近公會（地政士法第31條）。

全聯會由各縣市公會過半數以上組織發起（地政士法第32條）。
1.就會費中提撥不低於10%之金額。
2.交由全聯會設管理委員會負責保管。
3.以孳息或其他收入用於研究發展地政業務有關事項（地政士法第34條）。

地政士非加入公會不得執業（地政士法第33條）。

公會不得拒絕地政士入會（地政士法第33條）。

地政士法經公會拒絕入會，其資格經主管機關認定後，視同已入會（地政士法第33條）。

設立地政業務研究發展經費（地政士法第34條）。

訂定地政士倫理規範，提經會員代表大會通過（地政士法第35條）。

理監事任期三年，連選得連任，但不得超過二分之一（地政士法第36條）。

會員超過三百人，得依章程，召開會員代表大會（地政士法第38條）。

原代理人公會視為已依法完成組織（地政士法第55條）。

原代理人公會不符合本法規定者，三個月內解散（地政士法第55條）。

罰則：具會員資格者遭拒絕入會（地政士法第33條），則處以3-15萬元罰鍰（地政士法第51條）。

十八、獎勵之事項

1.執業連續二年以上成績優良者。

2.有助地政革新或研究或著作者，貢獻卓著者。

3.舉發虛偽案件者，保障財產權益者。

4.協助政府推行地政業務者（地政士法第42條參照）。

十九、懲戒之種類

1.警告。

2.申誡（三次警告）。

3.停業二月至二年以下（三次申誡）。

4.除名（停業累計滿三年）（地政士法第43條參照）。

二十、懲戒內容

警告與申誡：（地政士法第44條）。

1.主管機關有地政士名簿事項變更，未於三十日內申報備查（地政士法第9條）。

2.未設立事務所執業（地政士法第12條）。

3.事務所未標明地政士（地政士法第13條）。

4.遷移未重新登記（地政士法第14條）。

5.自行停止營業、死亡未申請註銷登記（地政士法第15條）。
6.未親自處理或經同意複委託（地政士法第17條）。
7.未標明收取費用標準並掣給收據（地政士法第23條）。
8.非有正當理由終止契約（地政士法第24條）。
9.未置業務紀錄簿（地政士法第25條）。
10. 僱用登記助理員未申請備查。（地政士法第29條）。

申誡或停業：（地政士法第44條）
1.事務所未以一處為限，不得設分事務所（地政士法第12條）。
2.未核對身分始得接受委託（地政士法第18條）。
3.不正當招攬業務（地政士法第27條）。
4.非業務範圍之宣傳性廣告（地政士法第27條）。
5.規避、妨礙、拒絕業務文件之查詢、取閱（地政士法第28條）。
6.違背地政士倫理規範（地政士法第44條）。
7.違反公會章程情節重大者（地政士法第44條）。

二十一、懲戒委員會之組織

委員九人
地政處（局）長兼任主任。
其餘八人。
1.公會代表二人。
2.人民團體業務主管一人。
3.地政業務主管三人。
4.社會公正人士二人（地政士法第45條）。
處理地政士違反懲戒內容情事（地政士法第46條）。
通知被懲戒人在二十日內提出答辯書或到會陳述（地政士法第47條）。
認為有犯罪嫌疑者，應即移送司法機關偵辦（地政士法第47條）。

二十二、行政罰鍰種類

5至25萬元：無照營業（地政士法第49條）。
3至15萬元：
1.未依法取得開業執照。

2.未加入公會。

3.屆期滿未辦理換發,而仍執行業務者。

4.開業執照經撤銷或廢止仍為執業;

5.受停業處分而仍執業者(地政士法第50條參照)。

6.地政士公會拒絕地政士入會(地政士法第51條)。

7.地政士違反申報實際資訊,罰鍰並限期改正;屆期未改正者,應按以
處罰(地政士法第51-1條)。

二十三、施行細則之訂定

授權中央地政機關定之(地政士法第58條)。

二十四、本法自公布後六個月施行(地政士法第59條參照)

民國90年10月24日公布;民國91年4月24日施行。

民國98年5月12日修正之條文(第11條),自98年11月23日施行。

民國100年6月15日修正條文(第30條),自民國100年12月15日施行。

本法中華民國100年12月13日修正之第26-1條、第51-1條及第52條之施
行日期,由行政院定之。

本法中華民國103年1月3日修正之第11條,自公布日施行;第51-1條,
自公布後三個月施行。

第十五章 | 信託登記

第一節　信託與信託登記之意義及要件

一、信託、信託登記及不動產信託登記之意義

(一) 信託之意義

　　稱信託者，謂委託人將財產權移轉或為其他處分，使受託人依信託本旨，為受益人之利益或為特定之目的，管理或處分信託財產之關係（信託法第1條）。

(二) 信託登記之意義

　　土地權利信託登記，係指土地權利依信託法辦理信託而為變更之登記，簡稱信託登記（土地登記規則第124條）。

(三) 不動產信託登記之意義

　　指土地或建物所有權（或他項權利）人，以該不動產物權移轉或設定負擔於足以信賴且管理、企劃及執行能力之信託銀行、信託公司或專業人士，使其為受益人或特定目的，管理或處分該不動產物權，以避免委託人因疏於管理、缺乏資金或未具專業知識而遭占用、延緩開發或低度利用等情形，以期促進不動產合理有效之利用，達臻地利共享之目標。

二、信託及信託登記之要件

(一) 信託之要件

　　信託係財產所有人（委託人），為自己或他人（受益人）的利益或為特定目的（信託目的），將自己的財產權移轉或處分（如設定地上權）給受託人，由受託人依信託設立的意旨來管理或處分該財產權（信託財產）的一種

法律關係。因此，信託之要件有二：

1. 財產權之移轉或其他處分，辦妥信託登記始具對抗要件

委託人將財產權移轉或為其他處分予受託人，因此委託人不但須移轉占有，且須移轉權利之外觀。而其他處分，則係指在財產權上設定用益物權或擔保物權而言。依此等移轉或處分行為，受託人在形式上雖可成為信託財產之權利主體，但為對抗第三人，仍須依公示的規定辦理信託登記，始具備對抗要件。

2. 信託財產之管理或處分

受託人須依信託本旨管理或處分信託財產，此之管理，依信託契約、遺囑或宣言之內容定之，否則應依民法之規定之管理，可分為廣義與狹義之概念。狹義之管理包括保存、改良行為及利用行為；廣義之管理則包括狹義之管理及處分行為。

至於處分，原則上仍應依信託契約、遺囑或宣言之內容而定，否則應兼指事實上處分與法律上處分。

(二) 信託登記之要件

1. 土地已完成總登記，建物完成建物所有權第一次登記

依土地登記規則第11條規定，未經登記所有權之土地，除法律或土地登記規則另有規定外，不得為他項權利登記或限制登記。申辦土地權利信託登記，無論係所有權或他項權利之信託行為，均以土地權利已完成土地總登記，建物完成建物所有權第一次登記為要件。

2. 須基於信託關係

辦理土地權利信託登記，依信託法規定，應由委託人（土地權利人）與受託人（信託業者或依信託法規定地政士、律師、會計師等）成立信託關係，並基於此一關係，由受託人依雙方約定之「信託內容」（信託本旨）為管理或處分信託財產，為受益人之利益，並將信託利益歸屬於受益人。下列二者非基於信託關係：

(1) 調解回復所有權不適用信託移轉——原出資購買土地之人與受託登

記名義人，若經鄉鎮市公所調解成立返還所有權時，該土地原取得之原因，既係以買賣登記為之，尚無從以信託返還或塗銷信託登記為原因，移轉回復其所有權。

(2) 終止信託之判決移轉仍應課徵土地增值稅──按法院就原以買賣原因登記之信託財產，判決移轉回復於原信託人，雖屬私權行為之終止信託關係，但因判決移轉係屬實質所有權之移轉，其與信託登記及塗銷信託登記之情形有別，應以信託返還為原因，申報土地移轉現值，課徵土地增值稅。

3. 須符合登記內容

申辦土地權利信託登記之內容依土地法、信託法、土地登記規則等規定，其內容如下：

(1) 標的物為土地與建築改良物。

(2) 權利種類為所有權與他項權利。

(3) 法律關係為土地權利信託之取得、設定、喪失或變更、移轉。

4. 須以書面為之

不動產物權之移轉或設定，依民法第758條規定應以書面為之。申請登記時，依照土地登記規則第34條第2款規定，另應檢附登記原因證明文件，申請土地權利信託登記之原因證明文件如下：

(1) 契約信託時，其原因證明文件為土地權利信託契約書。

(2) 遺囑信託時，因遺囑為要式行為，應檢附合法之遺囑為原因證明文件。

(3) 宣言信託時，為宣言信託之法人決議證明文件及經其目的事業主管機關許可之證明文件。

5. 須不違反法律之禁止或強制規定者。

信託法第5條規定：「信託行為，有下列各款情形之一者，無效：(1) 其目的違反強制或禁止規定者。(2) 其目的違反公共秩序或善良風俗者。(3) 以進行訴願或訴訟為主要目的者。(4) 以依法不得受讓特定財產權之人為該財產權之受益人者。」故申辦「信託登記」不得違背本法條之規定。

6. 須當事人適格

信託登記之當事人資格應無瑕疵。例如委託人與受託人以訂立契約成立信託關係者，委託人與受託人均須具有權利能力及行為能力。又如以遺囑成立信託關係者，立遺囑人須年滿十六歲，且遺囑須符合法定生效要件等，如其應備條件欠缺，除得為補正外，應視為當事人不適格。

第二節　我國信託法重要立法原則暨要點

一、信託法重要立法原則

我國信託法於民國85年1月26日總統令公布98年12月30日修正，共分九章，八十六條，其立法原則如下：

(一) 所有權與利益分立原則

所有權人享有所有物利益，是理所當然之事，但在「信託制度」中，財產權「持有」與「利益歸屬」卻是分開的，其立意即謂所有人非「物」之權利的最佳操盤者。

在實務中，即由委託人將其財產權移轉予受託人，使「財產權名義」屬受託人所有，但「財產權利益」歸受益人所有。

如此「權」、「益」分立的結果，使得「信託財產」成為一獨立的財產，不但委託人無權就自己所有物予以處分、管理；受託人也不能將信託財產當成自有的財產處分、管理，而應依信託本旨管理或處分該信託財產；至於受益人更無處分該信託財產的權利，也不必費心管理就可接受信託財產所孳生之利益。

不過受託人並非完全不得為受益人，依現行信託法第34條規定：「受託人不得以任何名義，享有信託利益。但與他人為共同受益人時，不在此限。」故知：所謂「權」「益」分立，僅係原則，非必然也。

(二) 信託財產獨立原則

所謂信託財產獨立，是指「信託財產」與委託人其他財產或受託人自有財產，乃至受益人所有之財產，均不發生共同債權、債務之關係。例如信託

法第9條規定：「受託人因信託行為取得之財產權為信託財產。受託人因信託財產之管理、處分、滅失、毀損或其他事由取得之財產權，仍屬信託財產。」即指出「信託財產」非受託人之財產，且信託財產存在或消滅，乃至由信託財產所衍生之債權或債務，均屬信託財產，受託人不能將信託孳息納為己有，也毋庸為信託財產虧損，責由自己原有的財產充抵。

　　信託法第10條規定：「受託人死亡時，信託財產不屬於其遺產。」在表明信託財產非受託人原有財產，故受託人死亡時，不得將信託財產列為受託人遺產，而或受託人之繼承人繼承取得或對其課徵遺產稅，同法第11條規定：「受託人破產時，信託財產不屬於其破產財團」；第12條第1項規定：「對信託財產不得強制執行。但基於信託前存在該財產之權利，因處理信託事務所生之權利或其他法律另有規定者，不在此限」；第13條規定：「屬於信託財產之債權與不屬於該信託財產之債務，不得互相抵銷」；第14條規定：「信託財產為所有權以外之權利時，受託人雖取得該權利標的之財產權，其權利亦不因混同而消滅」；第35條第1項前段規定：「受託人除有下列各款情形之一外，不得將信託財產轉為自有財產，或於該信託財產上設定或取得權利」。

(三) 信託公示原則

　　信託財產在名義上屬受託人所有，但實質之權益又屬受益人所有，故如不以公示方法使一般大眾知悉，必會造成社會交易之紛爭。信託法第4條特別明定如下：

1. 以應登記或註冊之財產權為信託者，非經信託登記，不得對抗第三人。
2. 以有價證券為信託者，非依目的事業主管機關規定於證券上或其他表彰權利之文件上載明為信託財產，不得對抗第三人。
3. 以股票或公司債券為信託者，非經通知發行公司，不得對抗該公司。

(四) 加強保護受益人原則

　　信託目的在使信託利益能歸屬受益人享有，故應加強保護受益人及信託財產利益，現行信託法第3條明定：「委託人與受益人非同一人者，委託人除信託行為另有保留外，於信託成立後不得變更受益人或終止其信託，亦不

得處分受益人之權利。但經受益人同意者，不在此限。」以使委託人不能任意作出有害受益人權益之行為。

同法第18條第1項前段規定：「受託人違反信託本旨處分信託財產時，受益人得聲請法院撤銷其處分。」使受益人得以監督受託人行為並採取必要措施。

同法第23條規定：「受託人因管理不當致信託財產發生損害或違反信託本旨處分信託財產時，委託人、受益人或其他受託人得請求以金錢賠償信託財產所受損害或回復原狀，並得請求減免報酬。」賦予委託人等監督受託人行為，以保護受益人或信託財產之利益。

(五) 信託目的適法原則

信託財產，是因委託人與受託人間訂立信託契約而成立信託關係者，其訂立契約固屬法律行為，其因信託契約成立而依契約內容所為之信託行為仍為法律行為之一，故有關民法規範法律行為之目的須確定、可能及適法等，信託目的自無排除適用之理。

現行信託法第5條規定：「信託行為，有下列各款情形之一者，無效：一、其目的違反強制或禁止規定者。二、其目的違反公共秩序或善良風俗者。三、以進行訴願或訴訟為主要目的者。四、以依法不得受讓特定財產權之人為該財產權之受益人者」。

二、我國信託法之要點略述

(一) 受益人之撤銷權

受託人違反信託本旨處分信託財產時，受益人得聲請法院撤銷其處分。受益人有數人者，得由其中一人為之（信託法第18條）。

(二) 受益權之讓與性

受益人對其受益權之讓與，得準用民法第294-299條之規定（信託法第20條）。

(三) 受託人報酬之減免與增減

為促使受託人盡其善良管理人之注意，確保受益人之權益，我國信託法

第23條規定得對受託人之報酬請求減免。

受託人係信託業或信託行為訂有給付報酬者，得請求報酬（信託法第38條）。

(四) 信託監察人之設置

我國信託法仿民法所定社團與財團法人之監察人與公司法所定公司監察人之用語，改稱信託監察人，明定其適格、執行職務時之注意程度、辭任與解任等（信託法第52-59條參照）。

(五) 公益信託之監督及特殊類型（法人宣言信託）

我國信託法就公益信託設有十七條規定（第69-85條），僅次於受託人章，考其用意，係一方面鼓勵公益信託之設立，以增進公共利益，另為免公益信託之不當經營而損及多數受益人之權益，故就監督方法特為詳密之規定。另宣言信託，亦為日、韓信託所無，惟英、美法制中實務運作已達百年以上，尚無重大流弊產生，乃於公益信託中明定法人宣言信託，亦屬頗具前瞻性之規定。

三、最高法院判例實務上對信託之定義說明

(一) 最高法院62年台上字第2996號判例

我民法並無關於信託行為之規定，亦無信託法之頒行，通常所謂信託行為，係指信託人將財產所有權移轉與受託人，使其成為權利人，以達到當事人間一定目的之法律行為而言，受託人在法律上為所有權人，其就受託財產所為之一切處分行為，完全有效，縱令其處分違反信託之內部約定，信託人亦不過得請求賠償因違反約定所受之損害，在受託人未將受託財產移還信託人以前，不能謂該財產乃信託人所有。（信託法業於85年1月26日公布實施，本判例不再援用）

(二) 最高法院66年台再字第42號判例

按因私法上法律行為而成立之法律關係，非以民法（實質民法）有明文規定者為限；其法律行為之內容，並不違反公序良俗或強行規定，即應賦與法律上之效力，如當事人本此法律行為成立之法律關係起訴請求保護其權

利，法院不得以法無明文規定而拒絕裁判。所謂信託行為，係指委託人授與受託人超過經濟目的之權利。而僅許可基於經濟目的之範圍內行使權利之法律行為而言。就外部關係言，受託人因有行使超過受託人所授與之權利，就委託人與受託人之內部關係言，受託人仍應受委託人所授與權利範圍之限制。信託關係係委託人信賴受託人代其行使權利成立，應認委託人有隨時終止信託契約之權利。（信託法業於85年1月26日公布實施，本判例不再援用）

第三節　土地權利信託登記

一、登記之申請人及應備文件

(一) 以契約為之者之申請人

信託以契約為之者，信託登記應由委託人與受託人會同申請之（土地登記規則第125條）。

(二) 以遺囑為之者之申請人

信託以遺囑為之者，信託登記應由繼承人辦理繼承登記後，會同受託人申請之；如遺囑另指定遺囑執行人時，應於辦畢遺囑執行人及繼承登記後，由遺囑執行人會同受託人申請之。

前項情形，於繼承人因故不能管理遺產亦無遺囑執行人時，應於辦畢遺產清理人及繼承登記後，由遺產清理人會同受託人申請之。

第1項情形，於無繼承人或繼承人有無不明時，仍應於辦畢遺產管理人登記後，由遺產管理人會同受託人申請之（土地登記規則第126條）。

(三) 取得受託財產者之登記方式及文件

受託人依信託法第9條第2項取得之土地權利，申請登記時，應檢附信託關係證明文件，並於登記申請書適當欄內載明該取得財產為信託財產及委託人身分資料，登記機關辦理登記時，應依第130-132條規定辦理（土地登記規則第127條）。

(四) 信託關係消滅後之登記處理方式

　　信託財產依土地登記規則第125條辦理信託登記後，於信託關係消滅時，應由信託法第65條規定之權利人會同受託人申請塗銷信託或信託歸屬登記。

　　前項登記，受託人未能會同申請時，得由權利人提出足資證明信託關係消滅之文件單獨申請之。未能提出權利書狀時，得檢附切結書或於土地登記申請書敘明未能提出之事由，原權利書狀於登記完畢後公告註銷（土地登記規則第128條）。

(五) 受託人變更登記方式及文件

　　信託財產因受託人變更，應由新受託人會同委託人申請受託人變更登記，前項登記，委託人未能或無須會同申請時，得由新受託人提出足資證明文件單獨申請之。未能提出權利書狀時，準用前條第2項規定（土地登記規則第129條）。

二、不動產信託登記之申請人

(一) 信託登記

　　1.申請人：契約指委託人與受託人。遺囑指受託人與委託人之繼承人或遺囑執行人。
　　2.登記之申請：依土地登記規則第125、126條之規定。

(二) 信託取得登記

　　1.當事人：受託人（買受人）與出賣人。
　　2.登記之申請：依土地登記規則第127條規定。

(三) 受託人變更登記

　　1.申請人：委託人、新受託人、原受託人。
　　2.登記之申請：依土地登記規則第129條之規定。

(四) 信託歸屬登記

1.申請人：受益人、委託人或其繼承人、受託人。
2.登記之申請：依土地登記規則第128條之規定。

(五) 塗銷信託登記

1.申請人：委託人或其繼承人、受益人、受託人。
2.登記之申請：依土地登記規則第128條之規定。

三、登記原因意義說明

(一) 信　託

土地權利因成立信託關係而移轉成為其他處分所為之登記。不論其原因係法律規定，或以契約、遺囑為之，一律以「信託」為登記原因。

(二) 委託人變更

土地權利信託登記後，受託人有變動、死亡……等所為之受託人變更登記。

(三) 塗銷信託

土地權利於委託人與受託人間，因信託關係之消滅或其他原因而回復至原委託人所有時所為之登記。

(四) 信託歸屬

土地權利因信託關係消滅而移轉予委託人以外之歸屬權利人時所為之登記。

(五) 信託取得

受託人於信託期間，因信託行為取得土地權利所為之登記。

(六) 其他內容變更登記

其他信託契約條款內容如信託目的、信託受益人、信託監察人、信託期

間、信託關係消滅事由、管理或處分方法、歸屬人變更時應辦理信託內容變更登記。

四、地政機關登記簿、書狀等處理方式

(一) 登記簿之登載方式

信託登記，除應於登記簿所有權部或他項權利部登載外，並於其他登記事項欄記明信託財產、委託人姓名或名稱，信託內容詳信託專簿。

前項其他登記事項欄記載事項，於辦理受託人變更登記時，登記機關應予轉載（土地登記規則第130條）。

(二) 權利書狀之發給

信託登記完畢，發給土地或建物所有權狀或他項權利證明書時，應於書狀記明信託財產，信託內容詳信託專簿（土地登記規則第131條）。

(三) 信託專簿之裝釘、保存、閱覽及複印

土地權利經登記機關辦理信託登記後，應就其信託契約或遺囑複印裝訂成信託專簿，提供閱覽或申請複印，其提供資料內容及申請人資格、閱覽費或複印工本費之收取，準用第二十四條之一及土地法第七十九條之二規定。

信託專簿，應自塗銷信託登記或信託歸屬登記之日起保存十五年。

（土地登記規則第132條，103/2/27公布修正，103/9/15施行）

(四) 信託內容變更之處理方式

信託內容有變更，而不涉及土地權利變更登記者，委託人應會同受託人檢附變更後之信託內容變更文件，以登記申請書向登記機關提出申請。

登記機關於受理前項申請後，應依信託內容變更文件，將收件號、異動內容及異動年月日於土地登記簿其他登記事項欄註明，並將登記申請書件複印併入信託專簿（土地登記規則第133條）。

(五) 依不動產證券化條例等所為信託應附文件及登記地政機關處理方式

申請人依不動產證券化條例或金融資產證券化條例規定申請信託登記

時，為資產信託者，應檢附主管機關核准或申報生效文件及信託關係證明文件；登記機關辦理登記時，應於登記簿其他登記事項欄記明委託人姓名或名稱。

前項信託登記，為投資信託者。應檢附主管機關核准或申報生效文件，無須檢附信託關係證明文件；登記機關辦理登記時，應於登記簿其他登記事項欄記明該財產屬不動產投資信託基金信託財產。

依前項規定辦理信託登記後，於信託關係消滅、信託內容變更時，不適用第128、133條規定（土地登記規則第133條之1）。

第四節　土地信託登記之稅賦

土地權利信託，因涉及有關稅捐之徵收，故相關法規於民國90年6月亦配合修正，90年7月1日施行，分述之：

一、土地增值稅（90.6.13公布）

(一) 不課徵土地增值稅（平均地權條例第35條之3；土地稅法第28條之3）

土地為信託財產者，於下列各款信託關係人間移轉所有權，不課徵土地增值稅：

1. 因信託行為成立，委託人與受託人間。
2. 因信託關係存續中受託人變更時，原受託人與新受託人間。
3. 信託契約明定信託財產之受益人為委託人者，信託關係消滅時，受託人與受益人間。
4. 因遺囑成立信託，於信託關係消滅時，受託人與受益人間。
5. 因信託行為不成立、無效、解除或撤銷，委託人與受託人間。

(二) 課徵土地增值稅（平均地權條例第37條之1；土地稅法第5條之2）

1. 受託人就受託土地，於信託關係存續中，有償移轉所有權、設定典權或依信託法第35條第1項規定轉為自有土地時，以受託人為納稅義務人，課徵土地增值稅。

2.以土地為信託財產，受託人依信託本旨移轉信託土地與委託人以外之歸屬權利人時，以該歸屬權利人為納稅義務人，課徵土地增值稅。

二、遺產稅（90.6.13公布）

(一) 應課徵遺產（遺產及贈與稅法第3條之2）

1.因遺囑成立之信託，於遺囑人死亡時，其信託財產應依本法規定，課徵遺產稅。
2.信託關係存續中受益人死亡時，應就其享有信託利益之權利未領受部分，依本法規定課徵遺產稅。

(二) 不計入遺產總額（遺產及贈與稅法第16條之1）

遺贈人、受遺贈人或繼承人提供財產，捐贈或加入於被繼承人死亡時已成立之公益信託並符合下列各款規定者，該財產不計入遺產總額：
1.受託人為信託業法所稱之信託業。
2.各該公益信託除為其設立目的舉辦事業而必須支付費用外，不以任何方式對特定或可得特定之人給予特殊利益。
3.信託行為明定信託關係解除、終止或消滅時，信託財產移轉於各級政府、有類似目的之公益法人或公益信託。

三、贈與稅（90.6.13公布）

(一) 應課徵贈與稅（遺產及贈與稅法第5條之1）

1.信託契約明定信託利益之全部或一部之受益人為非委託人者，視為委託人將享有信託利益之權利贈與該受託人，依本法規定，課徵贈與稅。
2.信託契約明定信託利益之全部或一部之受益人為委託人，於信託關係存續中，變更為非委託人者，於變更時，適用前項規定課徵贈與稅。
3.信託關係存續中，委託人追加信託財產，致增加非委託人享有信託利益之權利者，於追加時，就增加部分適用第1項規定課徵贈與稅。
4.前三項之納稅義務人為委託人。但委託人有第7條第1項但書各款情形之一者，以受託人為納稅義務人。

(二) 不課徵贈與稅（遺產及贈與稅法第5條之2）

信託財產於下列各款信託關係人間移轉或為其他處分者，不課徵贈與稅：
1. 因信託行為成立，委託人與受託人間。
2. 信託關係存續中委託人變更時，原受託人與新受託人間。
3. 信託關係存續中，受託人依信託本旨交付信託財產，受託人與受益人間。
4. 因信託關係消滅，委託人與受託人間或受託人與受益人間。
5. 因信託行為不成立、無效、解除或撤銷，委託人與受託人間。

(三) 不計入贈與總額（遺產及贈與稅法第20條之1）

因委託人提供財產成立、捐贈或加入符合第16條之1各款規定之公益信託，受益人得享有信託利益之權利，不計入贈與總額。

四、契稅（90.6.13公布）

(一) 贈與契稅之申報繳納

以不動產為信託財產，受託人依信託本旨移轉信託財產與委託人以外之歸屬權利人時，應由歸屬權利人估價立契，依第16條規定之期限申報繳納贈與契稅（契稅條例第7條之1）。

(二) 不課徵契稅

不動產為信託財產者，於下列各款信託關係人間移轉所有權，不課徵契稅：
1. 因信託行為成立，委託人與受託人間。
2. 信託關係存續中受託人變更時，原受託人與新受託人間。
3. 信託契約明定信託財產之受益人為委託人者，信託關係消滅時，受託人與受益人間。
4. 因遺囑成立之信託，於信託關係消滅時，受託人與受益人間。
5. 因信託行為不成立、無效、解除或撤銷，委託人與受託人間（契稅條例第14條之1）。

五、房屋稅（90.6.20公布）

(一) 房屋為信託財產者，於信託關係存續中，以受託人為房屋稅之納稅義務人。受託人為二人以上者，準用第1項有關共有房屋之規定（房屋稅條例第4條）。

(二) 經目的事業主管機關許可設立之公益信託，其委託人因該信託關係而取得之房屋，直接供辦理公益活動使用者，免徵房屋稅（房屋稅條例第15條，96.3.21修正公布）。

六、地價稅（90.6.13公布）

平均地權條例第19條之1及土地稅法第3條之1規定如下：

(一) 土地為信託財產者，於信託關係存續中，以受託人為地價稅或田賦之納稅義務人。

(二) 前項土地應與委託人在同一直轄市或縣（市）轄區內所有之土地合併計算地價總額，依前條規定稅率課徵地價稅，分別就各該土地地價占地價總額之比例，計算其應納之地價稅。但信託利益之受益人為非委託人且符合下列各款規定者，前項土地應與受益人在同一直轄市或縣（市）轄區內所有之土地合併計算地價總額：

1. 受益人已確定並享有全部信託利益者。

2. 受託人未保留變更受益人之權利者。

附　錄

壹、土地登記規則

民國100年12月12日內授中辦地字第1000726272號令修正，自100年12月15日生效。

民國100年12月16日行政院院臺規字第1000109431號公告第27條第4款、第69條第1項第2款、第138條第1、3項、第139條第1~3項、第140條、第141條第1、2項、第142條第1、2款所列屬「行政執行處」之權責事項，自民國101年1月1日起改由「行政執行分署」管轄。

民國102年8月22日內政部內授中辦地字第1026651551號令修正發布第27、40、42、69、78、79、102、138~142、152條條文；增訂第78-1條條文；並自102年8月30日施行。

民國103年2月27日內政部台內地字第1030099079號令修正發布第24-1、132、155-3條條文；並自103年9月15日施行。

第一章　總則

第　1　條　本規則依土地法第三十七條第二項規定訂定之。

第　2　條　土地登記，謂土地及建築改良物（以下簡稱建物）之所有權與他項權利之登記。

第　3　條　土地登記，由土地所在地之直轄市、縣（市）地政機關辦理之。但該直轄市、縣（市）地政機關在轄區內另設或分設登記機關者，由該土地所在地之登記機關辦理之。

建物跨越二個以上登記機關轄區者，由該建物門牌所屬之登記機關辦理之。

直轄市、縣（市）地政機關已在轄區內另設或分設登記機關，且登記項目已實施跨登記機關登記者，得由同直轄市、縣（市）內其他登記機關辦理之。

第　4　條　下列土地權利之取得、設定、移轉、喪失或變更，應辦理登記：

　　　　　　一、所有權。

　　　　　　二、地上權。

　　　　　　三、中華民國九十九年八月三日前發生之永佃權。

　　　　　　四、不動產役權。

　　　　　　五、典權。

　　　　　　六、抵押權。

　　　　　　七、耕作權。

　　　　　　八、農育權。

　　　　　　九、依習慣形成之物權。

　　　　　　土地權利名稱與前項第一款至第八款名稱不符，而其性質與其中之一種相同或相類者，經中央地政機關審定為前項第一款至第八款中之某種權利，得以該權利辦理登記，並添註其原有名稱。

第　5　條　土地登記得以電腦處理，其處理之系統規範由中央地政機關定之。

　　　　　　土地登記以電腦處理者，其處理方式及登記書表簿冊圖狀格式，得因應需要於系統規範中另定之。

第　6　條　土地權利經登記機關依本規則登記於登記簿，並校對完竣，加蓋登簿及校對人員名章後，為登記完畢。

　　　　　　土地登記以電腦處理者，經依系統規範登錄、校對，並異動地籍主檔完竣後，為登記完畢。

第　7　條　依本規則登記之土地權利，除本規則另有規定外，非經法院判決塗銷確定，登記機關不得為塗銷登記。

第　8　條　主登記，指土地權利於登記簿上獨立存在之登記；附記登記，指附屬於主登記之登記。

　　　　　　主登記之次序，應依登記之先後。附記登記之次序，應依主登記之次序。

　　　　　　但附記登記各依其先後。

第　9　條　同一土地為他項權利登記時，其權利次序，除法律另有規定外，應依登記之先後。但於土地總登記期限內申請登記者，依其原設定之先後。

第　10　條　土地上已有建物者，應於土地所有權完成總登記後，始得為建物所有權登記。

第　11　條　未經登記所有權之土地，除法律或本規則另有規定外，不得為他項權利登記或限制登記。

第 12 條　登記原因證明文件爲依法與法院確定判決有同一效力者，於第二十七條第四款、第三十條第一款、第三十五條第三款、第一百條、第一百十九條第五項、第一百四十一條第一項第二款及第二項之規定準用之。

第 13 條　土地法第六十八條第一項及第六十九條所稱登記錯誤，係指登記事項與登記原因證明文件所載之內容不符者；所稱遺漏，係指應登記事項而漏未登記者。

第二章　登記書表簿狀圖冊

第 14 條　登記機關應備下列登記書表簿冊圖狀：
　　　　　一、登記申請書。
　　　　　二、登記清冊。
　　　　　三、契約書。
　　　　　四、收件簿。
　　　　　五、土地登記簿及建物登記簿。
　　　　　六、土地所有權狀及建物所有權狀。
　　　　　七、他項權利證明書。
　　　　　八、地籍圖。
　　　　　九、地籍總歸戶冊（卡）。
　　　　　十、其他必要之書表簿冊。

第 15 條　收件簿按登記機關、鄉（鎮、市、區）、地段或案件性質設置，依收件之先後次序編號記載之。其封面記明該簿總頁數及起用年月，鈐蓋登記機關印，每頁依次編號，裝訂成冊。

第 16 條　登記簿用紙除第八十一條第二項規定外，應分標示部、所有權部及他項權利部，依次排列分別註明頁次，並於標示部用紙記明各部用紙之頁數。

第 17 條　登記簿就登記機關轄區情形按鄉（鎮、市、區）或地段登記之，並應於簿面標明某鄉（鎮、市、區）某地段土地或建物登記簿冊次及起止地號或建號，裏面各頁蓋土地登記之章。
　　　　　同一地段經分編二冊以上登記簿時，其記載方式與前項同。

第 18 條　登記簿應按地號或建號順序，採用活頁裝訂之，並於頁首附索引表。

第 19 條　收件簿、登記申請書及其附件，除土地所有權第一次登記案件應

永久保存外，應自登記完畢之日起保存十五年。

前項文件之保存及銷毀，由登記機關依檔案法相關規定辦理。

第 20 條　登記簿及地籍圖由登記機關永久保存之。除法律或中央地政機關
　　　　　另有規定或為避免遭受損害外，不得攜出登記機關。

第 21 條　登記簿滅失時，登記機關應即依土地法施行法第十七條之一規定
　　　　　辦理。

第 22 條　一宗土地之登記簿用紙部分損壞時，登記機關應依原有記載全部
　　　　　予以重造。登記簿用紙全部損壞、滅失或其樣式變更時，登記機
　　　　　關應依原有記載有效部分予以重造。

第 23 條　登記機關應建立地籍資料庫，指定專人管理。其管理事項，由直
　　　　　轄市、縣（市）地政機關定之。

第 24 條　申請閱覽、抄寫、複印或攝影登記申請書及其附件者，以下列之
　　　　　一者為限：
　　　　　一、原申請案之申請人、代理人。
　　　　　二、登記名義人。
　　　　　三、與原申請案有利害關係之人，並提出證明文件者。

第 24-1 條　申請提供土地登記及地價資料，其資料分類及內容如下：
　　　　　一、第一類：顯示登記名義人全部登記資料。
　　　　　二、第二類：隱匿登記名義人之出生日期、部分統一編號、部分
　　　　　　　住址及其他依法令規定需隱匿之資料。但經登記名義人同意
　　　　　　　揭示完整住址資料者，不在此限。
　　　　　登記名義人或其他依法令得申請者，得申請前項第一款資料；任
　　　　　何人得申請前項第二款資料。
　　　　　登記名義人、具有法律上通知義務或權利義務得喪變更關係之利
　　　　　害關係人得申請第一項第二款資料並附完整住址。
　　　　　土地登記及地價資料之申請提供，委託代理人為之者，準用第
　　　　　三十七條第一項規定。

第 25 條　土地或建物所有權狀及他項權利證明書，應蓋登記機關印信及其
　　　　　首長職銜簽字章，發給權利人。

第三章　登記之申請及處理

第一節　登記之申請

第 26 條　土地登記，除本規則另有規定外，應由權利人及義務人會同申請

之。

第 27 條　下列登記由權利人或登記名義人單獨申請之：

一、土地總登記。

二、建物所有權第一次登記。

三、因繼承取得土地權利之登記。

四、因法院、行政執行分署或公正第三人拍定、法院判決確定之
　　登記。

五、標示變更登記。

六、更名或住址變更登記。

七、消滅登記。

八、預告登記或塗銷登記。

九、法定地上權登記。

十、依土地法第十二條第二項規定回復所有權之登記。

十一、依土地法第十七條第二項、第三項、第二十條第三項、第
　　　七十三條之一、地籍清理條例第十一條、第三十七條或祭
　　　祀公業條例第五十一條規定標售或讓售取得土地之登記。

十二、依土地法第六十九條規定更正之登記。

十三、依土地法第一百三十三條規定取得耕作權或所有權之登
　　　記。

十四、依民法第五百十三條第三項規定抵押權之登記。

十五、依民法第七百六十九條、第七百七十條或第七百七十二條
　　　規定因時效完成之登記。

十六、依民法第八百二十四條之一第四項規定抵押權之登記。

十七、依民法第八百五十九條之四規定就自己不動產設定不動產
　　　役權之登記。

十八、依民法第八百七十條之一規定抵押權人拋棄其抵押權次序
　　　之登記。

十九、依民法第九百零六條之一第二項規定抵押權之登記。

二十、依民法第九百十三條第二項、第九百二十三條第二項或第
　　　九百二十四條但書規定典權人取得典物所有權之登記。

二十一、依民法第一千一百八十五條規定應屬國庫之登記。

二十二、依直轄市縣（市）不動產糾紛調處委員會設置及調處辦
　　　　法作成調處結果之登記。

二十三、法人合併之登記。

　　　　　　　　二十四、其他依法律得單獨申請登記者。

第 28 條　下列各款應由登記機關逕爲登記：

　　　　　　　　一、建物因行政區域調整、門牌整編或基地號因重測、重劃或依
　　　　　　　　　　法逕爲分割或合併所爲之標示變更登記。

　　　　　　　　二、依第一百四十三條第三項規定之國有登記。

　　　　　　　　三、依第一百四十四條規定之塗銷登記。

　　　　　　　　四、依第一百五十三條規定之住址變更登記。

　　　　　　　　五、其他依法律得逕爲登記者。

　　　　　　　　登記機關逕爲登記完畢後，應將登記結果通知登記名義人。但登
　　　　　　　記機關依登記名義人之申請登記資料而逕爲併案辦理，及因政府
　　　　　　　機關辦理行政區域調整、門牌整編而逕爲辦理之住址變更或建物
　　　　　　　標示變更登記，不在此限。

第 29 條　政府機關遇有下列各款情形之一時，得囑託登記機關登記之：

　　　　　　　　一、因土地徵收或撥用之登記。

　　　　　　　　二、照價收買土地之登記。

　　　　　　　　三、因土地重測或重劃確定之登記。

　　　　　　　　四、因地目等則調整之登記。

　　　　　　　　五、依土地法第五十二條規定公有土地之登記。

　　　　　　　　六、依土地法第五十七條、第六十三條第二項、第七十三條之一
　　　　　　　　　　第五項或地籍清理條例第十八條第二項規定國有土地之登
　　　　　　　　　　記。

　　　　　　　　七、依強制執行法第十一條或行政執行法第二十六條準用強制執
　　　　　　　　　　行法第十一條規定之登記。

　　　　　　　　八、依破產法第六十六條規定之登記。

　　　　　　　　九、依稅捐稽徵法第二十四條第一項規定之登記。

　　　　　　　　十、依國民住宅條例施行細則第二十三條第三項規定法定抵押權
　　　　　　　　　　之設定及塗銷登記。

　　　　　　　　十一、依第一百四十七條但書規定之塗銷登記。

　　　　　　　　十二、依第一百五十一條規定之公有土地管理機關變更登記。

　　　　　　　　十三、其他依法規得囑託登記機關登記者。

第 30 條　下列各款登記，得代位申請之：

　　　　　　　　一、登記原因證明文件爲法院確定判決書，其主文載明應由義務
　　　　　　　　　　人先行辦理登記，而怠於辦理者，得由權利人代位申請之。

　　　　　　　　二、質權人依民法第九百零六條之一第一項規定辦理土地權利設

定或移轉登記於出質人者。

三、典權人依民法第九百二十一條或第九百二十二條之一規定重建典物而代位申請建物所有權第一次登記者。

四、其他依法律得由權利人代位申請登記者。

第 31 條　建物滅失時，該建物所有權人未於規定期限內申請消滅登記者，得由土地所有權人或其他權利人代位申請；亦得由登記機關查明後逕為辦理消滅登記。

前項建物基地有法定地上權登記者，應同時辦理該地上權塗銷登記；建物為需役不動產者，應同時辦理其供役不動產上之不動產役權塗銷登記。

登記機關於登記完畢後，應將登記結果通知該建物所有權人及他項權利人。建物已辦理限制登記者，並應通知囑託機關或預告登記請求權人。

第 32 條　公同共有之土地，公同共有人中之一人或數人，為全體公同共有人之利益，得就公同共有土地之全部，申請為公同共有之登記。

登記機關於登記完畢後，應將登記結果通知他公同共有人。

第 33 條　申請土地權利變更登記，應於權利變更之日起一個月內為之。繼承登記得自繼承開始之日起六個月內為之。

前項權利變更之日，係指下列各款之一者：

一、契約成立之日。

二、法院判決確定之日。

三、訴訟上和解或調解成立之日。

四、依鄉鎮市調解條例規定成立之調解，經法院核定之日。

五、依仲裁法作成之判斷，判斷書交付或送達之日。

六、產權移轉證明文件核發之日。

七、法律事實發生之日。

第二節　申請登記之文件

第 34 條　申請登記，除本規則另有規定外，應提出下列文件：

一、登記申請書。

二、登記原因證明文件。

三、已登記者，其所有權狀或他項權利證明書。

四、申請人身分證明。

五、其他由中央地政機關規定應提出之證明文件。

　　　　　前項第四款之文件，能以電腦處理達成查詢者，得免提出。

第 35 條　有下列情形之一者，得免提出前條第一項第三款之文件：

　　　　　一、因徵收、區段徵收、撥用或照價收買土地之登記。

　　　　　二、因土地重劃或重測確定之登記。

　　　　　三、登記原因證明文件為法院權利移轉證書或確定判決之登記。

　　　　　四、法院囑託辦理他項權利塗銷登記。

　　　　　五、依法代位申請登記者。

　　　　　六、遺產管理人或遺產清理人之登記。

　　　　　七、法定地上權之登記。

　　　　　八、依國民住宅條例規定法定抵押權之設定及塗銷登記。

　　　　　九、依土地法第三十四條之一第一項至第三項規定辦理之登記，
　　　　　　　他共有人之土地所有權狀未能提出者。

　　　　　十、依民法第五百十三條第三項規定之抵押權登記。

　　　　　十一、依本規則規定未發給所有權狀或他項權利證明書者。

　　　　　十二、其他依法律免予提出者。

第 36 條　登記申請書除本規則另有規定外，應由申請人簽名或蓋章。

　　　　　由代理人申請者，代理人並應於登記申請書或委託書內簽名或蓋
　　　　　章；有複代理人者，亦同。

第 37 條　土地登記之申請，委託代理人為之者，應附具委託書；其委託複
　　　　　代理人者，並應出具委託複代理人之委託書。但登記申請書已載
　　　　　明委託關係者，不在此限。

　　　　　前項代理人或複代理人，代理申請登記時，除法律另有規定外，
　　　　　應親自到場，並由登記機關核對其身分。

第 38 條　代理申請登記檢附之委託書具備特別授權之要件者，委託人得免
　　　　　於登記申請書內簽名或蓋章。

　　　　　前項委託書應載明委託事項及委託辦理登記之土地或建物權利之
　　　　　坐落、地號或建號與權利範圍。

第 39 條　父母處分未成年子女所有之土地權利，申請登記時，應於登記申
　　　　　請書適當欄記明確為其利益處分並簽名。

　　　　　未成年人或受監護宣告之人，其監護人代理受監護人或受監護宣
　　　　　告之人購置或處分土地權利，應檢附法院許可之證明文件。

　　　　　繼承權之拋棄經法院准予備查者，免依前二項規定辦理。

第 40 條　申請登記時，登記義務人應親自到場，提出國民身分證正本，當
　　　　　場於申請書或登記原因證明文件內簽名，並由登記機關指定人員

核符後同時簽證。

前項登記義務人未領有國民身分證者，應提出下列身分證明文件：

一、外國人應提出護照或中華民國居留證。

二、旅外僑民應提出經僑務委員會核發之華僑身分證明書或中央地政主管機關規定應提出之文件，及其他附具照片之身分證明文件。

三、大陸地區人民應提出經行政院設立或指定之機構或委託之民間團體驗證之身分證明文件或臺灣地區長期居留證。

四、香港、澳門居民應提出護照或香港、澳門永久居留資格證明文件。

五、歸化或回復中華民國國籍者，應提出主管機關核發之歸化或回復國籍許可證明文件。

第 41 條　申請登記時，有下列情形之一者，當事人得免親自到場：

一、依第二十七條第四款規定，得由權利人單獨申請登記。

二、登記原因證明文件及同意書經依法公證、認證。

三、與有前款情形之案件同時連件申請辦理，而登記義務人同一，且其所蓋之印章相同。

四、登記原因證明文件經依法由地政士簽證。

五、登記義務人為無行為能力人或限制行為能力人，其法定代理人已依第三十九條規定辦理並親自到場。

六、登記義務人依土地登記印鑑設置及使用作業要點於土地所在地之登記機關設置土地登記印鑑。

七、外國人或旅外僑民授權第三人辦理土地登記，該授權書經我駐外館處驗證。

八、大陸地區人民或香港、澳門居民授權第三人辦理土地登記，該授權書經行政院設立或指定之機構或委託之民間團體驗證。

九、祭祀公業土地授權管理人處分，該契約書依法經公證或認證。

十、檢附登記原因發生日期前一年以後核發之當事人印鑑證明。

十一、土地合併時，各所有權人合併前後應有部分之價值差額在一平方公尺公告土地現值以下。

十二、建物所有權第一次登記協議書與申請書權利人所蓋印章相

　　　　　　符。

十三、依第四十三條第三項規定辦理更正登記所提出之協議書，
　　　各共有人更正前後應有部分之價值差額在一平方公尺公告
　　　土地現值以下。

十四、依第一百零四條規定以籌備人公推之代表人名義申請登記
　　　提出協議書。

十五、其他由中央地政機關規定得免由當事人親自到場。

第 42 條　申請人為法人者，應提出法人登記證明文件及其代表人之資格證
　　　　　明。其為義務人時，應另提出法人登記機關核發之法人及代表人
　　　　　印鑑證明或其他足資證明之文件，及於登記申請書適當欄記明確
　　　　　依有關法令規定完成處分程序，並蓋章。

　　　　　前項應提出之文件，於申請人為公司法人者，為法人登記機關核
　　　　　發之設立、變更登記表或其抄錄本、影本。

　　　　　義務人為財團法人或祭祀公業法人者，應提出其主管機關核准或
　　　　　同意備查之證明文件。

第 43 條　申請登記，權利人為二人以上時，應於登記申請書件內記明應有
　　　　　部分或相互之權利關係。

　　　　　前項應有部分，應以分數表示之，其分子分母不得為小數，分母
　　　　　以整十、整百、整千、整萬表示為原則，並不得超過六位數。

　　　　　已登記之共有土地權利，其應有部分之表示與前項規定不符者，
　　　　　得由登記機關通知土地所有權人於三十日內自行協議後準用更正
　　　　　登記辦理，如經通知後逾期未能協議者，由登記機關報請上級機
　　　　　關核准後更正之。

第 44 條　申請登記須第三人同意者，應檢附第三人同意書或由第三人在登
　　　　　記申請書內註明同意事由。

　　　　　前項第三人除符合第四十一條第二款、第五款至第八款及第十款
　　　　　規定之情形者外，應親自到場，並依第四十條規定程序辦理。

第三節　登記規費及罰鍰

第 45 條　登記規費，係指土地法所規定之登記費、書狀費、工本費及閱覽
　　　　　費。

第 46 條　土地登記，應依土地法規定繳納登記規費。登記費未滿新臺幣一
　　　　　元者，不予計收。但有下列情形之一者，免繳納：

　　　　　一、抵押權設定登記後，另增加一宗或數宗土地權利為共同擔保

時，就增加部分辦理設定登記者。

二、抵押權次序讓與、拋棄或變更登記。

三、權利書狀補（換）給登記。

四、管理人登記及其變更登記。

五、其他法律規定免納者。

以郵電申請發給登記簿或地籍圖謄本或節本者，應另繳納郵電費。

登記規費之收支應依預算程序辦理。

第 47 條　登記規費應於申請登記收件後繳納之。

第 48 條　申請建物所有權第一次登記，於計收登記規費時，其權利價值，依下列規定認定之：

一、建物在依法實施建築管理地區者，應以使用執照所列工程造價為準。

二、建物在未實施建築管理地區者，應以當地稅捐稽徵機關所核定之房屋現值為準。

第 49 條　申請他項權利登記，其權利價值為實物或非現行通用貨幣者，應由申請人按照申請時之價值折算為新臺幣，填入申請書適當欄內，再依法計收登記費。

申請地上權、永佃權、不動產役權、耕作權或農育權之設定或移轉登記，其權利價值不明者，應由申請人於申請書適當欄內自行加註，再依法計收登記費。

前二項權利價值低於各該權利標的物之土地申報地價或當地稅捐稽徵機關核定之房屋現值百分之四時，以各該權利標的物之土地申報地價或當地稅捐稽徵機關核定之房屋現值百分之四為其一年之權利價值，按存續之年期計算；未定期限者，以七年計算之價值標準計收登記費。

第 50 條　逾期申請登記之罰鍰，應依土地法之規定計收。

土地權利變更登記逾期申請，於計算登記費罰鍰時，對於不能歸責於申請人之期間，應予扣除。

第 51 條　已繳之登記費及書狀費，有下列情形之一者，得由申請人於五年內請求退還之：

一、登記申請撤回者。

二、登記依法駁回者。

三、其他依法令應予退還者。

申請人於五年內重新申請登記者，得予援用未申請退還之登記費及書狀費。

第 52 條　已繳之登記費罰鍰，除法令另有規定外，不得申請退還。

經駁回之案件重新申請登記，其罰鍰應重新核算，如前次申請已核計罰鍰之款項者應予扣除，且前後數次罰鍰合計不得超過應納登記費之二十倍。

第四節　登記處理程序

第 53 條　辦理土地登記程序如下：

　　　　一、收件。

　　　　二、計收規費。

　　　　三、審查。

　　　　四、公告。

　　　　五、登簿。

　　　　六、繕發書狀。

　　　　七、異動整理。

　　　　八、歸檔。

前項第四款公告，僅於土地總登記、土地所有權第一次登記、建物所有權第一次登記、時效取得登記、書狀補給登記及其他法令規定者適用之。第七款異動整理，包括統計及異動通知。

第 54 條　登記機關接收登記申請書時，應即收件，並記載收件有關事項於收件簿與登記申請書。

前項收件，應按接收申請之先後編列收件號數，登記機關並應給與申請人收據。

第 55 條　登記機關接收申請登記案件後，應即依法審查。辦理審查人員，應於登記申請書內簽註審查意見及日期，並簽名或蓋章。

申請登記案件，經審查無誤者，應即登載於登記簿。但依法應予公告或停止登記者，不在此限。

第 56 條　有下列各款情形之一者，登記機關應以書面敘明理由或法令依據，通知申請人於接到通知書之日起十五日內補正：

　　　　一、申請人之資格不符或其代理人之代理權有欠缺者。

　　　　二、登記申請書不合程式，或應提出之文件不符或欠缺者。

　　　　三、登記申請書記載事項，或關於登記原因之事項，與登記簿或其證明文件不符，而未能證明其不符之原因者。

四、未依規定繳納登記規費者。

第 57 條　有下列各款情形之一者，登記機關應以書面敘明理由及法令依
　　　　　據，駁回登記之申請：

　　　　　一、不屬受理登記機關管轄者。

　　　　　二、依法不應登記者。

　　　　　三、登記之權利人、義務人或其與申請登記之法律關係有關之權
　　　　　　　利關係人間有爭執者。

　　　　　四、逾期未補正或未照補正事項完全補正者。

　　　　　申請人不服前項之駁回者，得依訴願法規定提起訴願。

　　　　　依第一項第三款駁回者，申請人並得訴請司法機關裁判。

第 58 條　駁回登記之申請時，應將登記申請書件全部發還，並得將駁回理
　　　　　由有關文件複印存查。

第 59 條　申請登記案件，於登記完畢前，全體申請人以書面申請撤回者，
　　　　　登記機關應即將登記申請書及附件發還申請人。

第 60 條　已駁回或撤回登記案件，重新申請登記時，應另行辦理收件。

第 61 條　登記，應依各類案件分別訂定處理期限，並依收件號數之次序或
　　　　　處理期限為之。其為分組辦理者亦同。除法令另有規定外，同一
　　　　　宗土地之權利登記，其收件號數在後之土地，不得提前登記。

　　　　　登記程序開始後，除法律或本規則另有規定外，不得停止登記之
　　　　　進行。

第 62 條　應登記之事項記載於登記簿後，應由登簿及校對人員分別辦理並
　　　　　加蓋其名章。

第 63 條　登記原因證明文件所載之特約，其屬應登記以外之事項，登記機
　　　　　關應不予審查登記。

第 64 條　權利人為二人以上時，應將全部權利人分別予以登載。義務人為
　　　　　二人以上時，亦同。

第 65 條　土地權利於登記完畢後，除本規則或其他法規另有規定外，登記
　　　　　機關應即發給申請人權利書狀。但得就原書狀加註者，於加註後
　　　　　發還之。

　　　　　有下列情形之一，經申請人於申請書記明免繕發權利書狀者，得
　　　　　免發給之，登記機關並應於登記簿其他登記事項欄內記明之：

　　　　　一、建物所有權第一次登記。

　　　　　二、共有物分割登記，於標示變更登記完畢者。

　　　　　三、公有土地權利登記。

登記機關逕為辦理土地分割登記後，應通知土地所有權人換領土地所有權狀；換領前得免繕造。

第 66 條 土地權利如係共有者，應按各共有人分別發給權利書狀，並於書狀內記明其權利範圍。

共有人取得他共有人之應有部分者，於申請登記時，應檢附原權利書狀，登記機關應就其權利應有部分之總額，發給權利書狀。

同一所有權人於同一區分所有建物有數專有部分時，其應分擔之基地權利應有部分，得依申請人之申請分別發給權利書狀。

第 67 條 土地登記有下列各款情形之一，未能提出權利書狀者，應於登記完畢後公告註銷：

一、申辦繼承登記，經申請之繼承人檢附切結書者。

二、申請他項權利塗銷登記，經檢附他項權利人切結書者，或他項權利人出具已交付權利書狀之證明文件，並經申請人檢附未能提出之切結書者。

三、申請建物滅失登記，經申請人檢附切結書者。

四、申請塗銷信託、信託歸屬或受託人變更登記，經權利人檢附切結書者。

五、申請都市更新權利變換登記，未受分配或不願參與分配者；或經登記機關於登記完畢後通知換領土地及建築物權利書狀，未於規定期限內提出者。

六、合於第三十五條第一款至第五款、第九款及第十二款情形之一者。

第 68 條 登記完畢之登記申請書件，除登記申請書、登記原因證明文件或其副本、影本及應予註銷之原權利書狀外，其餘文件應加蓋登記完畢之章，發還申請人。

第 69 條 由權利人單獨申請登記者，登記機關於登記完畢後，應即以書面通知登記義務人。但有下列情形之一者，不在此限：

一、無義務人者。

二、法院、行政執行分署或公正第三人拍定之登記。

三、抵押權人為金融機構，辦理抵押權塗銷登記，已提出同意塗銷證明文件者。

前項義務人為二人以上時，應分別通知之。

第 70 條 政府因實施土地重劃、區段徵收及依其他法律規定，公告禁止所有權移轉、變更、分割及設定負擔之土地，登記機關應於禁止期

　　　　　間內，停止受理該地區有關登記案件之申請。但因繼承、強制執行、徵收、法院判決確定或其他非因法律行爲，於登記前已取得不動產物權而申請登記者，不在此限。

第四章　總登記

第一節　土地總登記

第 71 條　土地總登記，所有權人應於登記申請期限內提出登記申請書，檢附有關文件向登記機關申請之。

　　　　　土地總登記前，已取得他項權利之人，得於前項登記申請期限內，會同所有權人申請之。

第 72 條　登記機關對審查證明無誤之登記案件，應公告十五日。

第 73 條　前條公告，應於主管登記機關之公告處所爲之，其內容應載明下列事項：

　　　　　一、申請登記爲所有權人或他項權利人之姓名、住址。

　　　　　二、土地標示及權利範圍。

　　　　　三、公告起訖日期。

　　　　　四、土地權利關係人得提出異議之期限、方式及受理機關。

第 74 條　依前條公告之事項如發現有錯誤或遺漏時，登記機關應於公告期間內更正，並即於原公告之地方重新公告十五日。

第 75 條　土地權利關係人於公告期間內提出異議，而生權利爭執事件者，登記機關應於公告期滿後，依土地法第五十九條第二項規定調處。

第 76 條　（刪除）

第 77 條　土地總登記後，未編號登記之土地，因地籍管理，必須編號登記者，其登記程序準用土地總登記之程序辦理。

第二節　建物所有權第一次登記

第 78 條　申請建物所有權第一次登記前，應先向登記機關申請建物第一次測量。但在中華民國一百零二年十月一日以後領有使用執照之建物，檢附依使用執照竣工平面圖繪製及簽證之建物標示圖辦理登記者，不在此限。

第 78-1 條　前條之建物標示圖，應由開業之建築師、測量技師或其他依法規得爲測量相關簽證之專門職業及技術人員辦理繪製及簽證。

　　　　　前項建物標示圖，應記明本建物平面圖、位置圖及建物面積確依

使用執照竣工平面圖繪製，如有遺漏或錯誤致他人受損害者，建物起造人及繪製人願負法律責任等字樣及開業證照字號，並簽名或蓋章。

依建物標示圖申請建物所有權第一次登記，申請人與委託繪製人不同時，應於登記申請書適當欄記明同意依該圖繪製成果辦理登記，並簽名或蓋章。

第 79 條　申請建物所有權第一次登記，應提出使用執照或依法得免發使用執照之證件及建物測量成果圖或建物標示圖。有下列情形者，並應附其他相關文件：

一、區分所有建物申請登記時，應檢具全體起造人就專有部分所屬各共有部分及基地權利應有部分之分配文件。

二、區分所有建物之專有部分，依使用執照無法認定申請人之權利範圍及位置者，應檢具全體起造人之分配文件。

三、區分所有建物之地下層或屋頂突出物，依主管建築機關備查之圖說標示為專有部分且未編釘門牌者，申請登記時，應檢具戶政機關核發之所在地址證明。

四、申請人非起造人時，應檢具移轉契約書或其他證明文件。

前項第三款之圖說未標示專有部分者，應另檢附區分所有權人依法約定為專有部分之文件。

實施建築管理前建造之建物，無使用執照者，應提出主管建築機關或鄉（鎮、市、區）公所之證明文件或實施建築管理前有關該建物之下列文件之一：

一、曾於該建物設籍之戶籍證明文件。

二、門牌編釘證明。

三、繳納房屋稅憑證或稅籍證明。

四、繳納水費憑證。

五、繳納電費憑證。

六、未實施建築管理地區建物完工證明書。

七、地形圖、都市計畫現況圖、都市計畫禁建圖、航照圖或政府機關測繪地圖。

八、其他足資證明之文件。

前項文件內已記載面積者，依其所載認定。未記載面積者，由登記機關會同直轄市、縣（市）政府主管建築、農業、稅務及鄉（鎮、市、區）公所等單位，組成專案小組並參考航照圖等有關

資料實地會勘作成紀錄以為合法建物面積之認定證明。

第三項之建物與基地非屬同一人所有者，並另附使用基地之證明文件。

第 80 條　區分所有建物，區分所有權人得就其專有部分及所屬共有部分之權利，單獨申請建物所有權第一次登記。

第 81 條　區分所有建物所屬共有部分，除法規另有規定外，依區分所有權人按其設置目的及使用性質之約定情形，分別合併，另編建號，單獨登記為各相關區分所有權人共有。

區分所有建物共有部分之登記僅建立標示部及加附區分所有建物共有部分附表，其建號、總面積及權利範圍，應於各專有部分之建物所有權狀中記明之，不另發給所有權狀。

第 82 條　（刪除）

第 83 條　區分所有權人申請建物所有權第一次登記時，除依第七十九條規定，提出相關文件外，並應於申請書適當欄記明基地權利種類及範圍。

登記機關受理前項登記時，應於建物登記簿標示部適當欄記明基地權利種類及範圍。

第 84 條　建物所有權第一次登記，除本節規定者外，準用土地總登記程序。

第五章　標示變更登記

第 85 條　土地總登記後，因分割、合併、增減、地目變更及其他標示之變更，應為標示變更登記。

第 86 條　一宗土地之部分合併於他土地時，應先行申請辦理分割。

第 87 條　一宗土地之部分已設定地上權、永佃權、不動產役權、典權或農育權者，於辦理分割登記時，應先由土地所有權人會同他項權利人申請勘測確定權利範圍及位置後為之。但設定時已有勘測位置圖且不涉及權利位置變更者，不在此限。

第 88 條　二宗以上所有權人不同之土地辦理合併時，各所有權人之權利範圍依其協議定之。

設定有地上權、永佃權、不動產役權、典權、耕作權或農育權之土地合併時，應先由土地所有權人會同他項權利人申請他項權利位置圖勘測。但設定時已有勘測位置圖且不涉及權利位置變更

者，不在此限。

前項他項權利於土地合併後仍存在於合併前原位置之上，不因合併而受影響。

設定有抵押權之土地合併時，該抵押權之權利範圍依土地所有權人與抵押權人之協議定之。

第 89 條 申請建物基地分割或合併登記，涉及基地號變更者，應同時申請基地號變更登記。建物與基地所有權人不同時，得由基地所有權人代為申請或由登記機關查明後逕為辦理變更登記。

前項登記，除建物所有權人申請登記者外，登記機關於登記完畢後，應通知建物所有權人換發或加註建物所有權狀。

第 90 條 設定有他項權利之土地申請分割或合併登記，於登記完畢後，應通知他項權利人換發或加註他項權利證明書。

第 91 條 因土地重劃辦理權利變更登記時，應依據地籍測量結果釐正後之重劃土地分配清冊重造土地登記簿辦理登記。

土地重劃前已辦竣登記之他項權利，於重劃後繼續存在者，應按原登記先後及登記事項轉載於重劃後分配土地之他項權利部，並通知他項權利人。

重劃土地上已登記之建物未予拆除者，應逕為辦理基地號變更登記。

第 92 條 因地籍圖重測確定，辦理變更登記時，應依據重測結果清冊重造土地登記簿辦理登記。

建物因基地重測標示變更者，應逕為辦理基地號變更登記。

重測前已設定他項權利者，應於登記完畢後通知他項權利人。

第六章　所有權變更登記

第 93 條 土地總登記後，土地所有權移轉、分割、合併、增減或消滅時，應為變更登記。

第 94 條 區分所有建物之共有部分，除法令另有規定外，應隨同各相關專有部分及其基地權利為移轉、設定或限制登記。

第 95 條 部分共有人就共有土地全部為處分、變更及設定地上權、農育權、不動產役權或典權申請登記時，登記申請書及契約書內，應列明全體共有人，及於登記申請書備註欄記明依土地法第三十四條之一第一項至第三項規定辦理。並提出他共有人應得對價或補

償已受領或已提存之證明文件。但其無對價或補償者，免予提出。

依前項申請登記時，契約書及登記申請書上無須他共有人簽名或蓋章。

第 96 條　區分所有建物，數人共有一專有部分，部分共有人依土地法第三十四條之一規定就該專有部分連同其基地權利之應有部分為處分、變更或設定負擔時，其基地共有人，指該專有部分之全體共有人；其基地權利之應有部分，指該專有部分之全體共有人所持有之基地權利應有部分。

第 97 條　申請土地權利移轉登記時，依民法物權編施行法第八條之五第三項、第五項、土地法第三十四條之一第四項、農地重劃條例第五條第二款、第三款或文化資產保存法第二十八條規定之優先購買權人已放棄優先購買權者，應附具出賣人之切結書，或於登記申請書適當欄記明優先購買權人確已放棄其優先購買權，如有不實，出賣人願負法律責任字樣。

依民法第四百二十六條之二、第九百十九條、土地法第一百零四條、第一百零七條、耕地三七五減租條例第十五條或農地重劃條例第五條第一款規定，優先購買權人放棄或視為放棄其優先購買權者，申請人應檢附優先購買權人放棄優先購買權之證明文件；或出賣人已通知優先購買權人之證件並切結優先購買權人接到出賣通知後逾期不表示優先購買，如有不實，願負法律責任字樣。

依前二項規定申請之登記，於登記完畢前，優先購買權人以書面提出異議並能證明確於期限內表示願以同樣條件優先購買或出賣人未依通知或公告之條件出賣者，登記機關應駁回其登記之申請。

第 98 條　土地法第三十四條之一第四項規定，於區分所有建物之專有部分連同其基地應有部分之所有權一併移轉與同一人所有之情形，不適用之。

第 99 條　因徵收或照價收買取得土地權利者，直轄市、縣（市）地政機關應於補償完竣後一個月內，檢附土地清冊及已收受之權利書狀，囑託登記機關為所有權登記，或他項權利之塗銷或變更登記。

第 100 條　依據法院判決申請共有物分割登記者，部分共有人得提出法院確定判決書及其他應附書件，單獨為全體共有人申請分割登記，登記機關於登記完畢後，應通知他共有人。其所有權狀應俟登記規

費繳納完畢後再行繕發。

第100-1條 依民法第八百二十四條第三項規定申請共有物分割登記時,共有人中有應受金錢補償者,申請人應就其補償金額,對於補償義務人所分得之土地,同時爲應受補償之共有人申請抵押權登記。但申請人提出應受補償之共有人已受領或爲其提存之證明文件者,不在此限。

前項抵押權次序優先於第一百零七條第一項但書之抵押權;登記機關於登記完畢後,應將登記結果通知各次序抵押權人及補償義務人。

第 101 條 (刪除)

第 102 條 土地權利移轉、設定,依法須申報土地移轉現值者,於申報土地移轉現值後,如登記義務人於申請登記前死亡時,得僅由權利人敘明理由並提出第三十四條規定之文件,單獨申請登記。

登記權利人死亡時,得由其繼承人爲權利人,敘明理由提出契約書及其他有關證件會同義務人申請登記。

前二項規定於土地權利移轉、設定或權利內容變更,依法無須申報土地移轉現值,經訂立書面契約,依法公證或申報契稅、贈與稅者,準用之。

第 103 條 破產管理人就破產財團所屬土地申請權利變更登記時,除依第三十四條規定辦理外,應提出破產管理人、監查人之資格證明文件與監查人之同意書或法院之證明文件。

第 104 條 法人或寺廟在未完成法人設立登記或寺廟登記前,取得土地所有權或他項權利者,得提出協議書,以其籌備人公推之代表人名義申請登記。其代表人應表明身分及承受原因。

登記機關爲前項之登記,應於登記簿所有權部或他項權利部其他登記事項欄註記取得權利之法人或寺廟籌備處名稱。

第一項之協議書,應記明於登記完畢後,法人或寺廟未核准設立或登記者,其土地依下列方式之一處理:

一、申請更名登記爲已登記之代表人所有。

二、申請更名登記爲籌備人全體共有。

第一項之法人或寺廟在未完成法人設立登記或寺廟登記前,其代表人變更者,已依第一項辦理登記之土地,應由該法人或寺廟籌備人之全體出具新協議書,辦理更名登記。

第 105 條 共有物分割應先申請標示變更登記,再申辦所有權分割登記。但

無須辦理標示變更登記者，不在此限。

第 106 條　數宗共有土地併同辦理共有物分割者，不以同一地段、同一登記機關爲限。

第 107 條　分別共有土地，部分共有人就應有部分設定抵押權者，於辦理共有物分割登記時，該抵押權按原應有部分轉載於分割後各宗土地之上。但有下列情形之一者，該抵押權僅轉載於原設定人分割後取得之土地上：

一、抵押權人同意分割。

二、抵押權人已參加共有物分割訴訟。

三、抵押權人經共有人告知訴訟而未參加。

前項但書情形，原設定人於分割後未取得土地者，申請人於申請共有物分割登記時，應同時申請該抵押權之塗銷登記。登記機關於登記完畢後，應將登記結果通知該抵押權人。

第七章　他項權利登記

第 108 條　於一宗土地內就其特定部分申請設定地上權、不動產役權、典權或農育權登記時，應提出位置圖。

因主張時效完成，申請地上權、不動產役權或農育權登記時，應提出占有範圍位置圖。

前二項位置圖應先向該管登記機關申請土地複丈。

第108-1條　申請地上權或農育權設定登記時，登記機關應於登記簿記明設定之目的及範圍；並依約定記明下列事項：

一、存續期間。

二、地租及其預付情形。

三、權利價值。

四、使用方法。

五、讓與或設定抵押權之限制。

前項登記，除第五款外，於不動產役權設定登記時準用之。

第108-2條　不動產役權設定登記得由需役不動產之所有權人、地上權人、永佃權人、典權人、農育權人、耕作權人或承租人會同供役不動產所有權人申請之。

申請登記權利人爲需役不動產承租人者，應檢附租賃關係證明文件。

　　　　　　前項以地上權、永佃權、典權、農育權、耕作權或租賃關係使用
　　　　　　需役不動產而設定不動產役權者，其不動產役權存續期間，不得
　　　　　　逾原使用需役不動產權利之期限。
　　　　　　第一項使用需役不動產之物權申請塗銷登記時，應同時申請其供
　　　　　　役不動產之不動產役權塗銷登記。

第 109 條　不動產役權設定登記時，應於供役不動產登記簿之他項權利部辦
　　　　　　理登記，並於其他登記事項欄記明需役不動產之地、建號及使用
　　　　　　需役不動產之權利關係；同時於需役不動產登記簿之標示部其他
　　　　　　登記事項欄記明供役不動產之地、建號。
　　　　　　前項登記，需役不動產屬於他登記機關管轄者，供役不動產所在
　　　　　　地之登記機關應於登記完畢後，通知他登記機關辦理登記。

第109-1條　申請典權設定登記時，登記機關應於登記簿記明其設定之範圍及
　　　　　　典價；並依約定記明下列事項：
　　　　　　一、存續期間。
　　　　　　二、絕賣條款。
　　　　　　三、典物轉典或出租之限制。

第 110 條　（刪除）

第 111 條　申請為抵押權設定之登記，其抵押人非債務人時，契約書及登記
　　　　　　申請書應經債務人簽名或蓋章。

第111-1條　申請普通抵押權設定登記時，登記機關應於登記簿記明擔保債權
　　　　　　之金額、種類及範圍；契約書訂有利息、遲延利息之利率、違約
　　　　　　金或其他擔保範圍之約定者，登記機關亦應於登記簿記明之。

第 112 條　以不屬同一登記機關管轄之數宗土地權利為共同擔保設定抵押權
　　　　　　時，除第三條第三項另有規定外，應訂立契約分別向土地所在地
　　　　　　之登記機關申請登記。

第 113 條　抵押權設定登記後，另增加一宗或數宗土地權利共同為擔保時，
　　　　　　應就增加部分辦理抵押權設定登記，並就原設定部分辦理抵押權
　　　　　　內容變更登記。

第 114 條　以數宗土地權利為共同擔保，經設定抵押權登記後，就其中一宗
　　　　　　或數宗土地權利，為抵押權之塗銷或變更時，應辦理抵押權部分
　　　　　　塗銷及抵押權內容變更登記。

第114-1條　以數宗土地權利為共同擔保，申請設定抵押權登記時，已限定各
　　　　　　宗土地權利應負擔之債權金額者，登記機關應於登記簿記明之；
　　　　　　於設定登記後，另為約定或變更限定債權金額申請權利內容變更

登記者，亦同。

前項經變更之土地權利應負擔債權金額增加者，應經後次序他項權利人及後次序抵押權之共同抵押人同意。

第114-2條　以一宗或數宗土地權利為擔保之抵押權，因擔保債權分割而申請抵押權分割登記，應由抵押權人會同抵押人及債務人申請之。

第 115 條　同一土地權利設定數個抵押權登記後，其中一抵押權因債權讓與為變更登記時，原登記之權利先後，不得變更。

抵押權因增加擔保債權金額申請登記時，除經後次序他項權利人及後次序抵押權之共同抵押人同意辦理抵押權內容變更登記外，應就其增加金額部分另行辦理設定登記。

第115-1條　申請最高限額抵押權設定登記時，登記機關應於登記簿記明契約書所載之擔保債權範圍。

前項申請登記時，契約書訂有原債權確定期日之約定者，登記機關應於登記簿記明之；於設定登記後，另為約定或於確定期日前變更約定申請權利內容變更登記者，亦同。

前項確定期日之約定，自抵押權設定時起，不得逾三十年。其因變更約定而申請權利內容變更登記者，自變更之日起，亦不得逾三十年。

第115-2條　最高限額抵押權因原債權確定事由發生而申請變更為普通抵押權時，抵押人應會同抵押權人及債務人就結算實際發生之債權額申請為權利內容變更登記。

前項申請登記之債權額，不得逾原登記最高限額之金額。

第 116 條　同一標的之抵押權因次序變更申請權利變更登記，應符合下列各款規定：

一、因次序變更致先次序抵押權擔保債權金額增加時，其有中間次序之他項權利存在者，應經中間次序之他項權利人同意。

二、次序變更之先次序抵押權已有民法第八百七十條之一規定之次序讓與或拋棄登記者，應經該次序受讓或受次序拋棄利益之抵押權人同意。

前項登記，應由次序變更之抵押權人會同申請；申請登記時，申請人並應於登記申請書適當欄記明確已通知債務人、抵押人及共同抵押人，並簽名。

第 117 條　承攬人依民法第五百十三條規定申請為抵押權登記或預為抵押權登記，除應提出第三十四條及第四十條規定之文件外，並應提出

建築執照或其他建築許可文件，會同定作人申請之。但承攬契約
經公證者，承攬人得單獨申請登記，登記機關於登記完畢後，應
將登記結果通知定作人。

承攬人就尚未完成之建物，申請預為抵押權登記時，登記機關應
即暫編建號，編造建物登記簿，於他項權利部辦理登記。

第117-1條　申請抵押權設定登記時，契約書訂有於債權已屆清償期而未為清
償時，抵押物之所有權移屬於抵押權人之約定者，登記機關應於
登記簿記明之；於設定登記後，另為約定或變更約定申請權利內
容變更登記者，亦同。

抵押權人依前項約定申請抵押物所有權移轉登記時，應提出第
三十四條及第四十條規定之文件，並提出擔保債權已屆清償期之
證明，會同抵押人申請之。

前項申請登記，申請人應於登記申請書適當欄記明確依民法第
八百七十三條之一第二項規定辦理，並簽名。

第117-2條　質權人依民法第九百零六條之一第一項規定代位申請土地權利設
定或移轉登記於出質人時，應提出第三十四條、第四十條規定之
文件及質權契約書，會同債務人申請之。

前項登記申請時，質權人應於登記申請書適當欄記明確已通知出
質人並簽名，同時對出質人取得之該土地權利一併申請抵押權登
記。

前二項登記，登記機關於登記完畢後，應將登記結果通知出質
人。

第 118 條　土地總登記後，因主張時效完成申請地上權登記時，應提出以行
使地上權意思而占有之證明文件及占有土地四鄰證明或其他足資
證明開始占有至申請登記時繼續占有事實之文件。

前項登記之申請，經登記機關審查證明無誤應即公告。

公告期間為三十日，並同時通知土地所有權人。

土地所有權人在前項公告期間內，如有異議，依土地法第五十九
條第二項規定處理。

前四項規定，於因主張時效完成申請不動產役權、農育權登記時
準用之。

第八章　繼承登記

第 119 條　申請繼承登記，除提出第三十四條第一項第一款及第三款之文件外，並應提出下列文件：

一、載有被繼承人死亡記事之戶籍謄本。

二、繼承人現在戶籍謄本。

三、繼承系統表。

四、遺產稅繳（免）納證明書或其他有關證明文件。

五、繼承人如有拋棄繼承，應依下列規定辦理：

(一) 繼承開始時在中華民國七十四年六月四日以前者，應檢附拋棄繼承權有關文件；其向其他繼承人表示拋棄者，拋棄人應親自到場在拋棄書內簽名。

(二) 繼承開始時在中華民國七十四年六月五日以後者，應檢附法院准予備查之證明文件。

六、其他依法律或中央地政機關規定應提出之文件。

前項第二款之繼承人現在戶籍謄本，於部分繼承人申請登記為全體繼承人公同共有時，未能會同之繼承人得以曾設籍於國內之戶籍謄本及敘明未能檢附之理由書代之。

第一項第一款、第二款之戶籍謄本，能以電腦處理達成查詢者，得免提出。

第一項第三款之繼承系統表，由申請人依民法有關規定自行訂定，註明如有遺漏或錯誤致他人受損害者，申請人願負法律責任，並簽名。

因法院確定判決申請繼承登記者，得不提出第一項第一款、第三款及第五款之文件。

第 120 條　繼承人為二人以上，部分繼承人因故不能會同其他繼承人共同申請繼承登記時，得由其中一人或數人為全體繼承人之利益，就被繼承人之土地，申請為公同共有之登記。其經繼承人全體同意者，得申請為分別共有之登記。

登記機關於登記完畢後，應將登記結果通知他繼承人。

第 121 條　胎兒為繼承人時，應由其母以胎兒名義申請登記，俟其出生辦理戶籍登記後，再行辦理更名登記。

前項胎兒以將來非死產者為限。如將來為死產者，其經登記之權利，溯及繼承開始時消滅，由其他繼承人共同申請更正登記。

第 122 條　遺產管理人就其所管理之土地申請遺產管理人登記時，除法律另
　　　　　　有規定外，應提出親屬會議選定或經法院選任之證明文件。

第122-1條　遺產清理人就其所管理之土地申請遺產清理人登記時，應提出經
　　　　　　法院選任之證明文件。

第 123 條　受遺贈人申辦遺贈之土地所有權移轉登記，應由繼承人先辦繼承
　　　　　　登記後，由繼承人會同受遺贈人申請之；如遺囑另指定有遺囑執
　　　　　　行人時，應於辦畢遺囑執行人及繼承登記後，由遺囑執行人會同
　　　　　　受遺贈人申請之。
　　　　　　前項情形，於繼承人因故不能管理遺產亦無遺囑執行人時，應於
　　　　　　辦畢遺產清理人及繼承登記後，由遺產清理人會同受遺贈人申請
　　　　　　之。
　　　　　　第一項情形，於無繼承人或繼承人有無不明時，仍應於辦畢遺產
　　　　　　管理人登記後，由遺產管理人會同受遺贈人申請之。

第九章　土地權利信託登記

第 124 條　本規則所稱土地權利信託登記（以下簡稱信託登記），係指土地
　　　　　　權利依信託法辦理信託而為變更之登記。

第 125 條　信託以契約為之者，信託登記應由委託人與受託人會同申請之。

第 126 條　信託以遺囑為之者，信託登記應由繼承人辦理繼承登記後，會同
　　　　　　受託人申請之；如遺囑另指定遺囑執行人時，應於辦畢遺囑執行
　　　　　　人及繼承登記後，由遺囑執行人會同受託人申請之。
　　　　　　前項情形，於繼承人因故不能管理遺產亦無遺囑執行人時，應於
　　　　　　辦畢遺產清理人及繼承登記後，由遺產清理人會同受託人申請
　　　　　　之。
　　　　　　第一項情形，於無繼承人或繼承人有無不明時，仍應於辦畢遺產
　　　　　　管理人登記後，由遺產管理人會同受託人申請之。

第 127 條　受託人依信託法第九條第二項取得土地權利，申請登記時，應檢
　　　　　　附信託關係證明文件，並於登記申請書適當欄內載明該取得財產
　　　　　　為信託財產及委託人身分資料。登記機關辦理登記時，應依第
　　　　　　一百三十條至第一百三十二條規定辦理。

第 128 條　信託財產依第一百二十五條辦理信託登記後，於信託關係消滅
　　　　　　時，應由信託法第六十五條規定之權利人會同受託人申請塗銷信
　　　　　　託或信託歸屬登記。

前項登記，受託人未能會同申請時，得由權利人提出足資證明信
託關係消滅之文件單獨申請之。未能提出權利書狀時，得檢附切
結書或於土地登記申請書敘明未能提出之事由，原權利書狀於登
記完畢後公告註銷。

第 129 條　信託財產因受託人變更，應由新受託人會同委託人申請受託人變
更登記。

前項登記，委託人未能或無須會同申請時，得由新受託人提出足
資證明文件單獨申請之。未能提出權利書狀時，準用前條第二項
規定。

第 130 條　信託登記，除應於登記簿所有權部或他項權利部登載外，並於其
他登記事項欄記明信託財產、委託人姓名或名稱，信託內容詳信
託專簿。

前項其他登記事項欄記載事項，於辦理受託人變更登記時，登記
機關應予轉載。

第 131 條　信託登記完畢，發給土地或建物所有權狀或他項權利證明書時，
應於書狀記明信託財產，信託內容詳信託專簿。

第 132 條　土地權利經登記機關辦理信託登記後，應就其信託契約或遺囑複
印裝訂成信託專簿，提供閱覽或申請複印，其提供資料內容及申
請人資格、閱覽費或複印工本費之收取，準用第二十四條之一及
土地法第七十九條之二規定。

信託專簿，應自塗銷信託登記或信託歸屬登記之日起保存十五
年。

第 133 條　信託內容有變更，而不涉及土地權利變更登記者，委託人應會同
受託人檢附變更後之信託內容變更文件，以登記申請書向登記機
關提出申請。

登記機關於受理前項申請後，應依信託內容變更文件，將收件
號、異動內容及異動年月日於土地登記簿其他登記事項欄註明，
並將登記申請書件複印併入信託專簿。

第133-1條　申請人依不動產證券化條例或金融資產證券化條例規定申請信託
登記時，為資產信託者，應檢附主管機關核准或申報生效文件及
信託關係證明文件；登記機關辦理登記時，應於登記簿其他登記
事項欄記明委託人姓名或名稱。

前項信託登記，為投資信託者，應檢附主管機關核准或申報生效
文件，無須檢附信託關係證明文件；登記機關辦理登記時，應於

登記簿其他登記事項欄記明該財產屬不動產投資信託基金信託財產。

依前項規定辦理信託登記後，於信託關係消滅、信託內容變更時，不適用第一百二十八條、第一百三十三條規定。

第十章　更正登記及限制登記

第 134 條　（刪除）

第 135 條　（刪除）

第 136 條　土地法第七十八條第八款所稱限制登記，謂限制登記名義人處分其土地權利所為之登記。

前項限制登記，包括預告登記、查封、假扣押、假處分或破產登記，及其他依法律所為禁止處分之登記。

第 137 條　申請預告登記，除提出第三十四條各款規定之文件外，應提出登記名義人同意書。

前項登記名義人除符合第四十一條第二款、第四款至第八款及第十款規定之情形者外，應親自到場，並依第四十條規定程序辦理。

第 138 條　土地總登記後，法院或行政執行分署囑託登記機關辦理查封、假扣押、假處分、暫時處分、破產登記或因法院裁定而為清算登記時，應於囑託書內記明登記之標的物標示及其事由。登記機關接獲法院或行政執行分署之囑託時，應即辦理，不受收件先後順序之限制。

登記標的物如已由登記名義人申請移轉或設定登記而尚未登記完畢者，應即改辦查封、假扣押、假處分、暫時處分、破產或清算登記，並通知登記申請人。

登記標的物如已由登記名義人申請移轉與第三人並已登記完畢者，登記機關應即將無從辦理之事實函復法院或行政執行分署。但法院或行政執行分署因債權人實行抵押權拍賣抵押物，而囑託辦理查封登記，縱其登記標的物已移轉登記與第三人，仍應辦理查封登記，並通知該第三人及將移轉登記之事實函復法院或行政執行分署。

前三項之規定，於其他機關依法律規定囑託登記機關為禁止處分之登記，或管理人持法院裁定申請為清算之登記時，準用之。

第 139 條　法院或行政執行分署囑託登記機關，就已登記土地上之未登記建物辦理查封、假扣押、假處分、暫時處分、破產登記或因法院裁定而爲清算登記時，應於囑託書內另記明登記之確定標示以法院或行政執行分署人員指定勘測結果爲準字樣。

前項建物，由法院或行政執行分署派員定期會同登記機關人員勘測。勘測費，由法院或行政執行分署命債權人於勘測前向登記機關繳納。

登記機關勘測建物完畢後，應即編列建號，編造建物登記簿，於所有權部辦理查封、假扣押、假處分、暫時處分、破產或清算登記。並將該建物登記簿與平面圖及位置圖之影本函送法院或行政執行分署。

前三項之規定，於管理人持法院裁定申請爲清算之登記時，準用之。

第 140 條　同一土地經辦理查封、假扣押或假處分登記後，法院或行政執行分署再囑託爲查封、假扣押或假處分登記時，登記機關應不予受理，並復知法院或行政執行分署已辦理登記之日期及案號。

第 141 條　土地經辦理查封、假扣押、假處分、暫時處分、破產登記或因法院裁定而爲清算登記後，未爲塗銷前，登記機關應停止與其權利有關之新登記。但有下列情形之一爲登記者，不在此限：

一、徵收、區段徵收或照價收買。

二、依法院確定判決申請移轉、設定或塗銷登記之權利人爲原假處分登記之債權人。

三、公同共有繼承。

四、其他無礙禁止處分之登記。

有前項第二款情形者，應檢具法院民事執行處或行政執行分署核發查無其他債權人併案查封或調卷拍賣之證明書件。

第 142 條　有下列情形之一者，登記機關應予登記，並將該項登記之事由分別通知有關機關：

一、土地經法院或行政執行分署囑託查封、假扣押、假處分、暫時處分、破產登記或因法院裁定而爲清算登記後，其他機關再依法律囑託禁止處分之登記者。

二、土地經其他機關依法律囑託禁止處分登記後，法院或行政執行分署再囑託查封、假扣押、假處分、暫時處分、破產登記或因法院裁定而爲清算登記者。

第十一章　塗銷登記及消滅登記

第 143 條　依本規則登記之土地權利，因權利之拋棄、混同、終止、存續期間屆滿、債務清償、撤銷權之行使或法院之確定判決等，致權利消滅時，應申請塗銷登記。

前項因拋棄申請登記時，有以該土地權利爲標的物之他項權利者，應檢附該他項權利人之同意書，同時申請他項權利塗銷登記。

私有土地所有權之拋棄，登記機關應於辦理塗銷登記後，隨即爲國有之登記。

第 144 條　依本規則登記之土地權利，有下列情形之一者，於第三人取得該土地權利之新登記前，登記機關得於報經直轄市或縣（市）地政機關查明核准後塗銷之：

一、登記證明文件經該主管機關認定係屬僞造。

二、純屬登記機關之疏失而錯誤之登記。

前項事實於塗銷登記前，應於土地登記簿其他登記事項欄註記。

第 145 條　他項權利塗銷登記除權利終止外，得由他項權利人、原設定人或其他利害關係人提出第三十四條第一項所列文件，單獨申請之。

前項單獨申請登記有下列情形之一者，免附第三十四條第一項第二款、第三款之文件：

一、永佃權或不動產役權因存續期間屆滿申請塗銷登記。

二、以建物以外之其他工作物爲目的之地上權，因存續期間屆滿申請塗銷登記。

三、農育權因存續期間屆滿六個月後申請塗銷登記。

四、因需役不動產滅失或原使用需役不動產之物權消滅，申請其不動產役權塗銷登記。

第 146 條　預告登記之塗銷，應提出原預告登記請求權人之同意書。

前項請求權人除符合第四十一條第二款、第四款至第八款及第十款規定之情形者外，應親自到場，並依第四十條規定程序辦理。

第 147 條　查封、假扣押、假處分、破產登記或其他禁止處分之登記，應經原囑託登記機關或執行拍賣機關之囑託，始得辦理塗銷登記。但因徵收、區段徵收或照價收買完成後，得由徵收或收買機關囑託登記機關辦理塗銷登記。

第 148 條　土地滅失時應申請消滅登記；其爲需役土地者，應同時申請其供

役不動產上之不動產役權塗銷登記。

前項土地有他項權利或限制登記者,登記機關應於登記完畢後通知他項權利人、囑託機關或預告登記請求權人。

第十二章　其他登記

第一節　更名登記及管理者變更登記

第 149 條　土地權利登記後,權利人之姓名或名稱有變更者,應申請更名登記。設有管理人者,其姓名變更時,亦同。

權利人或管理人為自然人,其姓名已經戶政主管機關變更者,登記機關得依申請登記之戶籍資料,就其全部土地權利逕為併案辦理更名登記;登記完畢後,應通知權利人或管理人換發權利書狀。

第 150 條　法人或寺廟於籌備期間取得之土地所有權或他項權利,已以籌備人之代表人名義登記者,其於取得法人資格或寺廟登記後,應申請為更名登記。

第 151 條　公有土地管理機關變更者,應囑託登記機關為管理機關變更登記。

第二節　住址變更登記

第 152 條　登記名義人之住址變更者,應檢附國民身分證影本或戶口名簿影本,申請住址變更登記。如其所載身分證統一編號與登記簿記載不符或登記簿無記載統一編號者,應加附有原登記住址之身分證明文件。

登記名義人為法人者,如其登記證明文件所載統一編號與登記簿不符者,應提出其住址變更登記文件。

第 153 條　登記名義人住址變更,未申請登記者,登記機關得查明其現在住址,逕為住址變更登記。

第三節　書狀換給及補給登記

第 154 條　土地所有權狀或他項權利證明書損壞或滅失,應由登記名義人申請換給或補給。

第 155 條　申請土地所有權狀或他項權利證明書補給時,應由登記名義人敘明其滅失之原因,檢附切結書或其他有關證明文件,經登記機關公告三十日,並通知登記名義人,公告期滿無人提出異議後,登

記補給之。

前項登記名義人除符合第四十一條第二款、第七款、第八款、第十款及第十五款規定之情形者外，應親自到場，並依第四十條規定程序辦理。

第四節　使用管理登記

第155-1條　共有人依民法第八百二十六條之一第一項規定申請登記者，登記機關應於登記簿標示部其他登記事項欄記明收件年月日字號及共有物使用、管理、分割內容詳共有物使用管理專簿。

共有人依民法第八百二十條第一項規定所為管理之決定或法院之裁定，申請前項登記時，應於登記申請書適當欄記明確已通知他共有人並簽名；於登記後，決定或裁定之內容有變更，申請登記時，亦同。

第155-2條　區分地上權人與設定之土地上下有使用、收益權利之人，就相互間使用收益限制之約定事項申請登記時，登記機關應於該區分地上權及與其有使用收益限制之物權其他登記事項欄記明收件年月日字號及使用收益限制內容詳土地使用收益限制約定專簿。

前項約定經土地所有權人同意者，登記機關並應於土地所有權部其他登記事項欄辦理登記；其登記方式準用前項規定。

第155-3條　登記機關依前二條規定辦理登記後，應就其約定、決定或法院裁定之文件複印裝訂成共有物使用管理專簿或土地使用收益限制約定專簿，提供閱覽或申請複印，其提供資料內容及申請人資格、閱覽費或複印工本費之收取，準用第二十四條之一及土地法第七十九條之二規定。

第155-4條　依第一百五十五條之一或第一百五十五條之二規定登記之內容，於登記後有變更或塗銷者，申請人應檢附登記申請書、變更或同意塗銷之文件向登記機關提出申請。

前項申請為變更登記者，登記機關應將收件年月日字號、變更事項及變更年月日，於登記簿標示部或該區分地上權及與其有使用收益限制之物權所有權部或他項權利部其他登記事項欄註明；申請為塗銷登記者，應將原登記之註記塗銷。

前項登記完畢後，登記機關應將登記申請書件複印併入共有物使用管理專簿或土地使用收益限制約定專簿。

第十三章　附則

第 156 條　本規則所需登記書表簿冊圖狀格式及其填載須知，由中央地政機
　　　　　　關定之。

第 157 條　本規則自發布日施行。
　　　　　　本規則修正條文施行日期另定之。

貳、地籍測量實施規則（第三、四、五編）

（民國100年04月15日內政部台內地字第 1000071210 號令修正）

（民國102年8月28日內政部台內地字第1020287818號令修正）

第三編　土地複丈

第一章　通則

第 204 條　土地有下列情形之一者，得申請土地複丈（以下簡稱複丈）：
　　　　　一、因自然增加、浮覆、坍沒、分割、合併、鑑界或變更。
　　　　　二、因界址曲折需調整。
　　　　　三、依建築法第四十四條或第四十五條第一項規定調整地形。
　　　　　四、宗地之部分設定地上權、農育權、不動產役權或典權。
　　　　　五、因主張時效完成，申請時效取得所有權、地上權、農育權或
　　　　　　　不動產役權。

第 205 條　申請複丈，由土地所有權人或管理人向土地所在地登記機關為
　　　　　之。但有下列情形之一者，各依其規定辦理：
　　　　　一、因承租土地經界不明者，由承租人會同土地所有權人或管理
　　　　　　　人申請。
　　　　　二、因宗地之部分擬設定地上權、農育權、不動產役權或典權
　　　　　　　者，由擬設定各該權利人會同土地所有權人或管理人申請。
　　　　　三、地上權之分割者，由地上權人會同土地所有權人或管理人申
　　　　　　　請。
　　　　　四、依民法第七百六十九條、第七百七十條或第七百七十二條規
　　　　　　　定因時效完成所為之登記請求者，由權利人申請。
　　　　　五、因司法機關判決確定或訴訟上之和解或調解成立者，由權利
　　　　　　　人申請。
　　　　　六、共有土地之協議分割、合併者，由共有人全體申請。但合併
　　　　　　　或標示分割，得由共有人依土地法第三十四條之一規定申
　　　　　　　請。
　　　　　七、因建造行為需要鑑界者，得由建造執照起造人會同土地所有
　　　　　　　權人或管理人申請。
　　　　　八、依土地法第十二條第二項規定因土地浮覆回復原狀時，復權

範圍僅爲已登記公有土地之部分，需辦理分割者，由復權請
求權人會同公有土地之管理機關申請。

九、依直轄市縣（市）不動產糾紛調處委員會設置及調處辦法作
成調處結果確定者，由權利人或登記名義人單獨申請。

十、依法令規定得由地政機關逕爲測量者。

前項申請，得以書面委託代理人爲之。

第 206 條　登記機關應備下列文件，辦理複丈：

一、土地複丈申請書。

二、土地複丈收件簿。

三、土地複丈定期通知書。

四、土地複丈案件補正、駁回通知書。

五、土地複丈地籍調查表。

六、土地複丈圖。

七、土地面積計算表。

八、分號管理簿。

九、土地複丈成果圖。

十、土地複丈結果通知書。

十一、他項權利位置圖。

十二、法院囑託辦理土地複丈成果圖。

十三、其他。

第 207 條　申請複丈時，應填具土地複丈申請書，並檢附權利書狀或其他足
資證明文件。

前項檢附之文件，能以電腦處理達成查詢者，得免提出。

複丈涉及原有標示變更者，應於申請複丈時，填具土地登記申請
書，一併申請土地標示變更登記。

第 208 條　依第二百零五條第一項第四款規定申請者，申請人應提出占有土
地四鄰證明或其他足資證明繼續占有事實之文件。

第 209 條　申請複丈應繳納土地複丈費。土地複丈費之收支應依預算程序辦
理。

第 210 條　申請複丈經通知辦理者，除本規則另有規定外，申請人應自備界
標，於下列點位自行埋設，並永久保存之：

一、申請分割複丈之分割點。

二、申請界址調整、調整地形之界址點。

三、經鑑定確定之界址點。

申請人不能依前項第一款或第二款規定埋設界標者,得檢附分割點或調整後界址點之位置圖說,加繳土地複丈費之半數,一併申請確定界址。

第 211 條　登記機關受理複丈申請案件,應予收件,經審查准予複丈者,隨即排定複丈日期、時間及會同地點,填發土地複丈定期通知書,交付申請人並通知關係人。原定複丈日期,因風雨或其他事故,致不能實施複丈時,登記機關應分別通知申請人及關係人改期複丈。

申請人於複丈時,應到場會同辦理;申請人屆時不到場或不依規定埋設界標者,視為放棄複丈之申請,已繳土地複丈費不予退還。

第一項所稱關係人,於鑑界時,指鑑界界址之鄰地所有權人;鄰地為公寓大廈之基地者,指公寓大廈管理委員會;於主張時效取得地上權、農育權或不動產役權時,指所有權人。

關係人屆時不到場者,得逕行複丈。

第211-1條　撤回複丈之申請,應於複丈前以書面向登記機關提出。但屬有需通知前條第三項關係人之案件,應於原定複丈日期三日前為之。

第 212 條　登記機關受理複丈申請案件,經審查有下列各款情形之一者,應通知申請人於接到通知書之日起十五日內補正:

一、申請人之資格不符或其代理人之代理權有欠缺。

二、申請書或應提出之文件與規定不符。

三、申請書記載之申請原因與登記簿冊或其證明文件不符,而未能證明不符原因。

四、未依規定繳納土地複丈費。

依排定時間到場,發現有障礙物無法實施測量,需申請人排除者,登記機關應依前項規定通知補正。

第 213 條　登記機關受理複丈申請案件,經審查有下列各款情形之一者,應以書面敘明法令依據或理由駁回之:

一、不屬受理登記機關管轄。

二、依法不應受理。

三、逾期未補正或未依補正事項完全補正。

第 214 條　申請人申請複丈案件,有下列情形之一者,得於五年內請求退還其已繳土地複丈費:

一、依第二百十一條之一規定申請撤回。

二、申請再鑑界，經查明第一次複丈確有錯誤。

三、經通知補正逾期未補正而駁回。

四、其他依法令應予退還。

前項第一款、第三款之情形，其已支出之費用應予扣除。

申請人於五年內重新申請複丈者，得予援用其得申請退還之土地複丈費。

第 215 條　複丈人員於實施複丈前，應先核對申請人、關係人之身分。複丈完竣後，應發給申請人土地複丈成果圖或他項權利位置圖。

複丈除本規則另有規定外，其因自然增加、浮覆、坍沒、分割、界址調整、調整地形或主張時效取得所有權而複丈者，應辦理地籍調查。

前項地籍調查表記載之界址，應由申請人當場認定，並簽名或蓋章；其未於當場簽名或蓋章者，得於三日內至登記機關補簽名或蓋章。逾期未簽名或蓋章者，應載明事由，發給之土地複丈成果圖並加註僅供參考，其所附土地登記申請書件予以退還。

第 216 條　受理土地複丈案件應於收件日起十五日內辦竣，其情形特殊經登記機關首長核定延長者，依其核定。各級法院或檢察機關囑託並明定期限辦理者，應依囑託期限辦竣。

第 217 條　各級法院或檢察機關行使國家刑罰權囑託辦理土地複丈案件，免納土地複丈費。

第 218 條　採數值法辦理地籍測量之地區，其複丈應以數值法為之。

第 219 條　採圖解法複丈者，應依第九十條至第九十四條之規定辦理。

採數值法複丈者，應依第九十八條、第九十九條、第一百零一條及第一百零二條之規定辦理。

因地區廣大必須先使用經緯儀補測圖根點者，應依第二編第二章圖根測量之規定辦理。

第 220 條　複丈時，應對申請複丈案件之各宗土地全部界址及其毗鄰土地界址予以施測，必要時並應擴大其施測範圍。

第 221 條　鑑界複丈，應依下列規定辦理：

一、複丈人員實地測定所需鑑定之界址點位置後，應協助申請人埋設界標，並於土地複丈圖上註明界標名稱、編列界址號數及註明關係位置。

二、申請人對於鑑界結果有異議時，得再填具土地複丈申請書敘明理由，向登記機關繳納土地複丈費申請再鑑界，原登記機

　　　　　　關應即送請直轄市或縣（市）主管機關派員辦理後，將再鑑
　　　　　　界結果送交原登記機關，通知申請人及關係人。
　　　三、申請人對於再鑑界結果仍有異議者，應向司法機關訴請處
　　　　　　理，登記機關不得受理其第三次鑑界之申請。
　　　前項鑑界、再鑑界測定之界址點應由申請人及到場之關係人當場
　　　認定，並在土地複丈圖上簽名或蓋章。申請人或關係人不簽名或
　　　蓋章時，複丈人員應在土地複丈圖及土地複丈成果圖載明其事
　　　由。
　　　關係人對於第一項之鑑界或再鑑界結果有異議時，得以其所有土
　　　地申請鑑界，其鑑界之辦理程序及異議之處理，準用第一項第二
　　　款及第三款之規定。
第 222 條　司法機關囑託之複丈案件，應依司法機關所囑託事項辦理，對土
　　　地所有權人不得發給土地複丈成果圖。
　　　前項以數案併同囑託辦理者，應於辦理後按宗數計收土地複丈
　　　費。
第 223 條　宗地之一部分，因天然變遷，成為可通運之水道，或受洪水流失
　　　辦理分割時，得供測量其存餘土地，決定其分割線。
第 224 條　土地因合併申請複丈者，應以同一地段、地界相連、使用性質相
　　　同之土地為限。
　　　前項土地之所有權人不同或設定有抵押權、典權、耕作權等他項
　　　權利者，應依下列規定檢附相關文件：
　　　一、所有權人不同時，應檢附全體所有權人之協議書。
　　　二、設定有抵押權時，應檢附土地所有權人與抵押權人之協議
　　　　　　書。但為擔保同一債權，於數土地上設定抵押權，未涉權利
　　　　　　範圍縮減者，不在此限。
　　　三、設定有典權或耕作權時，應檢附該他項權利人之同意書。
　　　登記機關辦理合併複丈，得免通知實地複丈。
　　　第一項之土地設定有用益物權者，其物權範圍為合併後土地之一
　　　部分者，應於土地複丈成果圖繪明其位置。
第 225 條　土地界址調整應以同一地段、地界相連、使用性質相同之土地為
　　　限。如為實施建築管理地區，並應符合建築基地法定空地分割辦
　　　法規定。
　　　前項土地設有他項權利者，應先徵得他項權利人之同意。
第225-1條　第一百九十二條、第一百九十三條、第二百二十四條及前條所稱

之使用性質，於都市土地指使用分區，於非都市土地指使用分區及編定之使用地類別。

第 226 條　直轄市、縣（市）主管機關或登記機關於辦理土地界址調整複丈後，應依複丈成果改算當期公告土地現值，調整前後各宗土地地價之總合應相等。

實施界址調整之土地，其調整線跨越不同地價區段者，複丈成果應分別載明調整線與原地籍交叉所圍各塊坵形之面積，作為改算地價之參考。

第 227 條　各土地所有權人調整後土地價值，與其原有土地價值無增減時，應通知申請人申辦土地標示變更登記。

調整後土地價值與其原有土地價值有增減時，應通知申請人就調整土地向直轄市或縣（市）稅捐稽徵機關申報土地移轉現值。

第 228 條　登記機關辦理土地界址調整之標示變更登記後，應即通知申請人領件並即改算地價及訂正地籍、地價有關圖冊，並通知直轄市或縣（市）稅捐稽徵機關訂正稅籍暨通知他項權利人換發或加註權利書狀。

第 229 條　土地所有權人或鄰接土地所有權人依第二百零四條第三款規定申請土地複丈時，應填具土地複丈申請書，並檢附權利書狀及下列規定文件，向土地所在地登記機關辦理：

一、依建築法第四十四條規定協議調整地形者：調整地形協議書及建設（工務）機關核發合於當地建築基地最小面積之寬度及深度且非屬法定空地之文件及圖說。

二、依建築法第四十五條第一項規定調處調整地形者：調處成立紀錄。

前項土地設有他項權利者，應先徵得他項權利人之同意。

第 230 條　依前條規定辦理調整地形準用第二百二十六條至二百二十八條規定。

第 231 條　地上權、農育權、不動產役權或典權之平面位置測繪，依下列規定：

一、同一他項權利人在數宗土地之一部分設定同一性質之他項權利者，應儘量測繪在同一幅土地複丈圖內。

二、一宗土地同時申請設定二以上同一性質之他項權利者，應在同一幅土地複丈圖內分別測繪他項權利位置。

三、他項權利位置圖，用紅色實線繪製他項權利位置界線，並用

　　　　　　黑色實線繪明土地經界線，其他項權利位置界線與土地經界
　　　　　　線相同者，用黑色實線繪明。
　　　四、因地上權分割申請複丈者，應於登記完畢後，在原土地複丈
　　　　　　圖上註明地上權範圍變更登記日期及權利登記先後次序。
　　　五、測量完畢，登記機關應依土地複丈圖謄繪他項權利位置圖二
　　　　　　份，分別發給他項權利人及土地所有權人。
　　　前項他項權利之位置，應由會同之申請人當場認定，並在土地複
　　　丈圖上簽名或蓋章。

第231-1條　申請時效取得地上權、農育權或不動產役權者，應依申請人所主
　　　　　　張占有範圍測繪，並就下列符合民法地上權、農育權、不動產役
　　　　　　權要件之使用情形測繪其位置及計算面積：
　　　一、普通地上權之位置，以其最大垂直投影範圍測繪；區分地上
　　　　　　權之位置，以在土地上下之一定空間範圍，分平面與垂直範
　　　　　　圍測繪。
　　　二、農育權、不動產役權之位置，以其實際使用現況範圍測繪。
　　　　　　前項複丈之位置，應由申請人當場認定，並在土地複丈圖上簽名
　　　　　　或蓋章，其發給之他項權利位置圖應註明依申請人主張占有範圍
　　　　　　測繪，其實際權利範圍，以登記審查確定登記完畢爲準。
　　　　　　關係人不同意申請人所主張之占有範圍位置時，登記機關仍應發
　　　　　　給他項權利位置圖，並將辦理情形通知關係人。

第231-2條　區分地上權之位置測繪，依下列規定：
　　　一、平面範圍之測繪，依第二百三十一條規定辦理。
　　　二、垂直範圍之測繪，應由申請人設立固定參考點，並檢附設定
　　　　　　空間範圍圖說，供登記機關據以繪製其空間範圍，登記機關
　　　　　　並應於土地複丈圖及他項權利位置圖註明該點位及其關係位
　　　　　　置。
　　　　　　以建物之樓層或其特定空間爲設定之空間範圍，如該建物已測繪
　　　　　　建物測量成果圖者，得於土地複丈圖及他項權利位置圖載明其位
　　　　　　置圖參見該建物測量成果圖，或其他適當之註記。

第 232 條　複丈發現錯誤者，除有下列情形之一，得由登記機關逕行辦理更
　　　　　　正者外，應報經直轄市或縣（市）主管機關核准後始得辦理：
　　　一、原測量錯誤純係技術引起者。
　　　二、抄錄錯誤者。
　　　　　　前項所稱原測量錯誤純係技術引起者，指原測量錯誤純係觀測、

量距、整理原圖、訂正地籍圖或計算面積等錯誤所致，並有原始資料可稽；所稱抄錄錯誤指錯誤因複丈人員記載之疏忽所引起，並有資料可資核對。

第 233 條　土地分割之地號，應依下列規定編定，並將編定情形登載於分號管理簿：

一、原地號分割時，除將其中一宗維持原地號外，其他各宗以分號順序編列之。

二、分號土地或經分割後之原地號土地，再行分割時，除其中一宗保留原分號或原地號外，其餘各宗，繼續原地號之最後分號之次一分號順序編列之。

第 234 條　土地合併之地號，應依下列規定編定，並將刪除地號情形登載於分號管理簿，其因合併而刪除之地號不得再用：

一、數宗原地號土地合併為一宗時，應保留在前之原地號。

二、原地號土地與其分號土地合併時，應保留原地號。

三、原地號之數宗分號土地合併時，應保留在前之分號。

四、原地號土地與他原地號之分號土地合併時，應保留原地號。

五、原地號之分號土地與他原地號之分號土地合併時，應保留在前原地號之分號。

第 235 條　複丈成果需訂正地籍圖者，應於完成登記後隨即辦理之。

第 236 條　因行政區域、段或小段界線調整而編入之土地，應移繪於各該地段之地籍圖內，並重編地號；其有新增圖幅者，應與原地籍圖幅連接編號，並拼接於地籍接合圖及一覽圖內，用紅色表示之。其編出之土地，應將原地籍圖上之經界線及地籍接合圖幅用紅色×線劃銷之，地號用紅色雙線劃銷之。

第 237 條　測量登記完竣地區內之未登記土地，其於辦理土地第一次登記前，應測繪於各該地段之地籍圖內，並編定地號。其有新增圖幅時，應與原地籍圖幅連接編號，並用紅色線拼接於地籍接合圖及一覽圖內。

第 238 條　登記機關對土地複丈圖、地籍圖應每年與土地登記簿按地號核對一次，並將核對結果，作成紀錄，存案備查，其如有不符者，應詳細查明原因，分別依法訂正整理之。

第二章　圖解法複丈

第 239 條　土地複丈圖之調製，應依下列規定辦理：

一、依地籍圖或圖解地籍圖數值化成果調製土地複丈圖時，應將其鄰接四週適當範圍內之經界線及附近圖根點，精密移繪或繪製於圖紙上，並應將界線之彎曲、鄰接圖廓線及圖面折縐破損等情形繪明之。

二、土地複丈圖調製後，應經核對地籍圖、原有土地複丈圖及地籍調查表無誤後，始得辦理複丈。

三、土地複丈圖應按申請案件逐次調製，不得重複使用。

第 240 條　複丈應以圖根點或界址點作為依據。其因分割或鑑定界址複丈者，應先將其測區適當範圍內按其圖上界線長度與實地長度作一比較，求其伸縮率，分別平均配賦後，依分割線方向及長度決定分割點或鑑定點之位置。

第 241 條　土地複丈圖之整理，應依下列規定辦理：

一、變更後之經界線用紅色標示之，並將其原經界線用紅色×線劃銷之。

二、變更後地號用黑色標示之，原地號用紅色雙線劃銷之。

三、合併後再分割者，其分割之經界線與前因合併而劃銷之經界線一致時，應於原經界線上紅色×線處加繪紅色○，以示將×線劃銷之。

第 242 條　分割複丈，應依下列規定辦理：

一、申請人已依第二百十條第一項規定實地埋設界標者，複丈人員於複丈時應將其界標與附近固定明顯目標之實量距離及界標種類繪註於土地複丈圖上，其分界實量之邊長，應以黑色註記於土地複丈圖各界線之內側，其因圖形過小註記有困難者，得在該圖空白處另繪放大之界址示意圖註記之。

二、依第二百十條第二項規定辦理者，複丈人員應先將圖上位置及面積劃分後，再於實地依土地複丈圖上劃分界線，測定本宗土地之周圍界址及內部分割點，並協助申請人埋設界標。

三、土地分割時，其分割之本宗周圍界線，經實測結果在容許誤差以內者，周圍之界線不予變動，其內部之分割點應按宗地圖上距離與實地距離之伸縮比例決定分割點，儘量在土地初丈圖上分別註明其實量邊長，並按其實量邊長計算面積。必

要時得用較大之比例尺測繪附圖，作為土地複丈圖之附件，不得分離。

第 243 條　分割土地面積之計算，依下列規定辦理：

一、一宗土地分割為數宗土地，該分割後數宗土地面積之總和，須與原土地面積相符。如有差數，經將圖紙伸縮成數除去後，其增減在下列公式計算值以下者，應按各地號土地面積比例配賦；在下列公式計算值以上者，應就原測量及計算作必要之檢核，經檢核無誤後依第二百三十二條規定辦理。

(一) 1／500比例尺地籍圖：$(0.10 + 0.02\,(4\sqrt{F}))\sqrt{F}$（F為一筆土地面積，以平方公尺為單位）

(二) 1／600及1／1,000比例尺地籍圖：$(0.10 + 0.04\,(4\sqrt{F}))\sqrt{F}$

(三) 1／1,200比例尺地籍圖：$(0.25 + 0.07\,(4\sqrt{F}))\sqrt{F}$

(四) 1／3,000比例尺地籍圖：$(0.50 + 0.14\,(4\sqrt{F}))\sqrt{F}$

二、前款按各地號土地面積比例配賦之，公式如下：

$$\text{每號地新計算面積} \times \frac{\text{原面積}}{\text{新面積總和}} = \text{每號地配賦後面積}$$

（備註：因條文排版無法完整呈現分割土地面積之計算，分割土地面積之計算請參閱相關圖表）

第 244 條　採圖解法複丈者，依下列規定訂正地籍圖：

一、分割複丈部分，應依土地複丈圖將地號以紅色雙線劃銷之，然後以紅色移繪其新經界線，並以黑色註記其新地號。

二、合併複丈部分，應依土地複丈圖將不需要之部分經界線以紅色×線劃銷之。地號以紅色雙線劃銷之，並以黑色註記其新地號。

三、一宗土地跨二幅以上地籍圖時，其面積較大部分之地號以黑色註記之，其餘部分之地號以紅色註記之。

四、因地籍圖之伸縮致拼接發生差異時，應依其伸縮率，平均配賦。

五、因地籍圖上坵形細小，訂正困難時，得比例放大並量註邊長移繪於該地籍圖空白處。如無空白位置，則另行加繪浮貼於地籍圖適當之處。

前項地籍圖已依第一百六十五條完成圖解地籍圖數值化者，得以複丈成果訂正數值化圖檔。

第 245 條　土地複丈圖應按地段及圖號分年彙集，每五十幅裝訂一冊，編列
　　　　　索引，永久保管。

第三章　數值法複丈

第 246 條　數值法複丈時，應準備下列資料：
　　　　　一、錄印本宗土地及鄰接四週適當範圍內之界址點點號、坐標及
　　　　　　　附近圖根點點號、坐標，並加算方位角及邊長。
　　　　　二、土地面積。
　　　　　三、參考圖。
　　　　　四、地籍調查表。
第 247 條　複丈應以圖根點或界址點作為依據，並應先檢測圖根點及界址
　　　　　點，所測得點位間之距離與由坐標反算之距離，其差不得超過下
　　　　　列限制：
　　　　　一、市地：0.005公尺$\sqrt{S}$ ＋0.04公尺（S係邊長，以公尺為單
　　　　　　　位）。
　　　　　二、農地：0.01公尺$\sqrt{S}$ ＋0.08公尺。
　　　　　三、山地：0.02公尺$\sqrt{S}$ ＋0.08公尺。
　　　　　前項之檢測應由縱橫二方向實施之。
第 248 條　界址點之水平角，用精於（含）二十秒讀經緯儀施測之，其採方
　　　　　向觀測法者，應正倒鏡各觀測一次，水平角觀測手簿記至秒止。
　　　　　其採複測法者應觀測二倍角。
第 249 條　距離測量應依第五十八條規定辦理。
第 250 條　數值法複丈得視實地情況採光線法、直線截點法、導線法、支距
　　　　　法或交會法等施測。
第 251 條　數值法複丈，其界址點位置誤差之限制準用第七十三條之規定。
第 252 條　鑑界複丈者，應先以所需鑑定之界址點坐標與圖根點或可靠界址
　　　　　點之坐標反算邊長及二方向線間之夾角後，再於實地測定各界址
　　　　　點之位置。
第 253 條　採數值法分割複丈者，應依下列規定辦理：
　　　　　一、因分割而新增之界址點，不在本宗土地周圍界線上者，應先
　　　　　　　依申請人實地所領界址，埋設界標後，再以第二百五十條規
　　　　　　　定之方法測量，並計算其分割點之坐標，據以計算面積及展
　　　　　　　繪土地複丈成果圖。

　　　二、因分割而新增之界址點，在本宗土地周圍界線上者，應先就
　　　　　申請人所予條件，測算該分割點在界線上之坐標後，再於實
　　　　　地測定該界址點之位置，並埋設界標。
　　　三、前款分割界址點之點號，應按本地段現有界址點最後點號之
　　　　　次一點號順序編列之。

第 254 條　數值法複丈面積之計算依第一百五十二條規定辦理。

第 255 條　一宗土地分割爲數宗土地，該分割後數宗土地面積之總和，應與
　　　　　原宗土地之面積相符，如有差數，應就原測量及計算作必要之檢
　　　　　核，經檢核無誤後，依分割面積之大小比例配賦之。

第 256 條　數宗土地合併爲一宗土地，該合併後之土地面積，應與各宗原地
　　　　　號土地面積之總和相符，如有差數，應就原測量及計算作必要之
　　　　　檢核，經檢核無誤後依該宗土地外圍界址點坐標所計算之面積爲
　　　　　準。

第 257 條　數值法複丈成果依法登記後，登記機關應修正宗地資料檔、地號
　　　　　界址檔及界址坐標檔。

第四編　建築改良物測量

第一章　通則

第 258 條　建築改良物（以下簡稱建物）測量，包括建物第一次測量及建物
　　　　　複丈。

第 259 條　新建之建物得申請建物第一次測量。但有下列情形之一者，不得
　　　　　申請測量：
　　　一、依法令應請領使用執照之建物，無使用執照者。
　　　二、實施建築管理前建造完成無使用執照之建物，無土地登記規
　　　　　則第七十九條第三項所規定之文件者。

第 260 條　建物因增建、改建、滅失、分割、合併或其他標示變更者，得申
　　　　　請複丈。

第 261 條　申請建物測量，由建物所有權人或管理人向建物所在地登記機關
　　　　　爲之。
　　　　　前項申請，得以書面委託代理人爲之。

第 262 條　登記機關應備下列文件，辦理建物測量：
　　　一、建物測量申請書。
　　　二、建物測量收件簿。

三、建物測量定期通知書。

四、建物測量成果圖。

五、建物測量成果通知書。

六、建號管理簿。

七、其他。

第 263 條　區分所有建物，區分所有權人得就其專有部分及所屬共有部分之權利，單獨申請測量。

第 264 條　登記機關受理建物測量申請案件，應予收件，經審查准予測量者，隨即排定測量日期、時間及會同地點，填發建物測量定期通知書交付申請人。原定測量日期，因風雨或其他事故，致不能實施測量時，登記機關應另定測量日期通知申請人。

申請人於測量時，應到場會同辦理；屆時不到場者，視為放棄測量之申請，已繳建物測量費不予退還。

第264-1條　撤回建物測量之申請，應於測量前以書面向登記機關提出。

第 265 條　登記機關受理建物測量申請案件，經審查有下列各款情形之一者，應通知申請人於接到通知書之日起十五日內補正：

一、申請人之資格不符或其代理人之代理權有欠缺。

二、申請書或應提出之文件與規定不符。

三、申請書記載之申請原因或建物標示與登記簿冊或其證明文件不符，而未能證明不符之原因。

四、未依規定繳納建物測量費。

依排定時間到場，發現有障礙物無法實施測量，需申請人排除者，登記機關應依前項規定通知補正。

第 266 條　申請人申請建物測量案件，有下列情形之一者，得於五年內請求退還其已繳建物測量費：

一、依第二百六十四條之一規定申請撤回。

二、經通知補正逾期未補正而駁回。

三、其他依法令應予退還。

前項第一款、第二款之情形，其已支出之費用應予扣除。

申請人於五年內重新申請建物測量者，得予援用其得申請退還之建物測量費。

第 267 條　測量人員於實施測量前，應先核對申請人之身分。測量完竣後，應發給申請人建物測量成果圖。測量結果應由申請人當場認定，並在建物測量圖上簽名或蓋章。申請人不簽名或蓋章時，測量人

員應在建物測量圖及建物測量成果圖載明其事由；其涉及原建物標示變更者，發給之建物測量成果圖並加註僅供參考，其所附土地登記申請書件予以退還。

第 268 條　第二百零九條、第二百十三條、第二百十六條及第二百十七條之規定，於建物測量時，準用之。

第 269 條　法院或行政執行分署囑託登記機關，就已登記土地上之未登記建物辦理查封、假扣押、假處分、暫時處分、破產登記或因法院裁定而為清算登記之建物測量時，由法院或行政執行分署派員定期會同登記機關人員辦理，並於測量後由其指定人員在建物測量圖上簽名或蓋章。

前項規定，於管理人持法院裁定申請為清算登記之建物測量時，準用之。

第 270 條　建物測量圖之調製，應依下列規定辦理：
一、依地籍圖或圖解地籍圖數值化成果調製建物測量圖時，應將其鄰接四週適當範圍內之經界線及圖根點，精密移繪或繪製於圖紙上，並應將界線之彎曲、鄰接圖廓線及圖面折縐破損等情形繪明之。
二、建物測量圖調製後，應核對地籍圖、原有建物測量圖後，始得辦理測量。
三、建物測量圖應按申請案件逐次調製，不得重複使用。

第 271 條　測繪建物位置圖及平面圖，應以平板儀或經緯儀實地測繪之，並註明邊長，以公尺為單位，量至公分為止。

第 272 條　建物平面圖之比例尺，以一百分之一或二百分之一為原則，如有特殊情形，得視實際需要增減之。

第 273 條　建物平面圖測繪邊界依下列規定辦理：
一、獨立建物所有之牆壁，以牆之外緣為界。
二、兩建物共用之牆壁，以牆壁之所有權範圍為界。
三、前二款之建物，除實施建築管理前建造者外，其竣工平面圖載有陽台、屋簷或雨遮等突出部分者，以其外緣為界，並以附屬建物辦理測量。
四、地下街之建物，無隔牆設置者，以建物使用執照竣工平面圖區分範圍測繪其位置圖及平面圖。
五、建物地下室之面積，包括室內面積及建物設計圖內所載地下室四周牆壁厚度之面積。

第 274 條　建物之各層樓及地下室，分別測繪於平面圖上，各層樓平面圖，應註明其層次。騎樓地平面、附屬建物與主體建物相連處繪虛線。

第 275 條　建物位置圖，以地籍圖同一比例尺謄繪於建物測量成果圖左上角或適當位置，並繪明土地界線，註明地號、建號、使用執照號碼及鄰近之路名。但建物所坐落之土地過大或過小時，得按原圖比例尺酌予縮放。

前項建號應於公告確定後填寫。

第 276 條　各棟及各層樓房之騎樓地平面及其附屬建物應分別計算其面積。

建物面積之計算，應依第一百五十一條第二項、第一百五十八條及第一百五十九條規定辦理。

建物面積之單位為平方公尺，平方公尺以下記載至第二位，第三位以下四捨五入。

第 277 條　建物測量圖及建物測量成果圖由登記機關永久保管。

前項建物測量圖及建物測量成果圖以段為單位，按建號順序每五十號或一百號裝訂一冊，並編列冊數。

第 278 條　建物登記後發現原測量或抄錄錯誤需辦理更正者，準用第二百三十二條之規定。

第二章　建物第一次測量

第 279 條　申請建物第一次測量，應填具申請書，檢附土地登記規則第七十九條所規定之文件辦理。

建物起造人向主管建築機關申請建物使用執照時，得同時檢附建造執照、設計圖、申請使用執照之相關證明文件及其影本，向登記機關申請建物第一次測量。

依前二項規定繳驗之文件正本，於繳驗後發還。

第 280 條　申請建物第一次測量時，得同時填具土地登記申請書件，一併申請建物所有權第一次登記。

第 281 條　依第二百七十九條第二項申請辦理之建物第一次測量，申請人應於領取建物使用執照後，檢附該建物使用執照提供登記機關核對，據以發給建物測量成果圖。

第 282 條　建物第一次測量，應測繪建物位置圖及其平面圖。登記機關於測量完竣後，應發給建物測量成果圖。

第282-1條　於實施建築管理地區，依法建造完成之建物，其建物第一次測量，得依使用執照竣工平面圖轉繪建物平面圖及位置圖，免通知實地測量。但建物坐落有越界情事，應辦理建物位置測量者，不在此限。

前項轉繪應依第二百七十二條至第二百七十五條、第二百七十六條第一項、第三項、第二百八十三條及下列規定辦理：

一、建物平面圖應依使用執照竣工平面圖轉繪各權利範圍及平面邊長，並詳列計算式計算其建物面積。

二、平面邊長，應以使用執照竣工平面圖上註明之邊長為準，並以公尺為單位。

三、建物位置圖應依使用執照竣工平面圖之地籍配置轉繪之。

四、圖面應註明辦理轉繪之依據。

第282-2條　依前條規定轉繪之建物平面圖及位置圖，得由開業之建築師、測量技師、地政士或其他與測量相關專門職業及技術人員為轉繪人。

依前項規定辦理之建物平面圖及位置圖，應記明本建物平面圖、位置圖及建物面積如有遺漏或錯誤致他人受損害者，建物起造人及轉繪人願負法律責任等字樣及開業證照字號，並簽名或蓋章。

依本條規定完成之建物平面圖及位置圖，應送登記機關依前條第二項規定予以核對後發給建物測量成果圖。

第282-3條　依土地登記規則第七十八條但書規定，申請建物所有權第一次登記時檢附之建物標示圖，應依第二百八十二條之一第二項規定繪製，並簽證，其記載項目及面積計算式，登記機關得查對之。

前項建物辦竣所有權第一次登記後，其建物標示圖由登記機關永久保管。

第 283 條　區分所有建物之共有部分，除法規另有規定外，依區分所有權人按其設置目的及使用性質之約定情形，分別合併，另編建號予以勘測。

建物共有部分之建物測量成果圖或建物標示圖應註明共有部分各項目內容。

第283-1條　中華民國八十三年十月十九日前已領有建造執照之建物，申請建物第一次測量者，有關區分所有建物共用部分之測繪，適用本規則中華民國八十三年十月十七日修正發布施行前第二百九十七條之規定。

第 284 條　區分所有建物之地下層或屋頂突出物等，依主管建築機關備查之圖說標示爲專有部分，並已由戶政機關編列門牌或核發其所在地址證明者，得單獨編列建號，予以測量。

前項圖說未標示專有部分，經區分所有權人依法約定爲專有部分者，亦同。

第 285 條　一棟建物跨越二個以上登記機關轄區者，由該建物門牌所在地之登記機關受理測量，編列建號。

在同一登記機關轄區內之一棟建物，位於二個以上地段者，以其坐落較廣地段編其建號。

第 286 條　下列建物，在同一建築基地範圍內屬於同一所有權人，供同一目的使用者爲特別建物：

一、公有公用之建物。

二、地方自治團體建物。

三、學校。

四、工廠倉庫。

五、祠、廟、寺院或教堂。

六、名勝史蹟之建物。

第 287 條　一般建物以段或小段爲單位，依登記先後，逐棟編列建號，以五位數爲之。

特別建物數棟併編一建號爲母號，亦爲五位數，其各棟建物之棟次以分號編列，爲三位數。

第三章　建物複丈

第 288 條　已登記之建物申辦分割，以分割處已有定著可爲分隔之樓地板或牆壁，且法令並無禁止分割者爲限。

申請建物分割，應填具申請書檢附分割位置圖說及編列門牌號證明文件爲之。經法院判決分割者，依法院確定判決辦理。

第 289 條　分割後之建物，除將其中一棟維持原建號外，其他各棟以該地段最後建號之次一號順序編列。新編列之建號，應登載於建號管理簿。

第 290 條　辦理建物合併，應以辦畢所有權登記、位置相連之建物爲限。

前項所定之位置相連，包括建物間左右、前後或上下之位置相毗鄰者。

申請建物合併應填具申請書檢附合併位置圖說，建物之所有權人不同或設定有抵押權、不動產役權、典權等他項權利者，應依下列規定辦理：
一、所有權人不同時，各所有權人之權利範圍除另有協議應檢附全體所有權人之協議書外，應以合併前各該棟建物面積與各棟建物面積之和之比計算。
二、設定有抵押權時，應檢附建物所有權人與抵押權人之協議書。但為擔保同一債權，於數建物上設定抵押權，未涉權利範圍縮減者，不在此限。
三、設定有不動產役權、典權時，應檢附該不動產役權人、典權人之同意書。

第 291 條　建物合併應先辦理建物勘查。
建物合併，除保留合併前之最前一建號外，其他建號應予刪除，不得使用。

第 292 條　建物因滅失或基地號、門牌號等變更，除變更部分位置無法確認，申請複丈外，應填具申請書檢附標示變更位置圖說及權利證明文件申請標示變更勘查。勘查結果經核定後，應加註於有關建物測量成果圖。

第 293 條　增建建物之所有權人得提出增建使用執照（含竣工平面圖）、執照影本及藍曬圖各一份，連同建物測量申請書，申請建物複丈。
前項建築使用執照，於繳驗後發還之。

第 294 條　改建建物之所有權人得提出變更使用執照（含竣工平面圖）、執照影本及藍曬圖各一份，連同建物測量申請書，申請建物複丈。
前項建築使用執照，於繳驗後發還之。

第 295 條　建物複丈（包括標示勘查）涉及原有標示變更者，應於申請複丈時填具土地登記申請書，檢附有關權利證明文件，一併申請建物標示變更登記。其經申請人於複丈時當場認定，並在建物測量圖上簽名或蓋章者，複丈完竣後，登記機關據以辦理建物標示變更登記。

第 296 條　建物因改建、增建、分割或合併等申請複丈完成後，登記機關應將變更前後情形分別繪製建物位置圖及平面圖。

第 297 條　（刪除）

第 298 條　（刪除）

第五編　附則

第 299 條　本規則規定之書表簿冊圖卡等格式，由中央主管機關定之。

第 300 條　本規則自發布日施行。

參、土地登記高、普考、特考、升等考、專業代理人特考、檢覈考、地政士普考試題

69年台省各機關公務人員升等考試等二職等地政職

一、試說明繕發權利書狀之程序。

二、申請登記應提出那些文件？試加以說明。

三、土地登記一旦發生錯誤或遺漏，應如何申請救濟？

四、申請登記案件在那種情形下應通知補正？試略述之。

五、登記機關應如何調處土地權利爭執事件？請加以解明。

71年升等考試

一、建物所有權第一次登記應繳那些文件，試說出應繳文件之名稱。

二、試簡述土地買賣應該辦理的步驟。

三、張三將土地出售給李四，委託王五辦理登記，試擬製一份完整的委託書。

四、土地所有權狀遺失或損壞應如何申請補發權狀？試敘述之。

77年高考

一、土地或建物所有權人死亡未辦繼承登記，目前地政機關如何處理？又實施後效果如何？

二、土地總登記和建物第一次登記在性質上有何不同？其申請登記程序是否相同？如何改進？

三、土地登記名義人土地經查封、假扣押、假處分或破產之「囑託登記」，屬於何種性質之登記？其效力如何？此囑託須何時到達，地政機關始予登記？又由誰「囑託登記」？

四、何謂「預告登記」？在那些情況下始得預告登記？預告登記後對登記名義人有何限制？

77年普考

一、何謂「地籍」？何謂「土地登記」？我國採用何種土地登記制度？其主要特點如何？

二、何謂「契據登記制度」？其主要特點如何？建築改良物若採用契據登記制度，有什麼好處？試析述之。

三、土地登記，應登記之標的是什麼？應登記的權利有那幾種？依我國法律規

定依法取得之不動產物權,若不及時辦理產權登記,可能受到何種損害?

四、土地登記費,按托倫斯登記制度之基本精神解釋,是屬於何種性質?地政機關所收之登記費,依法應提撥多少作為登記儲金?其法定用途如何?

77年乙特

一、試述我國現行土地登記制度之特點?

二、申請繼承登記時,應提出那些文件?試列述之。

三、試述登記機關在那些情形下,應駁回登記之聲請?申請人不服駁回時,應如何請求救濟?

四、土地經法院囑託辦理查封、假扣押、假處分或破產登記後,未經塗銷前,登記機關應停止與其權利有關之新登記,但在何種情形下,不受此項限制?試述之。

77年基層丙等

一、土地登記發生虛偽、錯誤或遺漏時,權利人有何行政救濟方式?試詳述之。

二、在同一土地標的上,是否容許設定二個以上之他項權利?試就用益物權與擔保物權析述之。

三、何謂塗銷登記?何謂消滅登記?二者有何異同?

四、試列述得由登記名義人或權利人單獨申請登記之場合?

78年高考

一、試述我國土地登記制度之特質,並析述其與推行土地政策之關係。

二、試比較說明我國土地登記制度與澳大利亞登記制度之異同。

三、依我國法律規定土地買賣移轉登記與土地繼承登記有何不同?其應繳申請登記之文件各如何?試分別說明之。

四、我國土地登記審查究屬形式審查抑為實質審查?並請就理論及實務說明之。

78年普考

一、試述土地登記之意義和目的?

二、試就實務上探討我國現行土地登記制度的特點。

三、試說明我國土地登記制度與日本土地登記制度之異同。

四、解釋下列名詞:

(一) 土地總登記。(二) 權利變更登記。(三) 囑託登記。(四) 限制登記。
(五) 典權設定登記。

78年乙特

一、試述土地登記與地政關係？
二、試述土地登記機關於損害賠償時應負那些責任？
三、試述德、法兩國土地登記制度之不同？
四、申辦繼承登記時應向地政機關繳附之證明文件有那些？（請說明證明文件
　　名稱）

78年丙特

一、試述依法應登記之土地權利種類及法律關係。
二、土地權利變更登記之意義為何？其聲請人及聲請期限為何？又逾期聲請者
　　應如何處罰？
三、何謂「登記完畢」？如登記有錯誤、遺漏或虛偽時應如何救濟？
四、登記機關在那些情形下應通知登記申請人補正？補正期限為何？申請人逾
　　期補正時登記機關應如何處理？

78年升等考試

一、試扼要說明應辦土地登記之權利主體、權利客體及權利種類？
二、試述登記機關辦理土地登記之一般程序及申請土地登記時應提出之文件。
三、申請土地登記，經審查後通知「補正」或予以「駁回」，請問二者之性質
　　有何不同？其申請人不服「駁回」時，應如何救濟？試述明之。
四、試述我國土地登記所採損害賠償之責任、要件及請求賠償之程序。

79年高考

一、何謂土地總登記？何謂建物所有權第一次登記？在性質和程序上，二者有
　　何異同？
二、土地登記費及土地所有權狀費，兩者收取的意義及計算標準，有何不同？
　　試分別說明之。
三、土地登記機關於土地登記完畢後，如發現所登記事項有錯誤或遺漏時，應
　　如何處理？如因而已致權利人受損害時，又應如何處理？試分別說明之。
四、試評述我國土地登記制度之特點，及是否有何改進之處？

79年普考

一、試述土地登記與地政之關係。

二、試述我國土地登記制度中有關損害賠償之規定。

三、試述佃耕農地移轉登記應繳之各種文件。

四、試解釋下列名詞：

(一) 土地總登記。(二) 土地權利變更登記。(三) 他項權利登記。(四) 囑託登記。(五) 塗銷登記。

79年基層乙等

一、試述地籍整理與土地登記之關係，又兩者在涵義上及目的上有何不同？

二、「更正登記」與「塗銷登記」在意義、效力及適用場合方面有何異同？試詳述之。

三、民法與土地法對共有土地或建築改良物之處分，其規定有何不同？試詳述比較之。

四、試述建物所有權第一次登記之要件及其程序。

79年基層丙等

一、試述土地登記之效力。

二、我國土地法對農地繼承登記之規定如何？與民法有關繼承之規定有何不同？試分述之。

三、試述限制登記之涵義及應具備之要件。

四、何謂「更正登記」？並請說明其辦理程序。

80年高考

一、現行土地登記制度與日據時期的土地登記制度有何不同？

二、何謂「他項權利」？何者適用土地及建物？何者只適用土地？

三、何謂「消滅登記」？何謂「塗銷登記」？有何不同？

四、辦理土地登記為何要檢附「土地權利書狀」？其種類有那些？

80年普考

一、何謂土地登記？並述目前土地登記之種類？

二、試述土地登記在審查時所應注意之事項？

三、試述繼承登記之要件？

四、試述土地登記之範圍及其管理機關？

80年土地登記專業代理人特考

一、試述明土地所有權變更登記之意義，及所有權移轉登記應提出之重要書表文件。

二、何謂塗銷登記？有那些登記申請人？其登記申請應提出那些書表文件？試述明之。

三、何謂建物測量？建物第一次測量和建物複丈有何區別？

四、何謂土地複丈？依規定誰具申請土地複丈之資格？

80年退役考

一、試述土地登記與地政之關係。

二、試就實務上探討我國土地登記制度之特點。

三、試述申請土地買賣登記應向地政事務所繳納何種文件？請敘述各種文件之名稱。

四、試釋下列名詞置理：

(一) 土地總登記。(二) 土地權利變更登記。(三) 他項權利登記。(四) 囑託登記。(五) 塗銷登記。

80年升等考試

一、試述我國土地登記制度之特點。

二、李四的祖父李春於日據時代在陽明山區有山坡地十甲，新近李四在其祖父遺物內發現有該山坡地的「登記濟證」（證明為其祖父所有），但台灣光復迄今，從未置理，請問李四今日欲享受該地之所有權，可能性如何？並請敘述其理由。

三、申請辦理不動產繼承登記時，應向登記機關繳交那些文件？請說出這些文件的名稱。

四、試述抵押權的意義和特性，並請說出繳交那些文件，始可完成抵押權設定登記。

81年高考

一、試述我國現行土地登記之審查究屬形式或實質審查，並說明其理由。

二、試述土地法規上對申請辦理土地登記應如何繳交登記規費及逾期登記罰鍰。

三、抵押權內容變更登記之意義及申辦抵押權內容變更登記之書件各為何？試詳述之。

四、試說明限制登記之意義、範圍及申請限制登記應備之文件。

81年普考

一、試述何種土地登記得由政府機關囑託登記機關辦理之？

二、何謂土地總登記？其程序為何？試分述之。

三、何謂塗銷登記？何謂消滅登記？

四、試說明土地、建物所有權移轉登記之要件？

81年土地登記專業代理人檢覈

一、試述辦理繼承登記應提出之文件。因法院確定判決而申請繼承登記時得不提出何種文件？

二、申請時效取得地上權時應提出之證明文件？地政機關審查後之處理程序如何？已有建物為目的之地上權登記其建物是否以合法建物為限？

三、依地籍測量實施規則之規定，建物分割及建物合併各應具備那些要件？

四、解釋名詞：

(一) 區分所有建物。(二) 限制登記。(三) 登記完畢。

81年丙特

一、試述登記申請書應記載之事項為何？

二、何謂建物所有權第一次登記？應檢附那些文件？試說明之。

三、試說明塗銷登記之原因？並予扼要解釋之。

四、何謂更名登記，並請說明土地登記規則有關更名登記之規定。

81年乙特

一、何謂塗銷登記？並請說明有關塗銷登記之一般規定。

二、申請建物所有權第一次登記，或他項權利登記時，其權利價值如何認定，試依土地登記規則之規定說明之。

三、試析登記審查時之形式要件與實質要件之審查內容？

四、試說明登記申請書適用類別及權利人與義務人合意表示之公定契約書種類？

82年高考

一、契據登記制度和權利登記制度之主要內容各為何？試申述之。

二、試詳述辦理土地登記之程序。

三、試述他項權利登記之意義、要件、種類及程序。

四、試說明更正登記之意義及要件及更正登記審查時應注意之事項。

82年普考

一、試述一種優良的土地登記制度，應該符合那些原則？

二、一份有效的土地登記申請書應該記載那些事項並應完成何種手續，始能順

利通過，試扼要敍述之。

三、何謂區分所有建物？其共同使用部分應如何登記？

四、試述更正登記審查核定時，應注意事項為何？

82年土地登記專業代理人特考

一、何謂建築改良物區分所有登記？其登記之要件為何？

二、試述預告登記之意義？申辦預告登記與預告登記塗銷時，各應提出那些文件？

三、土地所有權狀、他項權利證明書損壞或滅失時，應如何申請換給或補給，試敍述之。

四、解釋左列名詞：
(一) 抵押權登記。(二) 地役權登記。(三) 典權登記。(四) 囑託登記。(五) 限制登記。

82年土地登記專業代理人檢覈（第一次）

一、登記事項與登記原因證明文件不符，地政機關就何種具體事實認定？有此情形發生時應依何種法令向地政機關請求賠償？當事人如何具體計算賠償金額？

二、何謂私權？實務上見解為何？何謂涉及私權爭執？私權與公權如何區分？涉及私權爭執時，當事人循何種途徑解決？

三、限制登記包括假扣押、預告登記等，法院可依債務人之聲請提供擔保撤銷該假扣押，則地政機關是否有行政裁量權接受債務人之申請供擔保撤銷預告登記？如有，法律依據及理由何在？如無，當事人應循何種方式尋求解決？

四、祭祀公業已依清理要點辦妥登記，有人循判決書、和解筆錄辦理更正、和解移轉登記，並在80年9月收件後地政事務所請示內政部，內政部函司法院解釋：應按法院判決意旨，地政機關不得作反面解釋及判斷。內政部並函覆地政事務所同意司法院之見解，惟地政事務所承辦人員積壓一年半仍置之不理，該員是否應負行政、民事、刑事責任？如應負行政、民事、刑事責任，其理由及法律依據為何？地政事務所主任及政風室人員對該員應如何處置？

82年土地登記專業代理人檢覈（第二次）

一、試述土地登記之一般程序及申請登記時應提出之基本文件。

二、試述建物所有權第一次登記之作業程序，辦理時應提出那些文件？

三、設置土地登記專業代理人之目的為何？土地登記專業代理人應具備那些專業法規知識？

四、解釋下列名詞：

(一) 囑託登記。(二) 消滅登記。(三) 地上權。(四) 地役權。(五) 土地複丈。

82年升等考試

一、試敘述史尚寬氏所舉我國土地登記制度之特點。

二、試說明土地登記審查結果如有何種情形之一者，登記機關以書面敘明理由駁回登記之申請。

三、不動產繼承登記之意義與要件各為何？試詳述之。

四、試說明抵押權登記之意義及種類。

82年乙特

一、土地登記契約書各分幾類？其保存年限為何？試分述之。

二、應公告之登記，於公告期間若有異議發生爭執時，登記機關應如何處理？

三、試分述法院囑託辦理查封、假扣押、假處分或破產登記時地政事務所應如何處理？在查封、假扣押、假處分、破產登記後可否為新權利登記？又查封、假扣押、假處分或破產登記後再接獲法院囑託查封、假扣押、假處分或破產登記或其他禁止處外登記時應如何辦理？試分述之。

四、試申述土地分割為獨立宗地時，按土地登記規則應如何辦理登記？

82年丙特

一、土地登記對象中之土地與建物，兩者在性質上有何不同？試析述之。

二、申請土地登記時，應提出登記義務人之印鑑證明書，但有何種情形之一者可以免繳，試敘述之。

三、試述土地登記後發生錯誤或遺漏時，地政機關應如何處理？

四、試述他項權利登記之要件。

82年退役考

一、試說明法國契據登記制度之概要及其特點。

二、登記機關調處土地權利爭執事件，應依何種規定辦理？試敘述之。

三、試述建物所有權第一次登記之意義，辦理程序及申辦登記應備之書件。

四、試說明地上權設定登記之效力及消滅之原因。

82年山胞特考乙等

一、試述土地登記之範圍？並說明台灣地區土地登記之主管機關？
二、試比較說明我國土地登記制度與澳洲托倫斯登記制度之異同。
三、試述限制登記之意義及其種類。
四、試說明更正登記之要件。

82年山胞特考丙等

一、試述土地登記之意義。
二、試說明我國土地登記制度之特點。
三、試述土地標示變更登記之種類。
四、何謂土地複丈？並說明土地複丈之原因。

83年高考

一、試說明交換登記與共有物分割登記之意義。並比較兩者之異同。
二、試詳述我國現行土地登記制度之特色。
三、何謂逕為登記？何謂囑託登記？試詳分述其要點。
四、試述更名登記之意義，於其辦理時應具備那些文件？又審查時應注意那些
　　事項？

83年普考

一、試述土地登記之目的。
二、依土地登記之時間來分類，土地登記有那兩大類？並請說明其意義。
三、依現行地政法規之規定，土地權利在何種情況下，始稱「登記完畢」？又
　　在登記尚未完畢前，如接獲法院查封之囑託時，登記機關應如何處理？試
　　分述之。
四、試述土地登記專業代理人受委託執行業務時，應注意那些事項？

83年土地登記專業代理人特考

一、何謂「限制登記」？其所包括之登記項目有幾種？請予列舉，並解釋其意
　　義。
二、土地登記規則中，對於區分所有建物之登記有何規定？請詳述之。
三、試依土地登記規則，說明有關土地重劃確定辦理變更登記時有那些規定？
四、試依照地籍測量實施規則，說明申辦建物合併複丈之規定及其申辦時應注
　　意那些事項？

83年土地登記專業代理人檢覈（第一次）

一、(一) 依據土地登記規則第48條規定：「依前條（指第47條）審查結果，有左列各款情形之一者，登記機關應通知申請人於接到通知書之日起十五日內補正：

    1.申請人之資格不符或其代理人之代理權有欠缺者。

    2.申請書不合程式，或應提出之文件不符者。

    3.申請書記載事項，或關於登記原因之事項，與登記簿或其證明文件不符，而未能證明其不符之原因者。

    4.未依規定繳納登記規費者。」試各舉實例說明之。

    (二) 某地政事務所受理土地登記申請案件，經審查人認為有土地登記規則第48條各款情形之一，已詳列應補正事項，以土地登記案件「補正通知書」，一次通知補正。不料，嗣後審查人就同一案件再以其他事項一再通知補正，此際本件承辦土地代書應如何救濟？

二、(一) 民法親屬篇及其施行法，總統於74年6月3日修正公布，並於74年6月5日起發生效力。對此，左列三種夫妻聯合財產，如何辦理不動產登記？

    1.74年6月4日以前結婚者，以妻名義登記屬夫妻聯合財產之不動產，其得以更名登記為夫所有者，以74年6月4日以前結婚者為限，應適用何種法律及釋示辦理？

    2.74年6月4日以前結婚者，於74年6月5日以後，以妻名義登記屬夫妻聯合財產之不動產，可否再辦理更名登記為夫所有？

    3.74年6月5日以後結婚者，其夫妻聯合財產中，不動產歸屬之認定，應依何種法律之規定辦理？

    (二) 民法繼承篇及其施行法，總統於74年6月3日修正公布，並於74年6月5日起發生效力。對此，左列三種情形，應適用何種法律或釋示，辦理繼承登記？

    1.繼承開始（即被繼承人死亡日期或經死亡宣告確定死亡日期）於台灣光復前者。

    2.繼承開始於台灣光復後，至74年6月4日以前者。

    3.繼承開始於74年6月5日以後者。

三、(一) 依據地籍測量實施規則第241條規定：

    1.土地因合併申請複丈者，在何種要件下，始得為之？又申請合併複丈，有何限制？

2. 所有權人不同或設定有他項權利者，應檢附何種文件，經地政事務所派員實地勘查後，始能核發土地複丈成果表？

(二) 依據地籍測量實施規則第223條等規定：

1. 土地因分割申請複丈者，其申請之原因為何？

2. 又申請分割複丈，有何限制？

(三) 兩筆以上所有權人不相同之土地，位於同一地段，位置相連，合併作為相連或不相連數棟建物之基地，在何種情形下，始得向地政事務所申請合併？

四、某地政事務所受理：1. 登記名義人更正；2. 管理人變更；3. 和解移轉等（按上列1、2兩項有法院判決正本及判決確定證明書；3. 項則有法院和解筆錄）登記後，曾經向內政部請示可否辦理，內政部遂即函請司法院釋示，結果司法院釋示謂：「其受理登記機關，自應依判決所命給付之內容逕為登記，不宜擅為相反意見之斟酌及判斷」，而內政部在函復某地政事務所時，亦表示：「本部同意上開司法院之見解。」但某地政事務所主辦登記人員卻於80年9月間，於接獲內政部函復後，迄今業已屆滿二年半有餘，均置之不理，不予按照上列釋示辦理登記。

(一) 司法院與內政部上列釋示所謂「逕為登記」，係指土地權利登記，不必經當事人之聲請，而直接由登記機關基於職權，直接予以登記。依據土地登記規則第27條第1項規定，「左列各款，由登記機關逕為登記：

1. 依第121條第2項規定而為更正登記。

2. 土地重測或重劃確定之登記。

3. 地目等則調整後，所有權人未於限期內申請地目等則更正登記者。

4. 其他依法令得逕為登記者。」本件上列所謂「逕為登記」，係屬上列4款中之何款？其依據及理由為何？

(二) 上列兩機關釋示所謂「不宜擅為相反意見之斟酌及判斷」，其法令依據為何？

83年土地登記專業代理人檢覈（第二次）

一、申請農地所有權移轉登記時應提出哪些文件？登記申請書應記載那些事項？

二、試述土地登記機關應如何調處土地權利爭執事件？

三、他項權利（地上權、永佃權、地役權或典權）之位置測繪應如何辦理？

四、解釋下列名詞：
(一) 更正登記。(二) 代位登記。(三) 所有權變更登記。(四) 土地登記規費。(五) 建物複丈。

83年公務人員升等考

一、何謂耕作權期滿取得所有權登記，並請說明土地法與農業發展條例對耕作權之規定。
二、何謂限制登記？請扼要說明限制登記之內容。
三、因登記致權利人受損害，依法地政機關應負損害賠償，試就賠償責任、賠償經費、賠償價值以及賠償救濟，分別申述之。
四、試述土地所有權回復登記之意義及復權登記應備文件？

84年高考（土地法規與土地登記）

一、現行「土地法」及「平均地權條例」對於私有土地面積最高額有何限制規定？其對促進地用有何實效？試申論之。
二、現制對土地增值稅之課徵時機、課稅基礎之規定為何？這些規定有何缺失之處？試代擬改進之道。
三、何謂「抵價地式區段徵收」？最近政府為興闢高速鐵路擬採這種方式取得所需用地，其應循處理辦法為何？又這種處理辦法是否較以往為優？試分述之。
四、解釋下列名詞：
(一) 共有物分割登記。(二) 徵收登記。(三) 塗銷登記。(四) 限制登記。(五) 預告登記。

84年普考

一、登記機關接受申請登記案件，經審查結果，在那些情形下，應駁回申請？又申請人不服駁回者，得如何救濟之？試依規定說明之。
二、試述照價收買登記之意義及其應備文件？
三、何謂地役權設定登記，辦理該項登記應檢附那些文件？
四、解釋名詞：
(一) 更名登記。(二) 住址變更登記。(三) 地目變更登記。(四) 預告登記。(五) 登記規費。

84年土地登記專業代理人特考（第一次）

一、已完成建物所有權第一次登記之抵價建物買賣，買方如欲防止一屋兩賣情事，應如何為之？買賣進行中，如於契約公證並報稅後，即發生其中某一

方死亡時，如何申請登記？

二、父母以其未成年子女所有土地或建物為擔保設定抵押權時，其申請書應作何特別加註？承典耕地申請典權設定登記時，應檢附何種證明承典人資格之文件？該耕地如典權設定後，可否再申請抵押權設定登記？

三、土地複丈，一般是由土地所有權人或管理人向土地所在地之地政事務所申請為之，但地籍測量實施規則中，有特殊情形的規定，試說明這些特殊情形應由何人提出申請？

四、試說明土地登記之申請方式。

84年土地登記專業代理人檢覈（第一次）

一、申請繼承登記，應提出那些文件？

二、區分所有建物之共同使用部分另編建號，單獨登記時，依土地登記規則第72條規定，應如何辦理？

三、地政事務所受理複丈申請案件，經審查有何情形者應通知補正？有何情形者應予駁回？試分述之。

四、解釋下列名詞：

(一) 預告登記。(二) 他項權利登記。(三) 主登記和附記登記。(四) 抵押權。(五) 土地標示。

84年土地登記專業代理人特考及檢覈考（第二次）

一、何謂逕為登記？其辦理時機為何？試分述之。

二、何謂建物所有權第一次登記？核計該項登記之登記規費時，權利價值應如何認定？

三、何種土地權利之取得、設定、移轉、變更或消滅，應依土地登記規則之規定辦理登記？並請扼要說明此等權利之意義。

四、共有物分割登記應檢附何種書件？其程序如何？

84年公務人員升等

一、何謂登記錯誤或遺漏？若因而導致損害時，應如何處理？試就相關法令說明之。

二、何謂登記具有絕對效力？試申述之。

三、何謂登記完畢？登記機關原發之土地所有權狀或他項權利證明書，在那些情形下，應於登記完畢後公告作廢？試說明之。

四、申請登記應提出之文件為何？又在那些情形下，登記機關應停止受理登記案件之申請？試述之。

84年基層乙等（土地法規與土地登記）

一、依法規定，財產得由人民擁有，是否所有土地均可由人民依法取得？

二、試詳述土地總登記的辦理程序。

三、試述區段徵收的實施地區與時機，以及原土地所有權人可領回的抵價地面積。

四、試說明土地贈與登記申請人應向地政機關繳交那些文件？

84年基層丙等

一、試述贈與所有權移轉登記之申請手續為何？並說明申請不動產贈與移轉登記時，應提出那幾種繳稅收據或免稅證明。

二、試問申請土地登記時，登記費如何計徵？又逾期申請登記時，如何科處罰鍰？

三、辦理土地登記之程序為何？其中公告之程序，依法僅適用於何種登記？

四、解釋名詞：

　　(一) 地上權設定登記。(二) 地役權設定登記。(三) 永佃權設定登記。(四) 典權設定登記。(五) 耕作權登記。

84年退役考（土地法規與土地登記）

一、土地登記之主要功能為何？又完善的土地登記制度應包括那些條件？試申論之。

二、我國土地登記制度之特點為何？又與托崙斯登記制及權利登記制有何不同？試析論之。

三、土地法第10條：「中華民國領域內之土地，屬於中華民國人民全體。其經人民依法取得所有權者，為私有土地。」之立法意旨為何？試析論之。

四、何謂自用住宅用地？平均地權條例對自用住宅用地課徵地價稅與土地增值稅有何優惠規定？又其優惠之意旨為何？試析論之。

85年高考（土地法規與土地登記）

一、現行土地法規對於私有耕地所有權移轉有何限制規定？其對扶植自耕農究竟能夠發揮何等實效？未來宜做何等修正？試抒己見評述之。

二、現制對於私有農地移轉免徵「土地增值稅」之有關規定與立法意旨為何？又於何種情況下須恢復課徵此類賦稅？此等規定有無缺失之處？試評述之。

三、現行「平均地權條例」有關「區段徵收」與「市地重劃」實施場合之規定為何？又此等規定是否合理？試申論其由。

四、試述繼承登記之意義及不動產繼承登記之要件。

85年普考

一、試述土地登記規則中，對區分所有建物之所有權第一次登記有那些規定？

二、試述預告登記之要件為何？

三、試述土地登記公告異議後調處程序。

四、解釋名詞：

(一) 囑託登記。(二) 法定抵押權。(三) 限制登記。(四) 建物登記簿。(五) 地籍圖。

85年土地登記專業代理人特考及檢覈考（第一次）

一、申請土地所有權變更登記，應於權利變更之日起多久為之？繼承登記得自繼承開始之日起多久為之？逾期申請者如何處罰？土地登記規則對於前項權利變更之日，列舉那些規定？

二、抵押權因增加擔保債權金額申請登記時，如有後順位抵押權存在者，應如何辦理？其理由何在？試分別說明之。

三、申請建物所有權第一次登記，應提出那些文件？區分所有建物之地下層或屋頂突出物，如非屬共同使用部分，須提出那些文件，才得辦理建物所有權第一次登記？

四、土地因合併申請複丈者，應具備那些條件？所有權人不同或設定有他項權利，應另檢附何種文件？試分述之。

85年土地登記專業代理人檢覈考（第二次）

一、簡述申請登記時，應提出之文件。

二、試述土地登記審查結果，有何情形之一，將遭登記機關駁回登記之申請，申請人不服駁回者，如何處理？

三、何謂登記完畢？如登記完畢後，發現登記錯誤或遺漏時，應如何救濟？

四、何謂限制登記？試列舉其包括登記之種類。

85年公務人員升等考試

一、何謂更正登記？更正登記有違登記之「同一性」者應不予受理，其「同一性」之範圍如何？

二、建物與其基地之所有權人不同者，在何種情形下建物所有權人申請建物所有權第一次登記可免經基地所有權人之同意？

三、何謂「限制登記」？其種類為何？

四、解釋名詞：

(一) 登記完畢。(二) 預告登記。(三) 登記錯誤或遺漏。(四) 破產登記。
(五) 塗銷登記。

85年基層三等（土地法規與土地登記）

一、試述我國土地法對私有土地所有權之取得有何限制？
二、試就現行土地法及國有財產法規定，比較說明公有土地處分設定負擔與租賃之規定。
三、以市地重劃與區段徵收取得公共設施用地，各有何優劣點？試詳述之。
四、試述我國現行土地登記之效力有何特色？並陳述其與誤漏應辦理更正登記之規定有無矛盾之處。

85年原住民特考乙等（土地法規與土地登記）

一、解釋名詞：
    (一) 保留徵收。(二) 抵費地。(三) 土地改良物。(四) 市地重劃。(五) 限制登記。
二、私有土地經徵收後在何種條件下，始可要求收回其土地，試扼要說明之。
三、我國土地登記制度有何特點？試申述之。
四、土地重劃確定後，如何辦理變更登記？試說明之。

85年原住民特考丙等

一、土地登記原則上由權利人與義務人會同申請，有那些登記由權利人或登記名義人單獨申請？試列述之。
二、試述明繼承登記之意義、要件及其申請辦理應提出之文件。
三、區分所有建物所有權第一次登記如何辦理？試述明之。
四、解釋名詞：
    (一) 地上權。(二) 地役權。(三) 典權。(四) 耕作權。

85年殘障特考四等

一、試述土地總登記辦理程序。
二、一般土地登記申請應備文件為何？試分述之。
三、試述建物所有權第一次登記之意義與要件。
四、解釋名詞：
    (一) 建物所有權移轉登記。(二) 他項權利登記。(三) 更正登記。(四) 繼承登記。(五) 遺產之分割。

86年普考

一、我國土地登記除採權利登記制之特長外，亦兼採托崙斯登記制之優點，試述其特點為何？

二、試依「土地登記規則」第124條之規定，說明限制登記之意義與種類，又同規則第129條之規定卻排除限制登記之效力，試述其內容。

三、於辦理土地總登記過程中，土地權利關係人若於公告期間內提出異議，而生權利爭執事件時，登記機關如何調處之？試依「土地登記規則」第70條之規定說明之。

四、解釋名詞：

(一) 抵押權（設定）登記。(二) 土地重劃確定登記。(三) 標示變更登記。(四) 更正登記。(五) 土地總登記。

86年土地登記專業代理人特考及檢覈考（第一次）

一、何謂繼承登記？申請繼承登記應提出那些文件？因法院確定判決申請繼承登記得不提出那些文件？

二、何謂補正？何謂駁回？二者之構成要件有何區別？

三、抵押權設定登記後，另增加一宗或數宗土地權利共同為擔保時，應如何辦理登記？應否繳登記費？

四、申請建物第一次測量，應檢附何種書件？

86年高考三級（土地法規與土地登記）

一、土地法對於共有土地或建築改良物之處分、變更及設定負擔有何規定？並請說明之。

二、促進產業升級條例對於公司合併或遷廠時，其土地增值稅之課徵規定為何？請詳述之。

三、直轄市或縣（市）政府依平均地權條例之規定查估土地現值時，對都市計畫公共設施保留地之地價，應如何辦理？

四、法人在籌備期間，未完成法人設立登記前，其取得之土地權利，如何辦理登記？前述籌備中之法人，因未核准設立登記致未取得法人資格者與因核准設立登記致取得法人資格者，其已取得之土地權利的後續登記，如何辦理？

86年土地登記專業代理人檢覈考（第二次）

一、登記機關於調處土地權利爭執時，應如何辦理？試申述之。

二、申請權利變更登記時，應於權利變更之日起多久內為之？又所指權利變更

之日為何？試申述之。

三、申請土地登記時，有那些情形得免提出土地所有權狀或他項權利證明書？
請依土地登記規則之規定說明之。

四、設有A、B、C三宗所有權人不同之土地辦理合併時，各所有權人、地上
權人、典權人、耕作權人或抵押權人之權利範圍如何處理？

86年特種考試台灣省及福建省基層公務人員考試試題（三等考試）

一、何謂土地改良物？試依土地法之規定就其定義及差別性，分別說明並比較
之。

二、試就土地法第10條之規定，說明其對土地所有權之立法含義及政策目的。

三、試就土地法第219條之規定，說明收回權之性質及行使之要件。

四、何謂他項權利登記，其內容如何，並請就他項權利之設定登記扼要說明
之。

86年特種考試台灣省及福建省基層公務人員考試試題（四等考試）

一、何謂土地登記？土地登記之範圍為何。試申述之。

二、何謂變更登記？試說明變更登記之種類。

三、何謂繼承登記？胎兒為繼承人時，應如何辦理登記？試依規定說明之。

四、何謂更正登記？更正登記之要件為何？試說明之。

87年普考第二試

一、土地登記審查之四要素為何？審查結果之處理方式有幾？試分述之。

二、何謂繼承登記？申辦該項登記時應檢附那些文件？

三、依照現行土地登記規則規定，已登記之土地再行申請登記時，有那些情形
得免提出所有權狀或他項權利證明書？

四、解釋名詞：
(一) 破產登記。(二) 徵收登記。(三) 買賣登記。(四) 土地所有權第一次登
記。(五) 主登記。

87年土地登記專業代理人檢覈筆試（第一次）

一、申請土地登記時，有那些情形登記義務人得免提出印鑑證明？試依土地登
記規則之規定說明之。

二、抵押權因增加擔保債權金額申請登記時，如有後順位抵押權存在者，申請
人應如何辦理？應依何標準繳納登記費？試說明之。

三、土地登記申請之方式之一為代位申請，試說明代位申請之意義？並列舉何

種情況得代位申請？

四、試說明繼承登記之要件為何？依土地登記規則第44條規定申請繼承登記應提出何種文件？

87年特種考試土地登記專業代理人考試試題

一、申請繼承登記，如有拋棄繼承權者，因繼承開始時間之不同，應檢附之拋棄繼承文件有何不同？請分述之。又，未拋棄繼承之部分繼承人因故不能會同申請繼承登記時，其他繼承人得以何種方式申請？

二、申請登記之證明文件為協議書時，應提出當事人之印鑑證明，但有那些情形得免予檢附？請列舉之。

三、試述預告登記之意義及其申請辦理所應提出之文件。

四、解釋名詞：

(一) 抵押權登記。(二) 塗銷登記。(三) 更名登記。(四) 地目變更登記。(五) 限制登記。

87年土地登記專業代理人檢覈筆試（第二次）

一、試說明區分所有建物共同使用部分之意義及其登記方法。

二、抵押權設定登記後，另增加一宗或數宗土地權利共同為擔保而未增加擔保之債權額時，應就增加部分申請何種登記？原設定部分應辦理何種登記？兩者應否繳納登記費？試說明之。

三、土地經法院囑託辦理假處分登記後，未為塗銷前，登記機關應停止與其權利有關之新登記，其立法意旨何在？有何種情形不受此限制？申請登記時，應檢具何種證明文件？試說明之。

四、土地因合併申請複丈者，應具備那些條件？有何種情形申請合併複丈得免受相同地目之限制？試說明之。

87年高考三級第二試（土地法規與土地登記）

一、公有土地參加市地重劃是否屬處分行為？又應否依土地法第25條之規定為之？試申論之。

二、自用住宅用地之要件為何？都市計畫區內非住宅區之土地可否申請自用住宅用地地價稅之優惠稅率？試申論之。

三、試就土地法第208條之規定，說明土地徵收權人與土地徵收請求權人之差異。

四、何謂權利變更登記？申請權利變更登記時，應於權利變更之日起一個月內為之，試問「權利變更之日」所指為何？請詳述之。

87年特種考試台灣省及福建省基層公務人員考試試題

一、依土地登記規則第129條之規定，土地經辦理查封、假扣押、假處分或破產登記後，若未為塗銷前應停止與其權利有關之新登記，但亦有例外之規定，試說明之。

二、土地分割登記之意義為何？又辦理土地分割登記之申請人有那些？試分述之。

三、何謂駁回土地登記之申請？依土地登記規則第51條之規定，可駁回土地登記申請之場合有那些？試分述之。

四、何謂抵押權移轉登記？又辦理抵押權設定登記時，應檢具那些文件？

88年普考第二試

一、祭祀公業土地之申報應由管理人檢具那些文件為之？若無管理人或管理人死亡、行方不明或拒不提出申報時，應如何處理？試依「祭祀公業土地清理要點」之規定分述之。

二、試述土地合併登記之涵義，又辦理土地合併登記之申請人有那些？

三、依法院判決和解與調解而辦理土地或建物所有權移轉登記時，應檢具那些文件？

四、解釋名詞：

(一) 預告登記。(二) 塗銷登記。(三) 地上權設定登記。(四) 永佃權設定登記。(五) 更名登記。

88年土地登記專業代理人檢覈（第一次）

一、土地權利經向地政機關申請登記，如何認定其為「登記完畢」？地政機關於辦理登記過程，遇有法院囑託辦理查封、假扣押、假處分或破產登記時，應如何辦理？

二、何謂更正登記？請舉一實例說明；土地登記專業代理人代為申辦更正登記時，應備妥那些文件？

三、何謂土地複丈？登記機關受理複丈申請案件經審查後在何種情形下應通知申請人補正？又在何種情形下以書面駁回？請分別列舉。

四、土地所有權狀或他項權利證明書滅失，應如何申請補發？應檢附那些證明文件？試述土地登記規則之規定說明。

88年特種考試土地登記專業代理人考試試題

一、何謂代位申請？在那些情形下之土地登記得代位申請？試依現行土地登記規則之規定申述之。

二、何謂優先承買權？辦理土地移轉登記時，如優先承買權人放棄其優先承買權，申請人應如何申請登記？優先承買權人對該申請可否提出異議？登記機關又應如何處理該類異議案件？

三、設有A、B、C、D四棟連棟住宅，建商分別出售予甲、乙、丙、丁四人所有，於辦理保存登記時，代書誤將其順序倒置為丁、丙、乙、甲，致登記產權發生錯誤。類此錯誤情形，請問：

(一) 當事人可否申請更正登記？依據何在？

(二) 登記機關可否准予更正？理由何在？

(三) 利害關係人可否講求損害賠償？原因何在？

(四) 如果您是一位合格的土地登記專業代理人，您如何幫助當事人解決此一難題？

四、申請土地複丈，除鑑界之外，還有那些原因？又，申請人對於鑑界結果有異議時，得申請再鑑界，如對於再鑑界結果仍有異議時，應如何處理？試分述之。

88年土地登記專業代理人檢覈（第二次）

一、試述那些情形之土地登記，由權利人或登記名義人單獨申請之？

二、何謂繼承登記？繼承人為胎兒時，應如何辦理繼承登記？

三、土地登記審查之形式要件與實質要件各為何？試分述之。

四、何謂預告登記？辦理預告登記之要件為何？試詳述之。

88年高考三級第二試（土地法規與土地登記）

一、土地法第14條第1項第1款規定海岸一定限度內文土地不得為私有，此所謂「一定限度」由何機關負責劃定？另，除海岸一定限度內之土地以外，土地法尚規定那些土地不得為私有？若在依法劃定前原已為私有者，政府可如何處置？私人占有不得私有之土地，可否因時效完成而取得土地權利？

二、對都市更新事業計畫範圍內重建區段之土地，請依都市更新條例規定，分別說明由所有權人自組更新團體辦理及由都市更新主管機關辦理可採用之實施方式。

三、依都市計畫法規定公共設施保留地之取得方式為何？政府徵收公共設施保留地時，其地價補償標準現行法如何規定？保留期間之地價稅、土地增值稅、遺產稅及贈與稅等之課徵規定又如何？

四、試詳述權利登記制與托倫斯登記制之特點。

89年特種考試土地登記專業代理人考試試題

一、依照現行土地登記規則規定,已登記之土地再行申請登記時,有那些情形
　　得免提出所有權狀或他項權利證明書?

二、何謂抵押權登記?左列各項就土地登記規則規定申請人應如何辦理登記?
　　請分別述明之。

　　(一) 抵押人非債務人時
　　(二) 不屬同一登記機關管轄數宗土地權利共同擔保
　　(三) 擔保物增加、擔保物減少
　　(四) 抵押權因增加擔保債權金額,如有後順位抵押權存在者

三、申辦土地所有權變更登記,遇下列三種情況,應如何辦理?試分述之。

　　(一) 胎兒為繼承人時
　　(二) 登記義務人死亡
　　(三) 登記權利人死亡

四、試說明法人設立登記或寺廟登記前,如何取得土地所有權?

89年土地登記專業代理人檢覈 (第一次)

一、申請土地登記應提出義務人之印鑑證明,其意義為何?有那些情形之下免
　　附義務人之印鑑證明?

二、分別共有之土地經法院判決確定時,部分共有人應如何申請分割登記?如
　　何繳納登記費及罰鍰?若部分共有人就其應有部分設定抵押權時,該抵押
　　權於分割登記時應如何處理?

三、何謂塗銷登記?他項權利登記得由何人提出申請?應提出那些文件?試說
　　明之。

四、申請建物辦理分割申請複丈時,應具備那些條件?應檢附那些文件?試說
　　明之。

89年土地登記專業代理人檢覈 (第二次)

一、土地登記規則第79條規定:「申請土地所有權變更登記,應於權利變更
　　之日起一個月內為之……」;此一規定之「權利變更之日」,所指之涵義
　　為何?又關於土地買賣移轉,於申請所有權移轉登記前,如當事人一方死
　　亡,則應如何申請辦理登記?

二、辦理建物所有權第一次登記時,有關區分所有建物之地下層部分,如何登
　　記?試依土地登記規則之規定說明之。

三、甲占有乙所有土地一筆之部分多年,現主張時效完成,擬申請地上權登

記。請問：甲於申請登記時，所應提出之證明文件為何？又登記機關審查後之處理程序為何？

四、土地因合併申請複丈者，應具備那些條件？又關於鑑界之複丈，申請人對於鑑界結果有異議時，如何處理？試依地籍測量實施規則之規定，分別說明之。

89年公務人員普通考試第二試試題

一、登記機關依法審查登記案件後，有那三種不同之處理方式？試詳分述之。

二、何種情形下申請登記，得免提出登記義務人之印鑑證明？

三、登記機關辦理土地登記應依何種次序為之？同一土地已由登記名義人申請移轉登記尚未登記完畢前，接獲法院囑託辦理查封登記時登記機關應如何處理？試說明之。

四、試解釋下列各名詞：
  (一) 權利次序
  (二) 登記錯誤
  (三) 消滅登記
  (四) 共有物分割登記
  (五) 抵押權塗銷登記

89年公務人員高等考試三級考試第二試試題（土地法規與土地登記）

一、何謂徵用？徵用與土地徵收有何差異？試比較分析之。

二、土地增值稅免徵之情形有何？其目的何在？試申述之。

三、非都市土地在那些情形下申請用地變更編定需要回饋？其標準是否合理？試申述之。

四、何謂登記完畢？土地權利於登記完畢後法律上發生何種效力？登記機關應發給申請人何種證明文件？試分別說明之。

90年高考（土地法規與土地登記）

一、甲、乙、丙、丁共有土地一筆，其應有部分各為四分之一。茲甲、乙、丙擬將土地出售於A，惟丁反對。試問丁可否依土地法第34條之1之規定，主張優先購買權？又設因出售不成，乃協議分割，惟分割後丁所分配之土地價值與其依應有部分計算之價值不等，則土地增值稅應如何核算與徵納？試分別析論之。

二、都市更新事業計畫範圍內重建區段之土地，依規定可以那些方式實施？如以權利變換方式實施時，則提供資金之實施者，其共同負擔及土地分配，

依規定應如何處理？試評論之。

三、依土地法第104條規定，基地出售時，何人得主張優先購買權？其立法意
旨何在？若基地上之房屋為違章建築或未辦保存登記之合法房屋，房屋所
有權人於基地出售時，是否亦得主張優先購買權？理由何在？試分述之。

四、依土地登記規則之相關規定，得辦理土地更正登記之「形式要件」為何？
又，「須不妨害原登記之同一性」為得辦理土地更正登記「實質要件」之
一，試申其義。

90年三等特考（土地規則與土地登記）

一、外國人在我國租賃或購買何種用途之土地？其須依何種程序申請核准？今
為因應我國加入國際經貿組織之趨勢，宜採何種放寬措施較妥？其理由為
何？試述明之。

二、私有土地經徵收後，於何種情形下，原土地所有權人得聲請收回土地？又
何種情況下，被徵收原土地所有權人得以行使優先購買權？試分別說明
之。

三、未辦繼承登記之土地或建築改良物，地政機關應如何管理？又於何種情況
下，此等土地或建築改良物得以舉行公開標售？其所應依循之原則為何？
試分別說明之。

四、土地登記之權利與法律關係所指者何？又於何種情形登記機關停止有關登
記案件之申請？其理由為何？試分述之。

90年普考登記概要

一、實施建築管理地區之建物，申請所有權第一次登記應提出那些文件？應如
何認定其權利價值及繳納登記費？試說明之。

二、土地所有權狀是地主持有土地的主要憑證，但在申辦土地權利變更登記
時，有那些情況可免檢附土地所有權狀？試述之。

三、何謂「形式審查」？何謂「實質審查」？現行土地登記實務究係採「實質
審查」抑或「形式審查」？理由何在？又土地登記完畢後如有錯誤或虛
偽，如何循求救濟？試分述之。

四、試解釋下列各名詞：
(一) 登記儲金；(二) 登記完畢；(三) 區分所有建物；(四) 限制登記；
(五) 信託登記。

90年基層四等土地登記概要

一、有一抵押權之登記名義人，因錯誤遺漏等因素造成其抵押權誤被塗銷，試

問該登記名義人能否向地政機關請求損害賠償？如可請求，則請求損害賠償之救濟程序為何？補償標準如何訂定？

二、占有人申請時效取得地上權登記，應具備那些要件？申辦與登記的程序為何？那些土地不得申請此項登記？

三、辦理建物第一次登記，對於所謂的「合法建物」如何認定？公寓大廈辦理建物第一次登記的程序應如何？請詳述之。

四、請解釋下列名詞：

(一) 查封登記；(二) 預告登記；(三) 共有物分割登記；(四) 分割繼承；(五) 主建物登記。

90年土地登記專業代理人特考土地登記實務

一、何謂主登記與附記登記？其次序應如何認定？抵押權移轉登記，究應依主登記或附記登記登載？試說明之。

二、已登記之土地權利有何種情形，得由登記機關依何種程序予以塗銷？試說明之。

三、試依土地登記規則規定，列舉在何種情形下免繳納登記費？

四、申請建物分割複丈之限制及應附文件各為何？試依地籍測量實施規則規定分別述明之。

90年土地登記專業代理人檢覈考

一、茲假設某出租之共有土地，其部分共有人依法就該土地全部為出售處分，且承租人及他共有人均放棄優先購買權。試問：於申辦所有權移轉登記時，依土地登記規則之規定，有那些應注意事項？

二、登記機關接獲法院囑託辦理假處分登記時，應如何處理？又假處分登記之效力如何？試依土地登記規則之規定，分別說明之。

三、申請繼承登記時，申請人應提出那些登記申請文件？試依土地登記規則之規定說明之。

四、土地複丈之原因為何？又其申請人為何？試依地籍測量實施規則之規定，分別說明之。

91年基層三等土地法規與土地登記

一、解釋名詞：

(一) 抵價地；(二) 公同共有；(三) 抵費地；(四) 累進稅率；(五) 保留徵收。

二、土地法第100條對房屋出租終止租約收回出租房屋之規定為何？又，該限

制規定對於定期與不定期租賃契約之適用性為何？

三、為獎勵民間參與公共建設，政府對其所需用地之取得與開發訂有諸多獎勵措施，試以「促進民間參與公共建設法」為例，從「提升參與誘因」之觀點，評析其用地取得與開發之相關規定。

四、登記機關應於何種情形下「駁回」或命登記申請人「補正」其申請案件？試分述之。

91年普考土地登記概要

一、區分所有建物之共用部分，應如何辦理登記？可否單獨申請分割、移轉、設定登記？地下層或屋頂突出物等，如果非屬共用部分，如何辦理建物所有權第一次登記？

二、因為契約成立的信託登記，其申請人為何？信託財產如須辦理受託人變更登記，其申請人又為何？辦理信託登記後，如信託關係消滅塗銷信託登記時，申請人為何？

三、共有耕地因為契約行為協議辦理分割登記，若已符合農業發展條例第16條的規定，且分割後各人所取得的土地價值與分割前持有土地價值不相等，已涉及所有權移轉時，應檢附那些文件申辦登記？

四、試解釋下列各名詞：
(一) 破產登記；(二) 地上權移轉登記；(三) 權利變更之日；(四) 更正登記；(五) 繕發書狀。

91年四等土地登記概要

一、解釋名詞：
(一) 逕為登記；(二) 信託專簿；(三) 消滅登記；(四) 主登記與附記登記；(五) 標示變更登記。

二、申請信託登記之方式為何？又持遺囑申請信託登記之程序為何？依土地登記規則之規定，試分述之。

三、(一) 實施建築管理前，建造之建物合法範圍之認定規定為何？依土地登記規則之規定，試說明之。
(二) 登記機關登記完畢之程序為何？依土地登記規則之規定，試說明之。

四、(一) 依土地登記規則規定，申請他項權利登記，未加註權利價值者，登記規費之計收方式為何？試說明之。
(二) 土地權利變更登記之日認定標準為何？依土地登記規則之規定，試說明之。

91年基層三等土地法規與土地登記

一、試依現行法規說明我國土地登記之特色。

二、何謂預告登記？得申請辦理預告登記之原因及辦理後之效力為何？試申述之。

三、辦理市地重劃之原因為何？又重劃區內原出租土地應如何處理？試依規定說明之。

四、何謂土地徵用？其與土地徵收有何不同？試比較分析之。

91年基層四等土地登記概要

一、監護人處分禁治產人所有之不動產，申請登記時，登記申請書適當欄應如何記明？監護人為禁治產人之父母或同居之祖父母時，得免提出何種證明文件？試分述之。

二、同一土地設定二個順位抵押權，第一順位抵押權因增加擔保債權金額，申請抵押權內容變更登記，應提出何種證明文件？應按何標準繳納登記費？試分述之。

三、共有土地之分割程序如何？共有土地經法院判決分割確定者，部分共有人得如何申請分割登記？試說明之。

四、解釋下列各名詞：

(一) 區分所有建物之共用部分；(二) 拍賣移轉登記；(三) 遺囑執行人登記；(四) 土地權利信託登記；(五) 限制登記。

91年原住民三等土地法規與土地登記

一、按平均地權條例之規定，土地增值稅之稅基與稅率結構為何？又這種規定是否合理？試評述之。

二、我國為因應全球化發展之需，乃於民國九十年修正土地法有關外國人取得各類用途之相關規定，試扼要述明之。

三、登記機關對登記申請案，在何種情形下應予駁回或通知補正？試分別說明之。

四、塗銷登記之原因有那些？其與消滅登記有何區別？

91年土地登記專業代理人特考土地登記實務

一、試述區分所有建物登記之要件為何？另依土地登記規則第81條規定區分所有建物之共用部分應如何辦理登記？

二、何謂土地複丈？依地籍測量實施規則第204條所訂，說明可辦理土地複丈的時機為何？申辦土地複丈的程序為何？

三、依地籍測量實施規則規定，地政事務所受理建物測量申請案件，經審查有那些情形時，應通知申請人補正？

四、何謂「土地權利信託登記」？其申請人為何？試依土地登記規則規定說明之。

91年土地登記專業代理人檢覈考（第一次）土地登記實務

一、何謂登記完畢？登記完畢後，發現登記錯誤或遺漏時，如何救濟？

二、法人在籌備期間，未完成法人設立登記前，其取得之土地權利如何辦理登記？前述籌備中之法人，因未核准設立登記致未取得法人資格者與因核准設立登記而取得法人資格者，其已取得之土地權利之後續登記如何辦理？

三、何謂限制登記？其種類有幾？試列舉說明之。

四、依地籍測量實施規則之規定，在何種情形下得申請土地複丈？試說明之。

91年土地登記專業代理人檢覈考（第二次）土地登記實務

一、依照現行土地登記規則規定，已登記之土地再行申請登記時，有那些情形得免提出所有權狀或他項權利證明書？

二、何謂繼承登記？繼承人為胎兒時，應如何辦理繼承登記？

三、試述政府機關於何種情形之下，得囑託登記機關辦理登記？

四、地政事務所受理建物測量申請案件，經審查有何情形時，應通知申請人補正？申請人於何種情形下，得於三個月內請求退還其已繳建物測量費？

92年高考三級（土地法規與土地登記）

一、某甲向乙購買土地一筆，於未完成所有權登記前，甲為保全對乙土地之將來移轉請求權，乃辦竣預告登記，請問本案中甲行使預告登記之要件為何？若辦竣預告登記後，乙欲將土地出租與丙，其對預告登記效力之影響為何？該預告登記之效力對因徵收而為之新登記，有無排除效力？理由為何？

二、某甲所有農業用地一筆並供作農用，於民國80年1月1日出售予某乙，某乙繼續供作農用，嗣後某乙於85年12月31日出售予某丙，某丙於持有期間內被查獲未作農用且亦未限期恢復農用，試問：某丙若擬於92年10月1日出售農地時，其據以計算土地漲價總數額之原地價與本次移轉現值之「時點」各為何？並加以評論？又，應如何計算其土地漲價總數額？

三、某市捷運局為興建捷運系統工程，須使用甲所有並已出租供乙使用土地中之特定範圍，雙方經依據「大眾捷運法」規定，擬以設定「區分地上權」方式為之，試問「區分地上權」之含意為何？雙方於辦理登記時，應注意

那些事項？

四、名詞解釋：

(一) 信託登記；(二) 市地重劃之「一般負擔係數」；(三) 國有土地；
(四) 不動產證券化；(五) 土地使用分區管制。

92年身心障礙特考三等（土地法規與土地登記）

一、甲、乙、丙為A地之共有人，各自之應有部分為三分之一，三人共將A地
出租與丁建築B屋，後來甲欲出售其應有部分，戊向甲出價一百萬元，甲
願意接受並即通知乙、丙、丁，乙、丙、丁三人均表示願意以一百萬購買
甲之應有部分，請問乙、丙、丁可向甲主張何種權利？若有權利競合，應
如何解決？

二、某甲占有土地一筆並於其上已建屋乙棟，今因時效完成欲申辦地上權設定
登記，試問：得為時效取得地上權設定登記之土地為何？並依土地登記規
則之規定，甲如何申辦地上權登記？

三、課徵土地增值稅之理論依據為何？試依土地稅法之規定，說明並分析適用
「不課徵」土地增值稅之情形。

四、名詞解釋：

(一) 限制登記；(二) 市地重劃之「公共設施用地平均負擔比率」；(三)
平均地權條例施行細則之地價稅「累進起點地價」；(四) 擬制空地；
(五) 抵價地。

92年身心障礙特考四等（土地登記概要）

一、依據「土地登記規則」之規定，辦理土地登記之程序為何？

二、試述那些情形之土地登記，得由權利人或登記名義人單獨申請之？

三、依據「土地登記規則」之規定，現行登記規費包含那些項目？其中那些規
費於何種情形下，得辦理退還？

四、何謂抵押權設定登記？申辦該項登記時應檢附那些文件？

92年公務人員四等土地登記概要

一、土地登記之權利主體與客體為何？請列舉說明之。

二、試述有關標示變更之情形，並列舉說明標示變更登記之要件。

三、何謂限制登記？試依現行法規說明限制登記包括那些事項的登記？

四、解釋名詞：

(一) 信託歸屬登記；(二) 時效取得地上權登記；(三) 公地有償撥用登
記；(四) 抵押權內容變更登記；(五) 遺贈登記。

92年公務人員三等（土地法規與土地登記）

一、試比較公有土地撥用與公有土地處分之差異。

二、權利變換與市地重劃有關共同負擔之處理有何差異？試比較之。

三、何謂撤銷徵收？應辦理撤銷徵收之情形有何？試說明之。

四、土地登記之代理申請、代為申請、代位申請有何差異？試比較之。

92年普考土地登記概要

一、法人在籌備期間取得土地所有權，應如何辦理登記？又若其設立登記未獲核准時，其土地應如何處理？試申述之。

二、何謂限制登記？未辦登記之建築物如何辦理限制登記？試申述之。

三、何謂代位申請？試依土地登記規則之規定說明得代位申請登記之情形。

四、申請他項權利登記計收規費時，該他項權利價值之計算標準為何？試說明之。

93年原住民三等（土地法規與土地登記）

一、土地法對共有土地之處分、變更及設定負擔有何特別規定？其立法意旨何在？

二、試依平均地權條例規定，說明市地重劃時，土地所有權人應負之重劃負擔有那些以及如何負擔？

三、試比較契據登記制與權利登記制之異同。我國土地登記制度採行何種登記制？

四、何謂限制登記？其種類有幾？試扼要說明之。

92年地政士普考土地登記實務

一、為配合簡化使用印鑑證明之業務，以達停止使用印鑑證明之政策目標，現行土地登記規則第40條規定申請登記時登記義務人應親自到場，惟依第41條規定有何情形當事人得免親自到場？

二、何謂繼承登記？依現行土地登記規則第119條規定申請繼承登記應提出那些文件？

三、依照地籍測量實施規則的規定，新建之建物申請建物第一次測量應檢附的書表文件有那些？又依同規則的規定那些情形不得申請測量？申請建物第一次測量如何同時申辦建物所有權第一次登記？

四、土地總登記後，登記機關接獲法院的囑託查封登記時應如何辦理？若登記機關接獲囑託時，該標的物已由登記名義人申請移轉登記而尚未登記完畢，登記機關應如何處理？又同一標的物經辦理查封登記後，其他機關再

依法律囑託禁止處分登記，登記機關應如何處理？

92年土地登記專業代理人土地登記實務

一、解釋名詞：

(一) 土地複丈；(二) 附記登記；(三) 登記完畢；(四) 信託歸屬登記。

二、試依地籍測量實施規則之規定，說明建物平面圖之測繪邊界如何辦理？

三、試依土地登記規則之規定，說明區分所有建物之專有部分與共用部分如何辦理建物所有權第一次登記？

四、申辦預告登記應具備什麼要件？又應附繳那些文件？

93年高考三級（土地法規與土地登記）

一、某甲建商邀乙地主共同合建辦公大樓乙棟，並約定興建後五五對分，今建成後，甲建商向地政事務所申請建物所有權第一次登記，乙地主於公告期間提出異議，主張甲興建過程中，時程未依約定進行，故依約另須將其中三戶歸乙所有。試問：

(一) 建物所有權第一次登記之申請，須具備之證明文件為何？

(二) 依土地法第59條規定提出異議之資格為何？

(三) 乙得否申請該三戶之建物所有權第一次登記？

(四) 地政事務所如何受理甲或乙申請辦理該棟辦公大樓之建物所有權第一次登記？

二、甲所有既成道路土地一筆，於大法官釋字第400號解釋公布後，向該土地所在地縣（市）政府提出請求徵收，惟經承辦機關以該甲無徵收請求權予以駁回。試問：

(一) 請求徵收之相關法令依據為何？

(二) 甲之請求是否有理？

(三) 既成巷道辦理徵收時，其程序為何？

三、甲將其房屋連同地下室出售於乙，惟該地下室迄未辦理保存登記。事隔多年，乙赴地政事務所辦理該地下室建物所有權第一次登記。試問：

(一) 乙應檢具之證明文件為何？

(二) 甲出面主張其為原始起造人，該地下室仍為其所有，則地政事務所應如何處理？

(三) 在未辦竣登記前，因公共工程關係，徵收該土地及建物，則地下室之補償費，應發放之對象為何人？

四、某甲將其土地A贈與其妻乙，乙嗣後再購入B地。一年後，乙出售其中一

筆土地。試問：

(一) 乙出售A地，再購入C地，可否主張重購退稅？

(二) 乙出售B地，再購入C地，可否主張重購退稅？

(三) 上述重購退稅之要件及增值稅之計算方式為何？

93年普考土地登記概要

一、試就「買賣」與「繼承」兩種登記原因，分別說明其在土地登記的性質與效力上、申請登記之方式上及申請登記之期限上有何不同？

二、何謂標示變更登記？二宗以上所有權人不同之土地辦理合併時，其權利範圍應如何決定？又其地上設定有他項權利時，應如何處理？

三、土地登記規則規定，申請登記時，登記義務人應親自到場，提出國民身分證正本，當場於申請書或登記原因證明文件簽名。試問申請登記之義務人如未能於申請登記時親自到場申辦，有何可行之替代方法？

四、土地登記簿以日據時期會社或組合名義登記之土地，得由原權利人或其繼承人向該管登記機關申請更正登記，試問所稱原權利人其界定為何？又其申請時應檢附何種證明文件？依何種方式申請更正登記？

93年四等土地登記概要

一、我國土地登記除採權利登記制之特長外，亦兼採托崙斯登記制之優點，試分述其特點各為何？

二、辦理土地登記程序之一為公告，依土地登記規則規定，請分別說明下列公告有關事項。

(一) 適用公告登記案件之類別

(二) 依不同案件分別說明公告期間

(三) 公告揭示之地方

(四) 公告內容應載明事項

(五) 公告之事項如發現有錯誤或遺漏時登記機關處理方式

三、依土地登記規則規定，請分別說明下列各項如何辦理建物所有權第一次登記？

(一) 區分所有建物

(二) 區分所有建物之共同部分

(三) 區分所有建物之地下層或屋頂突出物等

四、解釋名詞：

(一) 權利書狀；(二) 囑託登記；(三) 他項權利登記；(四) 土地權利信託

登記；(五) 塗銷登記。

93年地政士普考

一、依土地登記規則規定，已登記之土地於申請登記時，在何種情形下得免提
　　出其所有權狀或他項權利證明書？試說明之。

二、依地籍測量實施規則規定，申請土地複丈，由土地所有權人或管理人向土
　　地所在地之地政事務所為之，但亦有不同情形之規定，試分述各種不同情
　　形之規定，並應由何人提出申請？

三、土地共有人之一出售應有部分予共有人以外之人、建築基地所有權人出售
　　土地于有優先購買權人以外之人，於申請土地移轉登記時，各應檢附何種
　　文件證明優先購買權人確實放棄優先購買權？又優先購買權人若有異議，
　　應如何提出？

四、於申請土地登記時，得由權利人或登記名義人單獨申請之情形為何？請說
　　明之。

93年土地登記專業代理人檢覈考

一、土地因合併申請複丈時，應具備什麼條件？應檢附那些文件？試依地籍測
　　量實施規則之規定說明之。

二、何謂土地權利變更登記？申請土地權利變更登記應於權利變更之日起一個
　　月內為之，所稱「權利變更之日」究係何指？試依土地登記規則之規定說
　　明之。

三、甲將自己所有之一筆土地出售予乙，於訂立買賣契約後，申報土地移轉現
　　值前死亡時，其買賣移轉登記如何申辦？若甲於申報土地移轉現值後，申
　　請登記前死亡時，其申辦方式又是如何？

四、何謂土地權利信託登記？其種類有那些？

94年高考（土地法規與土地登記）

一、某甲擬將出租於某乙之三七五耕地，以擴大農場經營規模為由收回自耕。
　　試問：
　　(一) 甲終止租約收回耕地之法令依據為何？
　　(二) 終止租約時乙可否要求補償？並就大法官釋字第580號之意旨評述
　　　　之。

二、徵收補償之性質及成立要件為何？又僅單純因國家機關依法行使公權力，
　　致私人遭受損失，應否給予補償？試舉土地法規相關規定說明之。

三、解釋名詞：

(一) 需用土地人；(二) 土地增值稅之記存；(三) 地價稅之指定代繳；
(四) 登記之權利人；(五) 所有權視為消滅。

四、土地法地籍編第四章有「土地權利變更登記」，而土地登記規則第六章有
「所有權變更登記」，試依土地法及土地登記規則規定說明兩者之間之異
同之處，並請就土地法與土地登記規則對土地登記分類方式分別說明之。

94年普考土地登記概要

一、依土地登記規則規定，登記機關應備何種登記書表簿冊圖狀？又申請土地
登記以契約書為登記原因證明者，應以公定契約書為之，現行公定契約書
之種類為何？請列舉之。

二、登記機關接收申請登記案件後，應即依法審查，登記機關審查後有何種不
同處理方式？請依土地登記規則規定說明之。

三、何謂登記完畢？土地經法院囑託辦理查封、假扣押、假處分或破產登記
後，未為塗銷前，登記機關應停止與其權利有關之新登記，但在何種情形
下為登記者，不在此限？試依土地登記規則規定分別說明之。

四、解釋名詞：
(一) 登記錯誤、登記遺漏；(二) 逕為登記、囑託登記；(三) 土地總登
記、土地所有權第一次登記；(四) 信託登記、信託歸屬登記；(五) 附記
登記、註記登記。

94年四等（第一次）土地登記概要

一、土地登記一般應由權利人及義務人會同申請之。請依土地登記規則規定，
說明何時得由權利人或登記名義人單獨申請之？

二、請依土地登記規則規定，說明何種情形，登記機關應以書面敘明理由及法
令依據，駁回登記之申請？

三、試申述得辦理塗銷登記之原因？

四、解釋名詞：
(一) 代位登記；(二) 登記規費；(三) 更正登記；(四) 限制登記；(五) 書
狀換給及補給登記。

94年四等（第二次）土地登記概要

一、土地登記之申請，「贈與」及「繼承」為兩種不同登記原因，試就贈與登
記及繼承登記之意義、申請登記之方式、申請登記之期限、申請登記應備
文件，各有何不同？請分別說明之。

二、依土地登記規則規定，申請所有權狀補給登記，公告期間為三十日，請列

舉何種情形未提出權利書狀者，登記機關登記完畢時即公告註銷，免受公告期間之限制？

三、試依土地登記規則規定，申請土地移轉登記時，優先購買權人應如何處理？

四、解釋名詞：

(一) 土地所有權第一次登記；(二) 抵押權登記；(三) 塗銷信託登記；(四) 消滅登記；(五) 更名登記。

94年原住民三等（土地法規與土地登記）

一、何謂公有土地？公有土地之處分其相關規定有何？試申述之。

二、何謂徵收補償？徵收補償之範圍為何？是依規定說明之。

三、何謂土地登記？土地登記申請之當事人為何？試申述之。

四、試說明土地登記損害賠償成立之要件。

94年地政士普考

一、何謂共同擔保？於申請抵押權設定登記時，若抵押人與債務人不同，契約書及登記申請書應由何人簽名或蓋章？設定契約書中「擔保權利總金額」欄，登記實務上應如何填寫？試說明之。

二、何謂土地合併？因土地合併申請複丈者，應具備那些條件？所有權人不同或設定有他項權利者，申請合併複丈時應檢附那些文件？試依地籍測量實施規則之規定說明並列舉之。

三、土地權利於登記完畢後，登記機關應即發給申請人權利書狀，權利書狀之種類為何？土地權利係共有者，權利書狀如何發給？同一所有權人於同一土地上有數個區分所有建物時，其權利書狀又如何發給？何種情形下，經申請人於申請書記明免繕發權利書狀者，登記機關得免發給權利書狀？試依土地登記規則規定說明之。

四、特別建物之意義為何？請列舉何種建物為特別建物？特別建物建號編列方式與一般建物有何不同？試依地籍測量實施規則規定說明之。

94年土地登記專業代理人第一次檢覈考

一、建物第一次測量與建物複丈有何不同？實施建築管理前建造之建物，申請建物第一次測量時，應檢附那些文件？

二、何種土地登記應經公告程序？公告期間多久？在公告期間內，如有土地權利關係人提出異議時，如何處理？

三、何謂逕為登記？在何種情形下，登記機關得逕為登記？

四、申請他項權利登記時,應按其權利價值繳納千分之一的登記費,請問其權
利價值之計算標準如何?

94年土地登記專業代理人第二次檢覈考

一、解釋名詞:

(一) 特別建物;(二) 限制登記;(三) 塗銷登記;(四) 主建物。

二、登記規費之種類有那些?依土地登記規則、土地法及其他法律規定,土地
登記免納登記費之情形有那些?

三、人之權利能力,始於出生終於死亡,應如何保障胎兒之繼承權?試依土地
登記規則之規定說明之。

四、請分別回答下列課題:

(一) 甲有一筆坐落於風景區農牧用地之土地,於九十四年七月一日經有
機關認定其使用違反區域計畫法相關法令規定,迄今仍未改善;今
甲欲將上述土地出售給某一輪胎公司(非屬農企業法人),是否可
以辦理移轉登記?並說明原因。

(二) 乙有一筆坐落於森林區農牧用地之土地,於九十四年七月一日經有
關機關認定其未作農業使用,迄今仍未恢復作農業使用;惟該土地
之使用,符合區域計畫法相關法令規定;今乙欲將上述土地出售給
丙(丙為自然人),是否可以辦理移轉登記?乙可否申請不課徵土
地增值稅?並說明原因。

94年高考(土地法規與土地登記)

一、何謂公有土地之處分?某地方政府以區段徵收方式取得土地開發後就其中
部分土地以有償撥用移轉所有權撥供需地機關使用時,當地民意機關主張
應依土地法第25條規定辦理,是否有理?試依相關規定申論之。

二、某土地開發公司以實施者身分推動權利變換之都市更新事業時,地主主張
依權利變換之精神,更新區內之共同負擔,應由實施者及權利變換關係人
依價值及資金比例共同分擔之,其主張是否合法?又有稱權利變換為立體
之重劃,其與現行市地重劃有何差別?試就現行規定說明之。

三、試答下列各小題:

(一) 共有土地設定負擔可採多數決之要件為何?

(二) 申請非都市土地分區或用地變更之開發義務為何?

(三) 基地或房屋優先購買權之成立要件為何?

四、甲、乙、丙、丁、戊五人共有一筆農地,面積2.5公頃,每人持分各1/5。

該筆土地與耕地承租人張君訂有三七五租約，其中某甲並以其應有部分向A銀行設定抵押權貸款200萬元登記有案。今某甲急欲處分其土地，試問：

(一) 某甲如就其應有部分單獨出售，承買人資格有無限制？

(二) 出售時，何人有優先購買權？其優先購買權之法律依據為何？

(三) 於辦理登記時，對這些優先購買權應如何處理始可准予登記？

95年普考土地登記概要

一、請依土地登記規則，說明有關登記申請期限之規定為何？

二、請說明實施建築管理前與實施建築管理後建造之建物，於申請建物所有權第一次登記時，應提出之文件有何不同？

三、某甲購買台北市政府興建的國宅及其座落國宅土地的地上權，五年後若市政府同意某甲將國宅轉賣與具有國宅承購資格的第三人時，某甲提前清償國宅貸款本息，欲辦理抵押權塗銷登記、地上權移轉登記及建物所有權移轉登記。試問辦理前述抵押權塗銷登記、地上權移轉登記各應備那些文件？

四、解釋名詞：

(一) 建物消滅登記；(二) 塗銷查封登記；(三) 更名登記；(四) 書狀補給登記；(五) 預告登記。

95年三等特考（土地法規與土地登記）

一、甲所有位於A市都市計畫內建地一筆，於建築完畢後，因疏漏未將建築物之法定空地一併移轉與承購戶，造成承購戶得使用收益該法定空地，而甲無法對之使用收益，但欲須長期繳交地價稅，為減輕其稅負，甲遂向A市B地政事務所就建築物之法定空地申請為拋棄登記，請問：

(一) 甲應如何辦理其建築物「法定空地」之所有權拋棄登記？

(二) 甲得否拋棄其建築物「法定空地」之所有權？理由為何？

二、依農地重劃條例之規定，農地重劃完成所分配之土地，於工程費用或差額地價未繳清之前不得移轉，試申其義？又，該兩項費用是否有優先受償之權？

三、何謂預告登記？預告登記應如何辦理？一般非農業企業之股份有限公司可否辦理耕地保全之預告登記？請說明之。

四、請問土地登記依法駁回的情形有那些？登記費有那些情形可以申請退還？

95年四等特考土地登記概要

一、土地總登記後，土地權利有移轉、分割、合併、增減或消滅時，應為變更登記。申請土地權利變更登記時，應於權利變更之日多久內為之？權利變更登記之日認定標準為何？試依土地登記規則規定，分別說明之。

二、由權利人單獨申請登記者，登記機關於登記完畢後，應即以書面通知義務人，在何種情形下，免予書面通知義務人？試依土地登記規則規定，說明之。

三、土地總登記後，因主張時效完成申請地上權登記時，應提出之證明文件為何？又登記機關審查後之處理程序為何？試分別述明之。

四、解釋名詞：

(一) 登記遺漏；(二) 逕為登記；(三) 地上權移轉登記；(四) 抵繳稅款登記；(五) 剩餘財產差額分配登記。

95年身心障礙人員三等特考土地法規與土地登記

一、請依土地法之規定，敘明不在地主之意義及其制裁之辦法。

二、請依土地法與平均地權條例之規定，試比較有關土地增值稅之課稅時機與稅率結構。

三、何謂代位登記？依法得代位申請登記的情形有那些？

四、以權利變換方式實施都市更新時，權利變換範圍內土地及建築物已經有設定抵押權者，於權利變換後該權利有那些處理方式？應如何辦理登記？

95年身心障礙人員四等特考土地登記概要

一、登記機關應備那些書表簿冊圖狀？其中那些依法應永久保存之？

二、土地經法院或行政執行處囑託辦理查封、假扣押、假處分或破產登記後，未為塗銷前，登記機關應停止與其權利有關之新登記。但有那些登記屬例外情形？

三、土地權利於登記完畢後，登記機關應即發給申請人權利書狀。但有那些情形經申請人於申請書記明得免繕發權利書狀？請說明之。

四、申請他項權利的設定或移轉登記，其計收登記費的權利價值如何認定？請說明之。

95年地政士土地登記實務

一、土地登記規則第136條第1項所稱「限制登記」，其意義為何？同條第2項規定限制登記之種類除包括預告登記與破產登記等之外，尚包括其他依法律規定所為之登記，試舉五種法律說明之。又，該種登記之效力為何？試

分述之。

二、請依土地登記規則之規定，說明區分所有建物之「共用部分」應如何登記？又，其登記有何限制？

三、依地籍測量實施規則之規定，辦理建物複丈的原因有那些？試列舉並說明之。

四、辦理土地分割與合併時，其地號之編定順序如何？試依地籍測量實施規則之規定說明之。

96年高考（土地法規與土地登記）

一、某甲將其所有土地中之一筆設定地上權與某乙；某乙隨即依相關法規，建築二層樓房一棟，辦竣建物所有權第一次登記，並以此房屋向丙銀行設定抵押權，借款100萬元。但房屋不慎於一次火災中燒毀，某乙大受打擊，遲遲未於規定期限內申辦消滅登記。試申述依現行土地登記規則，某甲、丙銀行、地政事務所應如何處理建物滅失登記？

二、為促進土地利用，增進土地經濟價值，執行都市計畫，促成都市建設發展與景觀維護，各級機關得報經上級主管機關核准後辦理市地重劃。試依土地法及平均地權條例之規定，申述市地重劃之舉辦主體為何？

三、依土地法第10條規定：「中華民國領域內之土地，屬於中華民國人民全體，其經人民依法取得所有權者，為私有土地。」試依土地法規之規定，私人得依法取得土地所有權之情形有何？

四、土地徵收範圍應以公共事業所必需者為限，遇有特殊情形，應避免徵收。試依土地法及土地徵收條例之規定，申述有關徵收標的之限制內容為何？

96年普考土地登記概要

一、何謂「與登記有關之第三人」？辦理土地登記時與登記有關之第三人情形為何？試依規定說明之。

二、試比較代理申請與代位申請之差異。

三、何謂「共有物分割登記」？經法院判決確定之分割登記與協議分割登記有何差異？試申述之。

四、申請登記時，登記義務人依規定應提出身分證明文件，試問若未領有國民身分證者，可提出那些證件替代？請依規定說明之。

96年身心障礙人員三等特考土地法規與土地登記

一、何謂空地？何謂荒地？請依土地法與平均地權條例規定，說明空地與荒地之限制使用。

二、徵收土地或土地改良物時，在何種情形下應發給遷移費？試依土地徵收條
　　例之規定說明之。

三、抵押權因增加擔保債權金額申請登記時，應辦理何種登記？其登記費應如
　　何計收？

五、試說明區分所有建物共用部分的意義及登記方式。

96年身心障礙人員四等特考土地登記概要

一、何謂主登記與附登記？其次序應如何認定？抵押權內容變更登記究應依主
　　登記或附登記記載？

二、土地登記之申請期限為何？何謂權利變更之日？

三、信託財產辦理信託登記後，於信託關係消滅時，應如何辦理登記？不動產
　　投資信託於信託關係消滅時，是否須由相關權利人會同受託人申請登記？

五、何謂限定繼承？以該方式申請繼承登記時應檢附那些文件？

96年原住民三等（土地法規與土地登記）

一、何謂私有土地所有權之「原始取得」？試依土地法之規定，說明其取得之
　　原因。

二、何謂「土地權利信託登記」？依其登記原因之不同可分為幾種？又，其物
　　權變動係以登記為「對抗」或「生效」要件？原因為何？

三、土地法對「保留徵收」之規定為何？立法目的為何？又，若保留徵收被撤
　　銷後，國家得否再為保留徵收？理由為何？

四、某地政事務所登記人員甲因故擬為土地之「更正登記」，惟其行使要件須
　　不得妨害「原登記之同一性」，試申其意？

96年地政士土地登記實務

一、依土地登記規則規定，土地登記如未能提出權利書狀者，有那些情形應於
　　登記完畢後將權利書狀公告註銷？

二、承攬人就尚未完成之建物，申請預為抵押權登記時，應提出那些申請文
　　件？登記機關應如何辦理？

三、依地籍測量實施規則規定，申請土地界址調整的限制為何？又請就各土地
　　所有權人調整後土地價值與其原有土地價值「有」、「無」增減兩種情
　　形，分別說明應辦理何種登記？

四、請問因時效取得地上權欲申請複丈時，應由何人提出申請？應提出何種證
　　明文件？登記機關受理此複丈申請案件時，應通知何關係人到場？

96年三等特考（土地法規與土地登記）

一、甲所有A、B地號二筆土地，分別出租予乙、丙建築房屋；其中，乙依土地法第102條規定就A地號土地請求甲會同辦竣地上權設定登記，丙則未為之。又，乙、丙二人於房屋建築完成後，分別向登記機關申辦建物所有權第一次登記為各自所有，且二人同時將其房屋設定抵押權予丁。嗣因擴大都市計畫，A、B地號土地被指定為都市計畫道路預定地，並經主管機關劃入重劃區內，實施市地重劃。試問：實施市地重劃時，依平均地權條例之規定，乙、丙、丁三人之土地或建物相關權利究應如何處理？請析論之。

二、土地徵收條例第58條規定：「國家因興辦臨時性之公共建設工程，得徵用私有土地……。（第1項）徵用期間逾三年者，土地或土地改良物所有權人得請求需用土地人徵收所有權，需用土地人不得拒絕。（第2項）」試問：土地徵用案經核准公告時，該徵用公告發生何種法律效力？又，當土地所有權人依規定請求需用土地人徵收其土地所有權時，需用土地人究應如何處理？請分別申論之。

三、A市於1990年因興辦公用事業之需，徵收甲所有B地一筆，於補償完竣後疏未為所有權移轉登記，嗣後，甲將B地出售予乙並完成所有權移轉登記，迄2001年A市清查土地徵收舊案時發現上情，乃通知地政機關於B地之土地登記簿標示部為徵收註記登記，問：

(一) 徵收註記登記之法律性質為何？

(二) 地政機關於B地為徵收註記登記，其適法性為何？

(三) A市（需用土地人）應如何保護（主張）其權利？

四、甲向乙融資並以自己所有A地設定抵押予乙以為擔保，雙方並辦竣抵押權設定登記，嗣後，甲、乙雙方互有「債權已屆清償期而未清償時，A地所有權屬乙」之流抵約定，問：

(一) 甲、乙雙方申辦流抵約定登記時，登記機關應如何審查？

(二) 上開流抵約定登記之法律效力為何？

96年四等特考土地登記概要

一、申請最高限額抵押權設定登記時，契約書訂有原債權確定期日之約定者，登記機關應如何登記？又於確定期日前，約定變更其所擔保原債權應確定之期日，應申請何種登記？有關確定期日之法定期限為何？

二、辦理建物合併的限制為何？又所有權人不相同之建物申請合併時，各所有權人之權利範圍如何計算？

三、建物滅失時，該建物所有權人未於規定期限內申請消滅登記者，試依土地登記規則規定說明其辦理方式。

四、解釋名詞：

(一) 標示變更登記；(二) 登記簿；(三) 次序相對拋棄；(四) 限定擔保債權金額變更；(五) 信託專簿。

97年高考土地法規與土地登記

一、土地法第34條之1規定之立法意旨為何？當分別共有人依土地法第34條之1規定出售共有土地時，承受人得否為該共有土地之共有人之一？又，不同意出售之他共有人對於該共有土地是否有優先購買權？以上三問，請分別析論之。

二、民國40年，甲將其所有A地號農地出租予乙供為耕作使用。民國60年，甲死亡，A地號農地由其子丙繼承取得。民國66年，因擴大都市計畫，該地經劃定為住宅區，並第一次規定地價；其後，乙仍持續於該地從事耕作迄今，且丙之土地所有權亦從未移轉。最近，A地號土地經劃入都市更新事業範圍內，將由實施者丁以權利變換方式實施都市更新事業。試問：實施權利變換時，乙之土地權利依法如何處理？又，於此場合，是否有涉及土地增值稅之計徵？請分別詳細析述之。

三、何謂最高限額抵押權？何謂普通抵押權？最高限額抵押權於何種情形可申請變更為普通抵押權？應如何辦理登記？

四、以農地為信託財產，私法人能否約定為信託財產的受益人而承受此信託的耕地？請說明於信託關係消滅時應辦理何種登記？

97年普考土地登記概要

一、土地法第四十三條規定「依本法所為之登記有絕對效」，請問此所謂絕對效力其真義為何？並請舉例說明之。又在土地法施行前，業經辦竣土地登記之地區，在土地法施行後，於期限內換發土地權利書狀，並編造土地登記總簿者，其登記之效力如何？

二、建物所有權第一次登記與土地總登記有何異同之處，試就土地法及土地登記規則之規定說明之。

三、甲提供A、B兩筆土地與乙所有C地共同擔保，由乙向丙公司之貨款擔保設定第一順序之最高限額抵押權500萬。申請設定抵押權登記時，A、B兩筆土地應負擔之債權金額各為100萬元，C地則為300萬元。事後丙公司與甲另為約定變更限定債權金額為各150萬元是否可行？如A、B兩地已有後

次序之抵押權設定,則本案登記之變更應附何文件?如何處理?又本案抵押權之登記於原債權確定期日屆滿時甲擬申請變更為普通抵押權時,應會同何人?如何辦理?

四、兩宗以上所有權人不同之土地辦理合併時,各所有權人之權利範圍應如何決定?如該合併之土地上設定有他項權利時,該他項權利應如何處理?試分別說明之。

97年地政士土地登記實務

一、申請建物所有權第一次登記,應提出使用執照,但實施建築管理前建造之建物,無使用執照者,應提出什麼文件?試依土地登記規則之規定列舉說明之。又申請建物所有權第一次登記時,如何認定建物之權利價值以計收登記規費?

二、甲將自己之一筆土地出售予乙,雙方已訂立買賣契約,但甲於申報土地移轉現值後,申請登記前死亡,其買賣移轉登記如何申辦?若甲之死亡時間係在申報土地移轉現值前,又應如何辦理登記?

三、因鑑界申請複丈,應提出那些文件?申請人對鑑界結果有異議時如何處理?

四、已繳納之土地複丈費及建物測量費,在何種情形下,得請求退還?其請求之期限為何?試依地籍測量實施規則之規定分別說明之。

97年身心障礙人員三等特考土地法規與土地登記

一、請就私有土地所有權之處分,說明耕地移轉有那些限制,並分析其意義。

二、何謂土地複丈?並說明其原因。

三、請說明預告登記意義,並分析其原因與效力。

四、何謂「區段徵收」?請就相關法律規定說明地主領回土地之比例有何不同。

97年身心障礙人員四等特考土地登記概要

一、試解釋土地登記完畢之意義,並列舉依法應登記之法律關係為何?

二、登記機關受理土地登記申請案件後,經審查結果,有那些事由應通知駁回?倘申請人不服駁回時,得如何救濟?

三、試區別塗銷登記與消滅登記之涵義及原因。

四、土地或建物所有權移轉登記之要件為何?

97年原住民三等土地法規與土地登記

一、於申請土地登記時應提出那些文件？又「申請人身分證明」係指那些文件？如A將房屋賣給B，C將房屋贈與D，E將土地設定抵押權給銀行，其「登記原因證明文件」各指那種文件？試分別說明之。

二、按土地法地籍編有關之規定，地籍圖重測之原因為何？於重測時，此等界址該如何認定？又重測之法律效力該如何確定？試分項敘明之。

三、何謂「信託」？何謂「信託財產之獨立性」？如原住民A將其私有原住民保留地辦理信託登記予B時，應檢附那些文件？又受託人乙應否具備原住民身分？請分別說明之。

四、何謂農村社區土地重劃？原住民聚落參加農村社區土地重劃時，有關範圍與面積之規定為何？參加重劃者應負擔那些公共設施用地以及那些費用？請分項敘明之。

97年特考三等土地法規與土地登記

一、A死亡留有一筆建地（下稱系爭土地），由其子甲、乙、丙及丁四人共同繼承，其應繼分為：甲3/4，乙、丙及丁合計3/4。甲、乙、丙及丁四人訂有分管契約，甲並以其土地出租予戊，戊於其上建屋，問：
甲得否單獨申請系爭土地之公同共有登記以及請求辦理分割？
甲得否將系爭土地出售予己？理由為何？
若甲於基地租約期限內出售系爭土地予己，且通知乙、丙、丁及戊行使優先購買權，而該等相關權利人同時行使優先購買權時，則應如何處理？
承(三)，若甲未通知乙、丙、丁及戊行使優先購買權而將系爭土地出售予己，且已辦竣所有權移轉登記，則應如何處理乙、丙、丁及戊之相關權利？

二、甲所有位於A縣一筆農業用地（下稱系爭土地），於民國82年8月自乙購得，甲於90年8月將系爭土地出售予丙，並依土地稅法規定申請「不課徵」土地增值稅核准在案。嗣後，丙於97年8月出售系爭土地予丁並依土地稅法規定申請「不課徵」土地增值稅，被主管機關告以「丙於持有系爭土地所有權期間內被查獲未作農業使用」，而否准其申請案，問：
(一) 何謂「不課徵」土地增值稅，應如何申請？
(二) 本件稅捐主管機關應如何核課丙之土地增值稅？並予以評論。

三、塗銷登記之意義與辦理時機為何？又塗銷登記與消滅登記之差別何在？試比較分析之。

四、土地登記應由權利人與義務人會同申請之意義何在？又於辦理土地權利移

轉期間，有一方死亡時，得如何辦理？試申述之。

97年特考四等土地登記概要

一、試述土地登記之種類？若土地所有權狀或他項權利證明書滅失，應如何申請補發？應檢附那些證明文件？試依土地登記規則規定，說明之。

二、何謂預告登記？得申請辦理預告登記之原因為何？設甲、乙、丙、丁共有A土地一筆，應有部分各為四分之一，其中甲經同意第三人辦理預告登記，限制登記名義人處分其應有部分，以保全移轉登記之請求權，則其他共有人乙、丙、丁是否仍得依土地法第34條之1第1項之規定處分該共有土地？試申述之。

三、何謂區分所有建物？試依土地登記規則說明區分所有建物之專有部分如何登記？

四、設有甲、乙、丙三宗所有權人不同之土地辦理合併時，各所有權人、永佃權人、地上權人或抵押權人之權利範圍如何處理？

98年普考地政士土地登記實務

一、土地登記之申請，應由權利人與義務人會同申請之，惟在特定情形下得由他人代位申請，試說明代位申請之意義及代位申請登記之時機為何。

二、甲將其所有之兩筆土地申請合併，登記機關於接受土地合併申請後，其合併之地號應如何編定？試說明之。

三、甲、乙、丙、丁四人共有土地一筆，其中乙將其應有部分向某A銀行貸款並設定最高限額抵押權，試問登記機關如何辦理登記？又嗣後共有人協議分割該共有土地，試問辦理共有物分割登記時，前揭抵押權如何登記之？

四、建物所有人申請建物第一次測量時，登記機關對於區分所有建物之共同使用部分及地下層，應如何處理？試說明之。

98年高考土地法規與土地登記

一、甲所有一筆土地位於A市境內，被其主管機關依都市計畫法指定為「公園」公共設施保留地，B需地機關乃依都市計畫法之規定申請徵收該地，並由A市地政機關於民國85年3月1日公告徵收。嗣後，A市地政機關因甲之拒絕受領補償地價及補償費致未能於公告期滿15日內發給完畢，其亦未將該款項予以提存，甲認本件徵收案業已失效，A市地政機關則認無徵收失效問題，試申論本件徵收核准案有無失效。

二、甲於民國94年3月間向乙購買位於A縣都市計畫住宅區二筆土地，於辦畢土地所有權移轉登記後發現其中一筆雖非公共設施保留地，但卻供作住宅

社區內居民通行使用之巷道，甲不服氣乃於民國97年5月向A縣稅捐稽徵處申請免徵該筆土地之地價稅，經該處核准並自民國97年起至原因消滅時止免徵地價稅，惟甲主張該系爭土地自民國94年3月起即無償供公共通行使用，從而A縣稅捐稽徵處應退還其已繳納民國94、95與96之地價稅，試問甲之主張有無理由。

三、土地登記所登記之法律關係主要有 (1) 依法律行為而取得、設定、喪失或變更者，或 (2) 因繼承、強制執行、徵收、法院判決或其他非因法律行為，於登記前已取得不動產物權者。試問：

(一) 上述二種法律關係而生土地權利之變動登記，其在登記上之意義與效力有何不同？

(二) 所謂「其他非因法律行為，於登記前已取得不動產物權者」之情形為何？試就登記實務上所見，舉例說明之。

四、政府於何種情形得公告禁止土地所有權移轉、變更、分割及設定負擔之登記？又有何種情形，得不受該禁止規定之限制？

98年普考土地登記概要

一、依現行法令規定，登記機關接收申請案件後，經審查結果在何種情形下應敘明理由及法令依據駁回登記之申請？申請人不服駁回者，有何救濟途徑？

二、土地法所稱「土地權利變更登記」與土地登記規則所稱「所有權變更登記」有何異同之處？土地權利變更登記之申請期限規定為何？又所謂「權利變更之日」，於法院判決移轉、拍賣、買賣及繼承等原因所生之變更登記究係何所指？

三、分別共有土地，部分共有人就應有部分設定抵押權者，於辦理共有物分割登記時，該抵押權應如何轉載？

四、共有人依民法第826條之1第1項規定申請共有土地使用管理之登記，登記機關應如何辦理登記？

98年原住民三等土地法規與土地登記

一、限制登記的種類有那些？又土地被限制登記後，未為塗銷前，對於與其權利有關之新登記排除的規定為何？請說明之。

二、地主參加市地重劃，依規定抵付共同負擔的土地其比例有何規定？又重劃後之土地應如何辦理登記？如果地主在土地重劃前已辦竣設定登記之抵押權，於重劃後繼續存在者，應如何辦理登記？

三、根據原住民保留地開發管理辦法規定，原住民得就原住民保留地申請設定
　　耕作權登記、地上權登記和取得所有權登記的情形有那些？

四、請問那些情形政府得實施區段徵收？又區段徵收土地和土地改良物的補償
　　標準及土地補償費的發放方式各為何？

98年特考三等土地法規與土地登記

一、何謂照價收買？照價收買土地之實施時機及作用為何？又照價收買土地之
　　地價，應如何計算？請依平均地權條例規定及土地政策之基本意旨，分別
　　詳予說明。

二、試依現行土地徵收條例所定區段徵收作業制度，說明區段徵收開發後，其
　　範圍內之公、私有土地，應如何處理；又原土地所有權人領回抵價地之計
　　算基準為何？

三、我國土地登記制度以強制登記為原則，請就民法、土地法及土地登記規則
　　之規定，條列?明有關強制登記之規定。

四、何謂土地複丈？土地複丈之原因有那些？那些原因之土地複丈應先辦理地
　　籍調查？

98年特考四等土地登記概要

一、土地登記程序中有公告之程序，請問那些登記案件，在審查完畢後，需經
　　公告？公告之意義為何？

二、試說明建物所有權第一次登記之任意性及獨立性。又建物所有權登記之要
　　件為何？

三、申請土地權利移轉登記時，對具債權效力之優先購買權及具物權效力之優
　　先購買權之拋棄，在登記實務上，其處理方式有何不同？遇優先購買權人
　　於登記完畢前，以書面提出異議時，登記機關應如何處理？

四、不動產共有人依民法第820條第1項之規定，以共有人過半數及其應有部分
　　合計過半數之同意，或其應有部分合計逾三分之二者之條件，所為有關共
　　有物管理之決定事項，可否申請登記？如可，請問應如何辦理登記？

98年身心障礙人員四等特考土地登記概要

一、申辦建物所有權第一次登記時，申請人應檢附之文件為何？又，於計收此
　　項登記之登記費時，其權利價值如何認定？請依土地登記規則之規定，分
　　別說明之。

二、土地登記規則第11條規定：「未經登記所有權之土地，除法律或本規則另
　　有規定外，不得為他項權利登記或限制登記。」此一規定中所稱「除法律

或本規則另有規定外」之具體立法例為何？請說明之。

三、土地登記規則第27條規定：「下列登記由權利人或登記名義人單獨申請之：……八、預告登記或塗銷登記。……。」另同規則第28條規定：「下列各款應由登記機關逕為登記：……三、依第144條規定之塗銷登記。……。」試問：前開二法條中之「塗銷登記」，有何差異？請說明之。

四、甲擬將其所有之土地一筆信託與乙經營管理，二人爰會同向登記機關申辦信託登記。若此，試問：登記機關自受理登記申請時起，迄繕發書狀止，其應處理之事項內容為何？請依土地登記規則之規定彙整說明之。

99年普考地政士土地登記概要

一、何謂塗銷登記？現行土地登記規則中除經法院判決塗銷登記外，辦理塗銷登記之時機為何？試分別說明之。

二、共有之不動產共有人以多數決方式決定其使用管理方法後，依規定辦理登記時，登記機關應如何辦理？又共有不動產使用管理內容於前揭登記後有所變更時，受理登記機關應如何處理？試依規定說明之。

三、申請土地權利變更登記，依規定應於權利變更之日起一個月內為之。試問所稱「權利變更之日」為何？又於申請登記時，應提出之文件為何？請依規定分別說明之。

四、甲、乙、丙三人共有之土地申請分割，受理申請之登記機關依規定應如何編定分割地號？又分割後各宗土地面積計算應如何處理？試依規定分別說明之。

99年高考土地登記

一、試就土地相關法規之規定，說明土地登記對維護交易安全及促進土地資金化之功能。

二、土地法第三十八條規定：辦理土地登記前，應先辦理地籍測量。請問除土地總登記外，還有那些土地或建物登記案件，應於辦理登記前先辦理地籍測量？

三、甲、乙、丙三人共有A、B二筆土地，權利範圍各三分之一，甲原已將其應有部分設定抵押權200萬元予丁。今甲乙丙三人共同協議辦理分割共有土地，協議結果：A地分歸甲取得，B地分歸乙取得，丙則分得甲、乙二人之補償金額500萬元，並約定於未付清前，丙得就其應受補償金額於A、B二地為抵押權之登記。請問丙之抵押權應如何辦理登記？又丁的抵

押權應如何轉載？其二者間之抵押權次序應如何決定？請依土地登記規則規定說明之。

四、土地登記簿上所有權人以日據時期會社或組合名義登記之土地，原權利人或其繼承人得申請更正登記，此原權利人應如何認定？應如何申請更正登記？登記機關應如何處理？

99年高考土地法規

一、試依土地法相關規定，詳細說明不動產逾期未辦繼承登記之意義及該項未辦繼承登記之不動產應如何處置？

二、以土地為信託財產者，在那些情形下之所有權移轉，不課徵土地增值稅？該項依法不課徵土地增值稅之土地，其後於所有權移轉、設定典權或依信託法規定移轉為受託人自有土地時，應如何計算其漲價總數額？試依平均地權條例及土地稅法之規定，綜合述明之。

三、試依都市計畫法及相關規定、判解，就有關徵收私有土地之使用期限及「不依照核准計畫期限使用」之認定標準，詳予析明之。

四、依都市更新條例之規定，有那些情形，直轄市、縣（市）主管機關得優先劃定都市更新地區？又以權利變換方式實施都市更新者，其權利變換計畫之擬定報核程序為何？

99年普考土地登記概要

一、為維護土地登記之效力，土地法對於因登記錯誤、遺漏或虛偽致受損害者，有損害賠償之規定。請問構成損害賠償之要件為何？損害賠償責任之歸屬如何？又該損害賠償請求權，土地法有無時效規定？應如何適用？（25分）

二、申請建物所有權第一次登記，如該建物係在實施建築管理前建造之建物，應如何證明其建物為合法建物？如該建物之基地與建物所有權人非同一人時，應附使用基地之證明文件，請問有那些文件能證明其有使用基地之權利？（25分）

三、張忠於民國74年6月5日死亡，遺有配偶趙美及長男張甲、次男張乙及長女張丁。惟其中張甲於73年12月5日死亡，張甲遺有配偶林玉、長女張英及養子張禮。本案張忠遺產迄今未辦理繼承登記，請代張忠之繼承人依有關法律之規定訂定一繼承系統表。並說明每一位繼承人之法定應繼分。又如張忠之長女張丁現在想要拋棄繼承權，是否可行？應檢附之證明文件為何？（25分）

四、預告登記之效力及查封假扣押、假處分或破產登記之效力各如何？（25
　　分）

99年身心障礙人員三等特考土地法規與土地登記

一、試就土地法之相關規定，具體說明外國人在我國租購土地，在用途方面有
　　那些限制？其租購土地之程序為何？

二、請依土地徵收條例及其施行細則之規定，詳述實施區段徵收範圍內之公有
　　土地，其管理機關應以何種方式予以處理？

三、已辦理地籍測量之地區，在何種情況下應重新實施地籍測量？重新實施地
　　籍測量時，土地所有權人應配合辦理之事項為何？地政機關如未獲得土地
　　所有權人之配合辦理時，對土地界址要如何認定施測？

四、繼承登記應由繼承人會同申請。唯如繼承人有二人以上，部分繼承人又因
　　故不能會同申請時，其他繼承人應如何處理？如逾期未申辦繼承登記，地
　　政機關會如何處理？

99年身心障礙人員四等特考土地登記概要

一、試依土地法第37條有關土地登記之意義，說明土地登記應登記的權利內容
　　有那些？

二、建物所有權第一次登記之建物以合法建物為要件，請問何謂合法建物？在
　　登記實務上如何認定？

三、土地法地籍篇第四章為「土地權利變更登記」，而土地登記規則第六章為
　　「所有權變更登記」。請問二者在意義與內容上有何異同之處？

四、已依土地登記規則登記之土地權利，在何種情況或原因下應申請辦理塗銷
　　登記？他項權利之塗銷應如何辦理？有何簡便規定？

99年原住民三等土地法規與土地登記

一、農業發展條例所稱之「耕地」，其意涵為何？又，同條例對於耕地權利有
　　何限制？

二、試歸納平均地權條例之規定，說明公告土地現值之作用，並予簡評之。

三、試就民法、土地法及土地登記規則之規定，說明我國土地登記之效力，並
　　就我國土地登記效力之真義舉例說明之。

四、何謂原住民保留地？原住民保留地之總登記及劃編或增編為原住民保留地
　　之土地，應如何辦理登記？

99年特考三等土地法規與土地登記

一、近年來媒體對大陸地區人民來臺取得不動產物權，屢有報導。請依臺灣地區與大陸地區人民關係條例及大陸地區人民在臺灣地區取得設定或移轉不動產物權許可辦法之規定，詳予說明大陸地區人民、法人、團體或其他機構，或於第三地區投資公司申請在臺灣地區取得、設定或移轉不動產物權者，有那些情形應不予許可？

二、依民國89年修正之農業發展條例規定，在該條例修正後取得農業用地之農民，得依規定申請以集村方式興建農舍；請問依該條例及相關之法規命令，農民之資格條件為何？又以集村方式申請興建農舍，應符合那些規定？

三、請說明「地籍」的意義。「地籍調查」時所應調查之事項有那些？又「地籍測量」與「土地登記」之間關係如何？

四、區分所有人就區分所有建築物共有部分及基地之應有部分應如何分擔其權利比例？又民法規定專有部分與其所屬之共有部分及其基地之權利，不得分離而為移轉或設定負擔。請問在何種例外情況下，得不受其規定之限制？

99年特考四等土地登記概要

一、依土地法及土地登記規則之規定，因申請人之申請而受理登記之申請方式有那幾種？其與囑託登記或逕為登記最主要之區別為何？

二、土地共有人或承租基地建築房屋之承租人在何種情況下，得享有優先購買權？請說明其法律依據。又於辦理土地權利移轉登記時，對該二種優先購買權之放棄，其實務上之處理方式有何不同？

三、何謂「農育權」與「不動產役權」？兩者之設定登記應由何人提出申請？登記機關於審查及登記時，應注意之事項為何？

四、請問應辦理繼承登記之土地權利有那些？辦理繼承登記時，繼承系統表應如何訂定？如有部分繼承人未能會同申請登記時，應如何處理？如有胎兒為繼承人時，應如何申辦繼承登記？

99年高考地政、公產管理土地法規

一、民國十七年十二月，當時立法院長胡漢民與副院長林森為實行孫中山先生平均地權、地盡其利的主張，擬具「土地法原則」九項，提經中國國民黨中央政治會議通過，並於民國十八年一月函送立法院，以為制定土地法之依據。因此，此「土地法原則」對之後的土地立法影響極大。試問該「土

地法原則」的內容為何？之後，那一些土地法制的規範與「土地法原則」不一致？

二、近來部分都會地區房地產價格高漲，此與「養地」及「炒作」等有關，因此造成極大的民怨，您認為土地法的那一些規定，其目的在增加房地供給，減少民眾的住房負擔？

三、何謂「山坡地」？對於公有山坡地之放租、放領之限制，「山坡地保育利用條例」相關之規定為何？試說明之。

四、土地重劃之種類及重劃之原因各為何？試分別說明之。

99 年普考地政、公產管理土地法規

一、試說明承租人對其承租之耕地具有優先承買或承典之權之相關規定，並說明此項優先承買權之法律性質。

二、對於公共設施保留地之使用限制及相關賦稅之減免，都市計畫法及土地稅法有何規定？試說明之。

三、農村社區土地重劃範圍內之土地，於重劃前設有之他項權利或租賃權，因農村社區土地重劃致不能達到原目的者，應如何處理？

四、土地徵收條例對於土地徵收之地價、土地改良物、土地改良費用及營業損失之補償費規定為何？試說明之。

100年普考地政士土地登記實務

一、土地登記申請之當事人，除登記權利人與義務人以外，尚有「與登記有關之第三人」，試問其意義與相關之情形為何？請依規定說明之。

二、占有人主張時效完成申請地上權登記，經登記機關審查中或公告期間，土地所有權人提出異議時，依規定得如何處理？試說明之。

三、土地界址調整之原則為何？又調整時有關土地之公告土地現值應如何改算與進行異動處理？試依規定說明之。

四、建築改良物測量時，有關建物平面圖測繪之邊界，依規定應如何辦理？試依規定說明之。

100年高考土地登記

一、申請土地登記之案件，經登記機關審查無誤後，於辦理登記時，有主登記與附記登記之分，請問何種情況下應辦理主登記？何種情況下應辦理附記登記？請就登記實務上之案例，分別舉例說明之。又如辦理抵押權之移轉登記與辦理更名登記，各應以何種登記為之？

二、何謂剩餘財產差額分配登記？其登記原因為何？辦理登記時應提出之登記

原因證明文件為何？說明之。

三、我國土地登記制度有損害賠償之規定，請問當土地登記發生錯誤、遺漏或虛偽致受損害時，其損害賠償責任之歸屬、損害賠償經費之來源及損害賠償價值之認定標準各為何？說明之。

四、申請繼承登記，除提出土地登記規則第34條第1項第1款及第3款文件外，尚應提出那些文件？又繼承人如有拋棄繼承之情形，其應檢附之文件因繼承開始之時間在民國74年6月4日以前及在同年月5日以後而有不同，請分別說明之。

100年高考土地法規

一、依行政院相關規定，地方政府投資開闢新水道、新道路或新溝渠，而欲取得舊水道浮覆地或舊道路溝渠廢置地之所有權者，其行政程序應如何辦理？試詳述之。

二、何謂市地重劃抵費地？主管機關對於土地分配結果公告確定後之抵費地應如何處理？試依平均地權條例及相關法規命令之規定，詳予析明之。

三、以權利變換方式實施都市更新者，實施者應於何時擬具權利變換計畫？實施權利變換後應分配之土地及建築物，應依何種分配方式辦理？試依都市更新相關法令規定，詳予述明之。

四、區段徵收範圍內土地所有權人申請發給抵價地之原有土地上，訂有耕地租約或設定他項權利或限制登記者，應如何予以處理？請依土地徵收條例及其施行細則相關規定，詳予說明之。

100年普考土地登記概要

一、土地登記之登記書表圖簿（含收件簿、登記申請書及其附件、登記簿、地籍圖及信託專簿）之保存年限各為何？其申請閱覽、抄寫或複印有無身分上之限制？

二、土地總登記與建物所有權第一次登記之登記費應如何計收？其計費標準如何決定？

三、何謂標示變更登記？標示變更登記之原因有那些？請就土地登記實務案例逐一說明之。

四、請比較說明贈與登記與遺贈登記二者間異同之處。

100年身心障礙人員四等特考土地登記概要

一、土地登記須依程序為之，請問土地登記規則對辦理土地登記之程序有何規定？請說明之。

二、試說明土地總登記與建物所有權第一次登記間之異同處為何？

三、土地登記實務中有關「買賣」與「贈與」間最主要不同為何？

四、何謂更正登記？何謂限制登記？請依土地法及土地登記規則規定說明之。

100年身心障礙人員三等特考土地法規與土地登記

一、作農業使用之農業用地，移轉與自然人時，依法得申請不課徵土地增值稅。試問其申請之程序及期限各為何？請就現行土地稅法有關規定，詳予說明之。

二、「土地徵用」與「土地徵收」有何不同？又依土地徵收條例之規定，在何種情況下，國家得施行土地徵用權？有關徵用期限、程序及補償費如何計算？請依該條例及其施行細則相關規定，詳予說明之。

三、為維護我國土地登記之效力，土地法對土地登記因錯誤、遺漏或虛偽定有二種救濟措施。試分別說明之。

四、普通抵押權與最高限額抵押權於申請登記時，登記機關應於登記簿記明之事項各為何？並請說明兩者間之主要區別。

100年原住民四等土地登記概要

一、甲營造廠承攬乙建設公司的住宅大樓興建工程，甲營造廠欲就承攬關係報酬額，對於將來完工屬乙建設公司所有之住宅大樓，請求預為抵押權之登記。請問：申請登記應提出的文件及登記的申請方式為何？又未完工的住宅大樓如何辦理抵押權登記？

二、何謂普通抵押權？何謂最高限額抵押權？普通抵押權設定登記與最高限額抵押權設定登記之登記簿應記載事項為何？

三、申請人依不動產證券化條例或金融資產證券化條例規定申請信託登記時，資產信託和投資信託的登記應備文件和記載方式有何不同？

四、李先生購買自有住宅一棟，總價1000萬元，依序向甲銀行申請政策性優惠利率購屋貸款350萬元，向乙銀行申請一般優惠購屋貸款300萬元，向丙銀行貸款50萬元，並辦妥抵押權登記。今因為資金週轉需要，擬向乙銀行申請增貸，將貸款金額變更為400萬元。請問：該抵押權應如何辦理登記？

100年特考三等土地登記

一、臺灣於日據時期已實施地籍測量與土地登記。試問日據時期之土地登記制度與我國現行土地登記制度有何不同？請比較說明之。

二、土地登記規則第32條規定：「公同共有之土地，公同共有人中之一人或數人，為全體公同共有人之利益，得就公同共有土地之全部，申請為公同共

有之登記。」請舉一實務案例說明該法條在實務上之應用。

三、以「贈與」為登記原因與以「交換」為登記原因，辦理土地建物所有權移轉登記，在稅捐之負擔與登記之審查上，有何異同之處？

四、為質權標的物之債權，以不動產物權之設定或移轉為給付內容者，於其清償期屆至時，質權人得請求債務人將該不動產物權設定或移轉於出質人，並對該不動產物權有抵押權。試問質權人代位申請登記時，應提出那些文件？會同何人申請？登記申請書應如何記載？

100年特考四等土地登記概要

一、土地登記規則第27條規定，得由權利人或登記名義人單獨申請之登記共有24款。請問：何謂權利人？請列出得由權利人單獨申請之登記5款。又何謂登記名義人？與權利人之差別何在？請列出得由登記名義人單獨申請之登記5款。

二、同一建物屬於同一人所有時，是否屬區分所有建物？可否依區分所有建物辦理登記？又區分所有建物所屬共有部分，登記機關應如何辦理登記？應否單獨發給所有權狀？

三、甲公司將其名下所有位於大樓內之區分所有建物連同其基地持分出售於乙財團法人，請問申請登記時，應提出之證明文件有那些？又該大樓之其他基地共有人有無優先購買權？並請說明其法律依據。

四、土地權利信託登記，因信託方式之不同而各有不同之申請人，請問信託以契約為之者與以遺囑為之者，其信託登記之申請有何不同？

100年高考地政、公產管理土地法規

一、市地重劃之共同負擔內容為何？又重劃區內公有土地應如何處理？試依規定申述之。

二、試就土地法第43條：「依本法所為之登記，有絕對效力。」與登記之公信力、推定力之關連性申論之。

三、辦理都市更新時，都市更新事業計畫範圍內，公有土地依規定應如何處理？又以權利變換方式實施時，可為抵充之公有土地有何？試說明之。

四、何謂原地價？作農業使用之農業用地得申請不課徵土地增值稅，惟依規定在那些情形下，再移轉時應課徵土地增值稅？此時，其原地價如何認定？是否合理？試說明之。

100年普考地政、公產管理土地法規

一、公私共有之土地，私有部分共有人得否依土地法第34條之1規定，以多數

決處分全部之土地？又該公有土地之處分應否依規定先行報請該管民意機關同意後，始得為之？試依相關規定申述之。

二、何謂土地總登記？土地總登記與土地所有權第一次登記有何不同？試說明之。

三、因計畫之實施或使用編定，致原有使用不合編定或土地使用分區時，依規定應如何處理？試說明之。

四、被徵收之土地或建築改良物應有之負擔所指為何？又應有之負擔其款額如何計算？試依規定說明之。

101年普考地政士土地登記實務

一、依土地登記規則規定之登記規費為何？已繳納之登記費、書　費在何種情形下才能申請退還？

二、建物測量平面圖應依何種比例尺測繪？建物平面圖應依何規定辦　邊界之測繪？

三、申請土地登記應提出身分證明文件，申請人為自然人時得檢附何種證明文件？如其未領有國民身分證者，依土地登記規則第40條規定應提出何種身分證明文件？

四、登記機關受理建物測量申請案件，於收件並經審查准予測繪者應如何處理？經審查有何種情形之一者應予通知補正？

101年高考土地登記

一、我國土地登記制度對土地之登記採強制登記，請問土地法中有關強制登記之規定為何？請列舉說明之。

二、請問地籍清理條例規定應清理之土地權利有那些？其中那些土地權利之清理，經受理申請並審查無誤後，應辦理公告三個月？其辦理公告之理由何在？

三、甲、乙、丙、丁為張三之繼承人，於張三死亡後迄未辦理繼承登記，其中甲於早年出國後就未有聯絡，請問乙、丙、丁應如何辦理繼承登記？對未能會同之甲之戶籍謄本因未能檢附，請問有何替代辦法？

四、甲將其所有土地一筆，約定由乙公司承攬興建房屋一棟，承攬報酬為新臺幣1000萬元，該土地上原有丙設定在先之抵押權本金新臺幣500萬元，今乙公司為保全其承攬債權，應如何申請抵押權之登記？請說明其應提出之證明文件為何？登記機關應如何辦理登記？又如未來發生債務不履行，土地及建物為法院拍賣時，請問乙公司及丙之抵押權就土地及建物拍賣價金

應如何分配？

101年高考三等土地法規

一、甲有一地，本供高級花卉生產之用，今因其接連地被徵收，致生損失而欲依據土地法第216條第1項規定行使損失補償請求權。按現行土地徵收條例第8條第1項亦定有「殘餘地一併徵收」請求權，其性質與前揭土地法「接連地損失補償」請求權相近，試比較該兩請求權具備要件之差異處。

二、甲有一地，本屬都市計畫公共設施保留地（下稱系爭地），並依據土地稅法第19條前段規定，適用「千分之六」特別稅率課徵地價稅率在案。嗣後，系爭地因故未做任何使用且與使用中之土地隔離，惟稅捐稽徵機關仍對其續課地價稅。近日甲之友人告以其已符合前揭土地稅法第19條後段免稅之要件，甲乃向稅捐稽徵機關主張應退還先前所繳地價稅，惟稅捐稽徵機關認其並未踐行土地稅法第41條第1項「租稅申報協力義務」而予以否准，甲則援引土地稅減免規則第22條第3款「免負租稅申報協力義務」資為保護，則甲之主張有無理由？試從租稅法上相關理論（原則）予以評述。

三、按我國「公辦市地重劃」於實施過程中，「土地分配」相關規定對於參加重劃土地所有權人之權益影響至鉅，關於重劃前、後土地分配之標準，現行平均地權條例係採「地價標準主義」，從而重劃前、後土地地價應如何估定，至為重要，請按「市地重劃實施辦法」說明其內容並予以評述。又，市地重劃完成後，土地所有權人所重行分配之土地，自分配結果確定之日起，視為其原有之土地，為平均地權條例第62條所明定，從而其係屬「繼受取得」之性質，其理由為何？試從市地重劃原理與相關規定申論之。又，前揭平均地權條例同條但書亦規定「但對於行政上或判決上之處分，其效力與原有土地性質上不可分者，不適用之。」其意涵為何？試舉例說明之。

四、甲、乙、丙三人分別共有一地，其應有部分為：甲為四分之三，乙與丙合計四分之一（亦即各為八分之一），三人並未有不得出租之約定。請依法回答下述問題：(一)倘甲未經乙與丙之同意，將該筆土地出租予第三人，此舉對於乙與丙是否生效？倘因租金過低而損及乙與丙之權益，其應如何救濟？(二)倘甲、乙之間互為其應有部分之買賣時，丙得否行使先買權？理由為何？(三)甲得否依據土地法第34條之1第1項將該地出售予自己，理由為何？(四)甲依據土地法第34條之1第1項將該地出售予第三人，乙、丙均不同意出售，惟僅乙擬行使先買權者，其是否合法？此時其先買權之標

的有無包括丙之應有部分？理由為何？

101年普考土地登記概要

一、政府因實施土地重劃或區段徵收時，得公告禁止實施區域內私有土地所有
權之移轉、變更、分割及設定負擔。登記機關應於禁止期間內，停止受理
該地區有關登記案件之申請。但有部分登記案件並不受此一規定之限制，
請問是那些登記案件？其不受限制之理由為何？

二、依土地登記規則規定，有那些土地權利之取得、設定、移轉、喪失或變更
應辦理登記？請逐一列明其名稱。

三、法院或行政執行處囑託登記機關，就已登記土地上之未登記建物辦理查封
登記，法院或行政執行處與登記機關應如何配合辦理？又如該未登記建物
係位於未登記土地之上時，又應如何辦理？

四、公司法人與財團法人申請不動產登記並為義務人時，應提出何種證明文件
辦理登記？

101年特考三等土地登記

一、土地徵收，其土地及建築改良物應以何種方式辦理何種登記？登記時是否
需提出土地登記規則第34條第1項第1至3款的文件？土地徵收前依土地徵
收條例第11條規定以市價達成協議價購者，其土地應辦理何種登記？請說
明土地被徵收和與政府達成協議價購兩者是否需繳納土地增值稅？

二、公寓大廈的法定停車位屬於共用部分，應如何辦理登記？有一棟建築物於
兩年前取得建照，今年完工，申請人可否申請註記停車位編號？

三、甲有一筆土地其地上權經過公開招標，由乙公司得標，該土地的土地使用
分區規定僅能作為商業使用，且地上權不得再分割移轉給其他主體，地上
權存續期間50年，按照公告地價收取比例地租。請問該土地申請地上權設
定登記時，登記機關應於登記簿記明那些事項？應由何人繳納登記費？繳
納之登記費如何計算？

四、市地重劃的土地，應如何辦理權利變更登記？重劃前已存在的他項權利，
重劃後應如何辦理？土地所有權人是否需繳納登記費及書狀費？

101年特考四等土地登記概要

一、何謂註記登記？請列出3項土地登記規則規定有關註記登記之事項。

二、土地重劃確定及地籍圖重測確定，應如何辦理變更登記？

三、土地總登記後，主張時效完成擬申請不動產役權登記，應具備那些要件始
能提出申請登記？申請登記時應準備那些文件？

四、請比較並說明塗銷登記及消滅登記不同之處。

101年原住民三等土地法規與土地登記

一、依土地法第25條規定，直轄市或縣（市）政府對於其所管公有土地，非經該管區內民意機關同意，並經行政院核准，不得處分或設定負擔或為超過十年期間之租賃。茲試問直轄市或縣（市）政府依法核准參加自辦市地重劃區內之公有土地，其處分應否受該法條之限制？理由及根據各為何？

二、土地徵收條例自民國89年2月公布施行迄今，已逾10有餘年，本（101）年1月4日並修正公布部分條文。依該修正條例之規定，需用土地人擬進入被徵收土地內工作，應俟補償費發給完竣或核定發給抵價地後始得為之。請問有那些情況得不受此種限制，而可先行使用？其要件為何？先行使用之程序又如何？試分別詳述之。

三、登記機關在何種情形下應駁回土地登記之申請？已繳納之登記費及書狀費，在何種情形下得由申請人請求退還？

四、何謂農育權？依土地登記規則規定申請農育權登記時，登記機關應於登記簿記明那些事項？

101年身心障礙人員三等特考土地法規與土地登記

一、A縣將其所有耕地出租予甲，於租賃期間，該耕地被B縣有償撥用，A縣乃終止其與甲之租約。試分析A縣、B縣以及甲之法律關係。

二、直轄市或縣（市）主管機關於接到中央主管機關通知核准徵收案時，應即公告。試依據土地徵收條例之規定，說明於「公告」徵收案後所生法律效力之內容。

三、「土地登記，謂土地及建築改良物之所有權與他項權利之登記」為土地法第37條第1項及土地登記規則第2條所明定，試問依此定義，土地登記所應登記之權利主體、權利客體，及其法律關係各為何？試分別說明之。

四、何謂「土地權利信託登記」？其與一般土地權利變更登記之效力有何不同之處？信託登記在登記簿上應如何登載？

101年身心障礙人員四等特考土地登記概要

一、建物所有權第一次登記案件，經審查證明無誤，應公告幾日？請問公告之內容應載明那些事項？如公告事項發現有錯誤或遺漏時，登記機關應如何處理？

二、甲、乙、丙三人共有一筆土地A，其應有部分各1/3，其中丙以其應有部分設定抵押權與某銀行，借款300萬元。今甲、乙、丙三人協議共有物分

割,將A地分割出A-1及A-2共3筆土地。某甲分得A地,乙分得A-1,丙分得A-2。請問甲、乙、丙於辦理共有物分割登記時,對丙設定之抵押權,應如何處理?在何種情況下,該抵押權得僅轉載於丙所分得之土地上?

三、甲、乙二人分別擁有A、B二筆土地,且甲於A地設定地上權予丙,乙於B地設定抵押權予丁。今甲、乙二人擬將A、B二筆土地辦理合併,請問甲、乙二人之權利範圍如何決定?又丙之地上權及丁之抵押權應如何處理?其權利範圍如何決定?

四、按辦理抵押權設定登記時,有權利人、義務人、債權人、債務人、設定人、擔保物提供人、抵押權人及抵押人。請問某甲央請某乙以其不動產為擔保,向A銀行貸款設定抵押權,請就本案中,某甲、某乙及A銀行分別為前述所提之八種人中之何種人?請分別說明之?

102年普考地政士土地登記實務

一、公示原則為我國土地登記制度特點之一,惟個人資料亦應適度予以保護,請闡述目前地政機關對地籍資料公開之規定內容。

二、何謂抵押權設定登記?申辦抵押權設定登記應備那些文件?請敘述之。

三、何謂特別建物?其與一般建物於編列建號時有何異同?

四、因合併申請土地複丈者,應依規定檢附那些相關文件?土地合併之地號依規定應如何編定?

102年高考土地登記

一、請問世界各國採行契據登記制(System of Registration of Deeds)及權利登記制(System of Registration of Title)之主要國家各為何?並舉土地登記實務上,土地買賣之案例,說明買賣與登記之先後,在兩種制度下,其法律效力有何差別?(請注意一定要舉實務案例說明,否則不給分)

二、學說上對土地登記有靜態登記與動態登記之分,請問我國土地登記規則中所提之登記,有那些是屬於靜態登記?那些屬於動態登記?

三、土地登記規則第111條規定:「申請為抵押權設定之登記,其抵押人非債務人時,契約書及登記申請書應經債務人簽名或蓋章。」請說明此一規定之立法理由。

四、土地登記簿上之共有土地,各共有人登記之權利範圍合計不等於一時,請問共有人或登記機關如何依地籍清理條例規定辦理更正登記?

102年高考土地法規

一、何謂債權性質優先購買權?何謂物權性質優先購買權?試依土地法、相關

土地法律及判解，釋明兩者之意涵及其差異處。

二、依地籍清理條例之規定，有關日據時期會社或組合名義登記土地之清理，原權利人或其繼承人應如何申請更正登記為其所有？受理申請之地政機關應依何方式處理？

三、農村社區土地重劃區內之土地，其參加分配之權利基準為何？又直轄市或縣（市）主管機關對自開始辦理分配日起之土地權利，有何限制？試就農村社區土地重劃條例有關規定，分別詳述之。

四、都市更新事業計畫為實施都市更新之重要依據，試問依都市更新條例及有關法規命令之規定，該事業計畫內容應視何種情形擬訂，並應表明那些事項？

102年普考土地登記概要

一、土地登記規則第3條規定：「土地登記，由土地所在地之直轄市、縣（市）地政機關辦理之。但該直轄市、縣（市）地政機關在轄區內另設或分設登記機關者，由該土地所在地之登記機關辦理之。」所稱「登記機關」究係何所指？請簡要說明我國中央及地方之土地登記主管機關。又在何種情況下，土地登記得不由土地所在地之登記機關辦理？

二、已登記之建物申辦分割，應先申請建物複丈，建物分割複丈應具備那些要件？分割後之建物，其建號應如何編列？建物分割複丈後應辦理何種登記？

三、何謂「不動產役權設定登記」？需役不動產之典權人或承租人可否會同供役不動產所有權人，申請不動產役權設定登記？有何特別限制？登記機關應如何辦理不動產役權之設定登記？

四、何謂使用管理登記？其登記之主要內容為何？登記機關應如何登載？

102年特考三等土地登記

一、申請土地登記，除應依法繳納各種登記規費外，並應視各種登記之性質，繳納有關稅費，始得據以辦理登記。請就各種登記應繳納之稅費列舉說明之。

二、公寓大廈之承重牆壁或主要支柱等共用部分，依公寓大廈管理條例第7條規定，不得約定為專用，於登記時亦不得登記為專有部分。請問登記機關於辦理區分所有建築物所有權第一次測量及登記時，就此一部分應如何辦理測量及登記？請依地籍測量實施規則及土地登記規則之規定說明之。

三、民法物權篇，新增諸多涉及為對抗第三人而應辦理登記之規定，請依相關

規定舉四例說明之。

四、直轄市或縣（市）主管機關對於依地籍清理條例規定，清理之土地權利價金應如何處理？權利人得於多久時間內申請發給土地價金？

102年特考四等土地登記概要

一、申請建物所有權第一次登記前，應先向登記機關申請建物第一次測量。土地登記規則於102年8月30日修正施行，對此有例外之規定，其修正內容及修正理由為何？請說明之。

二、土地買賣案件，應於訂定契約之日起30日內，檢同契約及有關文件，申請土地所有權移轉登記。權利人並應於辦竣所有權移轉登記30日內，向主管機關申報登錄土地及建物成交案件實際資訊。惟權利人在那些情形下免申報登錄成交案件實際資訊？又為保護個人資料隱私權，及避免實價登錄會有實價課稅之疑慮，平均地權條例有何規定措施？請說明之。

三、土地總登記公告期間，如有異議，登記機關及土地權利關係人應如何妥適處理？請說明之。

四、土地經辦竣查封、假扣押、假處分登記後，未為塗銷前，登記機關應停止與其權利有關之新登記。但在那些情形下，不在此限？請說明之。

102年原住民族三等土地法規與土地登記

一、試問各級政府機關需基於何種用途始得依法申辦撥用公有不動產？又那些不動產應辦理有償撥用？請依相關不動產法令規定詳述之。

二、依照土地徵收法令規定，對已公告徵收之土地，需用土地人應如何使用其土地？又在未完成使用前，需用土地人應有何作為？另在何種情形之下，應辦理撤銷徵收？試分別詳述之。

三、申辦土地所有權買賣移轉登記應具備那些文件？試詳述之。

四、何謂預告登記？預告登記之原因與效力為何？試分述之。

102年原住民四等土地登記概要

一、我國現行土地登記制度是兼採德國權利登記制度與澳洲托崙斯登記制，試就土地法規定範疇說明我國土地登記制度之特色。

二、何謂土地總登記？土地總登記之程序為何？試分述之。

三、何謂耕作權？申請原住民保留地設定耕作權登記應具備那些文件？

四、何謂限制登記？依土地登記規則規定限制登記包括那些登記？試述之。

102年身心障礙人員三等特考土地法規與土地登記

一、獎勵土地所有權人自辦市地重劃向為政府的重要政策，茲請就平均地權條例及相關法規命令之規定，詳予說明自辦市地重劃區內未列為共同負擔之其他公共設施用地，於土地交換分配作業時，應如何進行配地？又配地適用之法令依據及配地原則為何？

二、私人捐贈興辦社會福利事業使用之土地，應符合那些規定始得免徵土地增值稅？試依平均地權條例及土地稅法相關規定，詳予說明之。

三、申請土地所有權移轉登記之原因有那些？請就所知列舉五種造成所有權移轉之原因，並說明在何種登記原因下，登記機關應審查有關優先購買權相關事項。又依土地法規定，有關優先購買權之規定為何？於辦理登記時，登記機關要如何審查？

四、土地所有權人甲發現地政機關將其權利範圍及門牌號碼登記錯誤時，該如何處理？對此一錯誤登記，甲應申請登記機關辦理更正登記或請求損害賠償？又辦理更正登記或損害賠償之要件為何？

102年身心障礙人員四等特考土地登記概要

一、土地權利經登記機關依法令規定辦理登記，其登記是否完畢關涉土地登記效力，請問何謂登記完畢？土地登記以電腦處理者，何時才算登記完畢？登記是否完畢與土地登記之效力關係如何？

二、何謂標示變更登記？一宗土地之部分已設定有地上權、永佃權、不動產役權、典權或農役權者於辦理分割登記或與其他不同所有權人之土地合併時，應先辦理那些事項？登記完畢後，登記機關應如何處理？

三、申請最高限額抵押權設定登記時，登記機關應於登記簿記明那些事項？如因原債權確定事由發生，欲申請變更為普通抵押權時，應如何辦理？其申請登記之債權額有何限制？

四、預告登記之塗銷與查封、假扣押、假處分、破產登記或其他禁止處分之登記之塗銷有何不同？其申請人各為何？

國家圖書館出版品預行編目資料

土地登記實務／黃志偉著. ――三版.
――臺北市：五南，2014.05
　面；　公分
ISBN 978-957-11-7628-4（平裝）
1.土地登記
554.283　　　　　　　103008385

1K42

土地登記實務

作　　者 ― 黃志偉（301.4）

發 行 人 ― 楊榮川

總 編 輯 ― 王翠華

主　　編 ― 劉靜芬

責任編輯 ― 宋肇昌

封面設計 ― P. Design視覺企劃

出 版 者 ― 五南圖書出版股份有限公司

地　　址：106台北市大安區和平東路二段339號4樓

電　　話：(02)2705-5066　　傳　　真：(02)2706-6100

網　　址：http://www.wunan.com.tw

電子郵件：wunan@wunan.com.tw

劃撥帳號：01068953

戶　　名：五南圖書出版股份有限公司

台中市駐區辦公室／台中市中區中山路6號

電　　話：(04)2223-0891　　傳　　真：(04)2223-3549

高雄市駐區辦公室／高雄市新興區中山一路290號

電　　話：(07)2358-702　　傳　　真：(07)2350-236

法律顧問　林勝安律師事務所　林勝安律師

出版日期　2008年4月初版一刷
　　　　　2012年4月二版一刷
　　　　　2014年5月三版一刷

定　　價　新臺幣450元